O que as pessoas estão falando sobre
Mitos da Liderança

"Definitivamente este não é mais um livro ma~~~~~~~~~~~~~~~~ conseguiu fazer uma obra perfeita, completa e pragmática. Foge do lugar-comum de exaltar o ego de CEOs e as histórias idealizadas de sucesso empresarial. Você vai aprender, por meio de dezenas de exemplos que vão do chefe de manutenção ao líder político, que liderança é sempre contextual. Descobrirá que o líder perfeito é o que se encaixa no contexto e gera resultados. Mais importante, é aquele que consegue levar as pessoas aonde elas não iriam sozinhas. Trabalhando com profunda pesquisa científica e com seus mais de 40 anos de incrível vivência acumulada, Owen me deixou vivamente impressionado. Ele nos oferece ferramentas úteis e desnuda mais de 50 mitos e lugares-comuns do discurso que enobrece líderes supostamente fabulosos. A obra entrega a oportunidade de você fazer a diferença na sua vida."

Fábio Veras, PhD – Gestor em Estratégia e Diretor,
Programa de Aceleração de Startups FIEMG Lab

"O verdadeiro líder é aquele que generosamente forma novos líderes. Em sua análise, o autor estabelece importantes reflexões acerca dos principais mitos que envolvem a liderança. Oferece uma visão contemporânea, em que o protagonismo é dinâmico e a autoridade é conquistada pelo exemplo e pela capacidade de ouvir e engajar equipes. São ótimas contribuições para o entendimento da arte de liderar."

Ariano Cavalcanti de Paula – Presidente, Netimóveis Brasil
e Sicoob Secovicred MG

"Questionar e levantar mitos sobre conceitos gerais praticamente estabelecidos sobre liderança atualmente poderia ser quase um pecado editorial. Ao ler este livro, você verá que é possível abordar o tema com mais prática e menos glamour. Difere do lugar-comum das bibliografias que transformam empreendedores em mártires e grandes executivos em heróis. Tudo isso sem deixar de ser uma leitura prazerosa e profunda em reflexões."

Daniel Costa – Cofundador e Chairman, Take

MITOS
DA **LIDERANÇA**

—

DESCUBRA POR QUE
QUASE TUDO QUE VOCÊ OUVIU
SOBRE **LIDERANÇA** É **MITO**

Copyright © 2018 Jo Owen
Copyright © 2018 Editora Autêntica Business

Título original: *Myths of Leadership – Banish the Misconceptions and Become a Great Leader*

Tradução publicada mediante acordo com a Kogan Page.

Todos os direitos reservados pela Editora Autêntica Business. Nenhuma parte desta publicação poderá ser reproduzida, seja por meios mecânicos, eletrônicos, seja cópia xerográfica, sem autorização prévia da Editora.

EDITOR
Marcelo Amaral de Moraes

ASSISTENTE EDITORIAL
Vanessa Cristina da Silva Sá

CAPA
Diogo Droschi
(sobre imagem de Shutterstock)

REVISÃO TÉCNICA
Marcelo Amaral de Moraes

REVISÃO
Lúcia Assumpção

DIAGRAMAÇÃO
Guilherme Fagundes

Dados Internacionais de Catalogação na Publicação (CIP)
(Câmara Brasileira do Livro, SP, Brasil)

Owen, Jo

Mitos da liderança : descubra por que quase tudo que você ouviu sobre liderança é mito / Jo Owen ; tradução Afonso Celso da Cunha Serra. -- 1. ed. -- São Paulo : Autêntica Business, 2018.

Título original: *Myths of Leadership : Banish the Misconceptions and Become a Great Leader*

ISBN 978-85-513-0347-4

1. Carreira - Desenvolvimento 2. Liderança 3. Líderes 4. Organizações - Administração 5. Pessoas - Gestão I. Título.

18-12807   CDD-658.4092

Índices para catálogo sistemático:
1. Liderança : Administração 658.4092

A **AUTÊNTICA BUSINESS** É UMA EDITORA DO **GRUPO AUTÊNTICA**

São Paulo
Av. Paulista, 2.073,
Conjunto Nacional, Horsa I
23º andar . Conj. 2310 - 2312.
Cerqueira César . 01311-940
São Paulo . SP
Tel.: (55 11) 3034 4468

Belo Horizonte
Rua Carlos Turner, 420,
Silveira . 31140-520
Belo Horizonte . MG
Tel.: (55 31) 3465 4500

Rio de Janeiro
Rua Debret, 23, sala 401
Centro . 20030-080
Rio de Janeiro . RJ
Tel.: (55 21) 3179 1975

www.grupoautentica.com.br

JO OWEN

MITOS
DA LIDERANÇA

DESCUBRA POR QUE
QUASE TUDO QUE VOCÊ OUVIU
SOBRE **LIDERANÇA** É **MITO**

TRADUÇÃO Afonso Celso da Cunha Serra

autêntica
B U S I N E S S

SUMÁRIO

Introdução 11

Parte Um: Sabemos o que é liderança

MITO 1- Sabemos o que é liderança 17

MITO 2- O líder perfeito 22

MITO 3- Liderança tem a ver com hierarquia, título ou posição 26

MITO 4- Os gestores são líderes 30

MITO 5- Os líderes sabem o que é liderança 34

MITO 6- O fundador é o líder 39

MITO 7- A liderança é universal 43

Parte Dois: Sabemos o que os líderes fazem

MITO 8- Sabemos o que os líderes fazem (1):
líderes de alto nível 51

MITO 9- Sabemos o que os líderes fazem (2):
sua jornada de liderança 55

MITO 10- Os líderes motivam os seguidores 60

MITO 11- Os líderes se comunicam bem 65

MITO 12- Os líderes são decididos 71

MITO 13- Os líderes definem objetivos e dão diretrizes 76

MITO 14- Grandes líderes constroem grandes equipes 81

MITO 15- Os líderes sabem o que está acontecendo 86

Parte Três: Sabemos como são os líderes: caráter e traços

MITO 16– Os líderes são inatos, não criados 93

MITO 17– Os líderes são visionários 97

MITO 18– Os líderes são carismáticos e inspiradores 101

MITO 19– Os líderes são honestos 106

MITO 20– Os líderes são corajosos 110

MITO 21– O líder é a pessoa mais esperta do pedaço 115

MITO 22– Os melhores líderes são talentosos 119

MITO 23– Líderes homens e mulheres são diferentes 124

MITO 24– Os psicopatas se dão bem como líderes 130

MITO 25– Os líderes são razoáveis 135

MITO 26– Um líder eficaz é um líder competente 141

Parte Quatro: Sabemos como os líderes alcançam o sucesso

MITO 27– Os líderes vencem pelo mérito 149

MITO 28– Liderança é a sobrevivência do mais apto 154

MITO 29– O importante não é o que você conhece,
é quem você conhece 160

MITO 30– O poder decorre da posição 165

MITO 31– Os líderes precisam de experiência 169

MITO 32– Os primeiros 90 dias 174

MITO 33– Você precisa gerenciar antes de liderar 179

MITO 34– Os heróis dos esportes nos mostram como liderar 183

MITO 35– Você pode ensinar liderança 188

MITO 36– Os líderes sabem quando se afastar 192

Parte Cinco: Temos uma teoria sobre liderança

MITO 37– A teoria do Grande Homem como líder 199

MITO 38– A liderança servidora 204

MITO 39– O líder humilde 210

MITO **40**– Liderança distribuída.............................214

MITO **41**– Liderança transacional e transformacional................219

MITO **42**– Liderança autêntica................................224

MITO **43**– Liderança é esporte de equipe........................228

MITO **44**– Liderança e dinheiro: o cão que não ladra................233

MITO **45**– Os líderes são como sachês de chá......................238

Parte Seis: Temos crenças sobre a liderança

MITO **46**– É solitário no topo................................245

MITO **47**– Eu seguro a peteca................................250

MITO **48**– É árduo no topo..................................254

MITO **49**– O líder faz diferença..............................259

MITO **50**– O líder assume o controle..........................263

MITO **51**– Os líderes são modelos.............................267

MITO **52**– Os líderes são populares...........................271

MITO **53**– Os líderes merecem recompensas excepcionais..........275

Parte Sete: Conclusões

MITO **54**: Mitos, modismos e teorias.........................281

MITO **55**: Os líderes levam as pessoas aonde
elas não iriam sozinhas............................286

MITO **56**: Eu tenho a resposta: mito ou realidade?...............290

Agradecimentos...293

INTRODUÇÃO

Por que este livro é necessário

Por que outro livro sobre liderança, quando já há cerca de 60.000 à sua escolha? A razão deste livro é exatamente o fato de haver tantos livros sobre liderança por aí. Todos têm suas teorias, com as quais lutam entre si pela sua atenção. O resultado não é clareza, mas caos e confusão.

O propósito deste livro é ajudá-lo a encontrar a luz na escuridão. *Mitos da Liderança* é o seu fio condutor no labirinto dos mitos, modismos, teorias e fantasias sobre liderança. Ele o ajudará a discernir entre mitos e realidade, e entre fatos e ficção. Se liderança é uma jornada, você precisa de um mapa. Este livro é o mapa que o ajudará a programar seu percurso e a acelerar seu avanço para o sucesso, pelo menos evitando as muitas armadilhas que o ameaçam no caminho.

Por que este livro é diferente

Este livro é incomum por três razões:

1. **Em vez de explorar um conceito de liderança, ele se inspira em mais de 50 ideias.** Ele mapeia todo o panorama da liderança e ilumina alguns dos alçapões, becos sem saída e atalhos que você encontrará em seu percurso para a liderança.

2. **Ele se baseia em três perspectivas,** enquanto a maioria dos livros adota apenas um ponto de vista:

> ➤ Vinte anos de pesquisas originais sobre liderança, em todo o mundo, em ampla variedade de países e indústrias, além de estudos sobre tribos dispersas por todo o planeta: fontes de *insights* realmente pioneiros.

> ➤ Quarenta anos de liderança, trabalhando com e para grandes empresas e líderes espalhados mundo afora, alguns dos quais foram incluídos nos Agradecimentos, neste livro. Além disso, sou fundador ou cofundador de oito organizações sem fins lucrativos, com receita total acima de £ 100 milhões por ano. Isso significa que respeito o desafio da liderança no mundo real.

> ➤ Ampla pesquisa secundária, algo indispensável quando se investigam os mitos da liderança. Espero livrá-lo de muitos sacrifícios e incômodos, ao poupá-lo de ler tantos livros e artigos sobre liderança. Quando adequado, os resultados dessa pesquisa são identificados nas notas.

3. **Ele oferece *insights* por meio de perguntas, não de respostas.** Muitos livros sobre liderança pretendem deter os segredos da liderança, resumindo-os em três passos fáceis de seguir. Os verdadeiros *insights*, porém, não são oriundos de preleções, mesmo que sejam verdadeiras. Os *insights* reais são frutos de descobertas por iniciativa própria e com recursos próprios. Portanto, você pode encarar este livro como seu roteiro para descobertas, no território desconhecido e traiçoeiro dos mitos da liderança. Espero que você obtenha tudo o que puder usar como fonte de valor.

Como este livro o ajudará

Mitos da Liderança não trata apenas de mitos; trata também de realidades. Compara sempre a teoria do mito com o cotidiano real da liderança. Ao agir assim, procura responder às perguntas básicas que todos os líderes enfrentam na jornada:

> ➤ Como saber se estou realmente liderando: o que é ser líder?

> ➤ Será que eu posso liderar se não sou o chefe?

➤ Preciso ser carismático e inspirador para ser líder?

➤ Posso aprender a liderar e, se puder, como?

➤ Preciso ser visionário ou ter uma visão?

➤ O que devo fazer para liderar bem?

➤ Como conquisto o poder de liderar?

Como usar este livro

Este livro é dividido em várias seções, para facilidade de referência. Na prática, você pode ler este livro por tópicos, à sua escolha. Você pode imergir e emergir; ler de trás para frente, ou mesmo da frente para trás; leia-o numa única sentada, ou capítulo por capítulo, no transporte para o trabalho.

A intenção deste livro é instigar o pensamento sobre a natureza da liderança em geral, e sobre como liderar melhor. Se essa provocação o levar a rir ou a xingar o livro, tanto melhor. O livro não pretende oferecer respostas definitivas sobre liderança. Em vez disso, abre novas janelas para a teoria e a prática da liderança, e o convida a descortinar o panorama. Você concordará com algumas perspectivas e discordará de outras; o que aprender com cada uma é com você.

Finalmente, tentei tornar a leitura deste livro tão agradável quanto possível. Um livro a respeito de mitos sobre liderança é um convite para perder-se num emaranhado de jargões. Recusei esse convite tanto quanto possível. Os livros sobre liderança também podem ser monótonos e pomposos (tanto quanto algumas pessoas que se julgam líderes); portanto, resolvi cometer o pecado capital de tentar tornar este livro agradável e fácil. Pelo menos, ao cair nessa tentação, espero ter cometido um pecado não mais que venial, num esforço bem-sucedido em seu favor.

Desfrute o livro.

PARTE UM
SABEMOS O QUE É LIDERANÇA

MITO I
SABEMOS O QUE É LIDERANÇA

Não há teoria de liderança que resista ao desafio científico.

A natureza do mito

Definir liderança é como procurar sinais de fumaça em meio à neblina. Pode ser um exercício de futilidade. Todos supomos saber o que é liderança, mas, ao tentarmos formular uma definição comum, nos vemos às voltas com a bruma. Isso é importante porque, se não chegarmos a um acordo sobre o que é liderança, as tarefas subsequentes de analisar, julgar e desenvolver líderes tornam-se impossíveis.

Para compreender este mito, abordaremos a liderança sob quatro perspectivas.

Senso comum

Todos reconhecemos um bom líder quando o encontramos: Churchill, Martin Luther King Jr., Nelson Mandela e Madre Teresa. Mas e Mao Tse-Tung ou Stalin? Será que eles devem ser reverenciados como salvadores da pátria ou rechaçados como assassinos em massa? Afinal, será que eles foram bons líderes?

Precisamos definir o que entendemos por "bom" líder. Se "bom" significa eficaz, podemos incluir nessa categoria muitos ditadores e construtores de impérios ao longo dos séculos. Alexandre, o Grande,

17

recebeu o agnome, ou alcunha honorífica, "o Grande" pelos gregos, que estavam no lado vencedor. Os persas o chamaram Alexandre, o Bárbaro, por destruir a civilização deles. Ser um *bom* líder e ser um líder *eficaz* são conceitos diferentes.

Podemos tentar aplicar o senso comum, mas o senso comum pode ser profundamente ilusório. Já foi senso comum achar que o Sol orbitava ao redor da Terra plana; bastava acreditar nas percepções dos próprios olhos, que mostravam o Sol se movendo de um lado a outro do firmamento e um mundo plano até o horizonte, a perder de vista.

Como o senso comum parece não ajudar, voltemos a atenção para os gestores praticantes, que lidam a toda hora com líderes mais eficazes e com outros menos eficazes. Eles devem saber, na prática, o que é liderança.

Gestores praticantes

Eis os resultados de uma enquete num workshop típico[1] em que se pediu aos participantes para definir as qualidades do líder:

- ➤ ambicioso e humilde;
- ➤ diretivo e empoderador;
- ➤ visionário e prático;
- ➤ ótimo em ideias e em pessoas;
- ➤ treinador e controlador;
- ➤ inspirador, carismático, autêntico e regular.

Em nossos melhores dias, é até possível acreditar que temos todos esses talentos. Nos outros dias, porém, reconheceremos que ninguém pode incorporar essa enxurrada de contradições.

Líderes bem-sucedidos

Não ajuda muito recorrer a líderes bem-sucedidos para definir liderança. Como exercício de pesquisa, pediu-se a 100 líderes bem-sucedidos para definir liderança.[2] Logo ficou claro que eles não

---

[1] O autor promove seminários regulares sobre liderança. Esta é a resposta de um grupo típico à pergunta: "Quais são as características de um bom líder?"

[2] OWEN, Jo. *How to Lead.* 4. ed. Londres: Pearson, 2015.

estavam descrevendo liderança: eles estavam descrevendo a si próprios.[3] Todos assumiram que suas fórmulas de sucesso pessoais eram as fórmulas de sucesso universais. Sabemos, porém, que não muitos líderes repetem o sucesso quando passam a atuar em outra área; grandes políticos raramente se transformam em ótimos empresários. Os Estados Unidos estão conduzindo um experimento para ver se a recíproca é verdadeira: será que um empresário rico pode ser um líder político de sucesso?

Se você tiver o infortúnio de ler a autobiografia de líderes de negócios bem-sucedidos, verá que eles caem na mesma armadilha: acham que suas fórmulas de sucesso são universais. Essas autobiografias, porém, são especialmente perigosas. Quem quer que sinta a compulsão de escrever uma autobiografia tende a ser megalomaníaco, interessado na autopromoção e na imortalidade. Algumas dessas pessoas podem ser líderes excepcionais, mas o problema desses líderes excepcionais é exatamente esse: serem excepcionais. A maioria dos líderes não é assim, e a maioria de nós não pode ter a pretensão de ser assim, mesmo que quisermos.

Pesquisa acadêmica

Esse é um território profundamente perigoso. Todos os acadêmicos têm a própria definição de liderança, que eles guardam com todo o zelo. Qualquer um que a questione tende a sofrer o equivalente acadêmico a ser queimado vivo na fogueira da heresia. O desafio para o mundo acadêmico é a falta de comprovação científica do que seja liderança. Inúmeras são as hipóteses, mas todas podem ser contestadas. Mesmo as definições propostas por pensadores de alto nível, como Drucker, Kotter e Bennis, são inconsistentes e não são eficazes.[4]

Um trabalho[5] identificou 26.000 artigos científicos sobre liderança, dos quais extraiu 90 variáveis. Não se trata bem de receita para a liderança, mas sim de feitiço para o caos.

---

[3] Ver Mito 5 sobre como os líderes definem liderança.

[4] Ver Mito 5 sobre como Drucker e outros acadêmicos definem liderança e por que suas definições deixam a desejar.

[5] WINSTON, Bruce E.; PATTERSON, Kathleen. An integrative definition of Leadership. *International Journal of Leadership Studies*, 2006. Disponível em: <https://goo.gl/AbgypT>. Acesso em: 2 fev. 2018.

Por que este mito é importante

A esta altura, corremos o risco de descambar para o modismo cético pós-moderno segundo o qual não há verdade, pois tudo depende de nossas crenças e vieses. Se, porém, ninguém sabe ao certo o que é liderança, teremos muita dificuldade em desenvolver líderes. Não se pode empreender uma jornada de liderança, ou, de resto, qualquer outra jornada, quando não se conhece o destino.

Portanto, precisamos de algum caminho para avançar. Necessitamos de uma definição operacional de liderança que nos permita fazer algum progresso.

Até agora, examinamos as qualidades de um líder bom ou eficaz. E o resultado é confusão. Portanto, é hora de encarar a liderança sob outra perspectiva. Em vez de analisar as qualidades do líder, vamos focar nas realizações do líder, não em como agem, nem no que são. Olhar para as ações do líder revela uma lista longa e tediosa de atividades: os líderes motivam as pessoas, tomam decisões, direcionam recursos, respiram e vão ao banheiro. A lista é longa porque sempre é possível adicionar mais atividades; a lista é tediosa porque leva a um debate sobre quais atividades são típicas de líderes e quais atividades são típicas de gestores. É uma discussão infrutífera.

O foco básico, portanto, não é *no que são* os líderes, nem *em como agem*: o foco é no que os líderes *realizam*.

De todas as tentativas de definir liderança, a de Henry Kissinger, ex-secretário de Estado americano, talvez seja a que chegou mais perto do alvo. Ele definiu líder como "alguém que leva as pessoas aonde elas não iriam sozinhas". Essa asserção parece uma descrição um tanto insípida e inexpressiva de liderança, mas ela é revolucionária. Ela desbrava o emaranhado de atributos do líder; ela diferencia os líderes dos gestores; ela enfatiza que liderança tem a ver com desempenho, não com posição. Ela eleva a barra para o exercício da liderança, fixando-a em altura frequentemente intransponível até para os pretendentes mais exaltados.

"Alguém que leva as pessoas aonde elas não iriam sozinhas" é a definição de liderança que será seguida por este livro. É uma definição que funciona continuamente na prática, se não na teoria, mas não há teoria de liderança que resista ao desafio científico. Portanto, em vez de formular o ideal teórico, teremos de nos satisfazer com o que funciona na prática. Como veremos nos próximos mitos, essa definição é muito poderosa.

Lições para os líderes

Se quiser liderar, você terá de levar as pessoas aonde elas não iriam sozinhas. Para tanto, é necessário assumir riscos, desafiar a maneira como as coisas funcionam hoje, enfrentar os interesses constituídos e fazer real diferença. Nem todos querem viver e trabalhar assim. Para os líderes de verdade, porém, essa é a única maneira de viver e trabalhar.

Este livro atribuirá a cada mito uma avaliação de unicórnios. Quanto mais fantástico e quanto mais nocivo for o mito, mais unicórnios ele receberá. Este é o mais fantástico e mais danoso de todos os mitos. De um máximo de cinco unicórnios, este merece seis. Temos de ficar com cinco unicórnios.

MITO 2
O LÍDER PERFEITO

Perfeição não é requisito para liderar.
Nem todos os líderes preenchem todos os requisitos.

A natureza do mito

No último mito, vimos como os seguidores esperam que seus líderes sejam uma enxurrada perfeita de contradições:

- ➤ ambicioso e humilde;
- ➤ diretivo e empoderador;
- ➤ visionário e prático;
- ➤ ótimo em ideias e em pessoas;
- ➤ treinador e controlador;
- ➤ inspirador, carismático, autêntico e regular.

Os líderes que se consideram tão bons assim devem ser evitados. Para as pessoas comuns, é uma lista assustadora.

Os sistemas de RH não ajudam muito. Também eles se apresentam com uma longa lista de talentos e competências que devemos dominar. Como alcançar a perfeição em um mundo tão imperfeito?

O PREDADOR PERFEITO

Tinha sido uma viagem de pesquisa árdua até as tribos Pokot e Turkan, no norte de Quênia. Na volta para Nairobi, passamos pelo Parque Nacional de Samburu. Vimos muito animais selvagens e começamos uma discussão sobre quem era o rei da selva (ou, mais exatamente, colinas e planícies). Havia quem favorecesse o leão; outros, o crocodilo, que a nenhum animal temia; e ainda outros, o elefante, porque todos os bichos abrem caminho para esses paquidermes no acesso aos bebedouros.

Decidimos acabar com a discussão criando nós mesmos o verdadeiro rei das selvas: o predador perfeito. Cada um assumiu uma parte do corpo. O resultado foi uma besta com mandíbulas de crocodilo, orelhas de elefante, pescoço de girafa, couro de rinoceronte, cauda de escorpião e patas de leopardo. O animal morreu ao nascer, natimorto por inviabilidade, sob o peso da improbabilidade.

A mesma inviabilidade por improbabilidade se aplica aos líderes. O líder perfeito não é um mosaico dos melhores pedaços de todos os líderes. O líder perfeito é o que se encaixa no contexto. O leão reina nas planícies, mas não sobreviveria no Ártico, onde impera a rena; a rena no Serengeti seria chamada "almoço". Se você quiser liderar, encontre o contexto adequado, onde suas aptidões serão importantes.

Por que este mito é importante

Na vida, há, em geral, uma lacuna entre o que queremos e o que conseguimos. Isso também ocorre com nossos líderes. Queremos líderes perfeitos e acabamos com [inclua aqui seus políticos ou chefes favoritos].

À medida que você avança na jornada de liderança, descobre que, aos poucos, você sai dos bastidores e vai para o fundo do palco. Com o tempo, você talvez fique na dianteira, com os refletores, câmeras e microfones sobre a sua figura, captando todos os detalhes do que você faz e todas as nuances do que você diz. A vida nos bastidores é difícil, mas complacente. Suas pequenas falhas (ou "oportunidades de desenvolvimento" perdidas, no linguajar de RH) só são percebidas pelas pessoas mais próximas. Quando você assume o proscênio, bem na frente do palco, suas mínimas falhas são ampliadas 100 vezes e percebidas por todos na plateia. A lição é que vemos as fraquezas de nossos líderes com muita clareza. Percebemos que eles não são perfeitos e, no coração, sentimos que nunca superarão suas deficiências.

Essa é uma notícia excepcional para os líderes. Significa que a perfeição não é condição para a liderança. Nenhum líder consegue preencher todos os requisitos.

Lições para os líderes

A lição mais importante é uma lição de esperança: não é preciso ser perfeito para alcançar o sucesso. Além dessa lição inspiradora, há cinco outras lições práticas que o ajudarão em sua jornada de liderança para o sucesso, não para a perfeição.

Busque aptidão, não perfeição

Em vez de perfeição, busque aptidão. Ou você desenvolve os talentos compatíveis com o contexto ou você descobre o contexto compatível com seus talentos. A segunda alternativa é mais eficaz que a primeira; é mais fácil mudar o contexto do que mudar os talentos.

Desenvolva suas forças

Todas as pessoas têm alguns atributos singulares, que podem ser tudo, desde ser profundamente analítico ou criativo, ou altamente eficaz no trabalho em equipe. Essas forças são o combustível de sua jornada de liderança; empenhe-se para encontrar o contexto onde elas sejam vitais para o sucesso e você progredirá.

Supere suas fraquezas

Os sistemas de desenvolvimento organizacional geralmente sugerem que você supere suas fraquezas. Esse é um conselho catastrófico. Os levantadores de peso não vencem nas Olimpíadas superando suas fraquezas em nado sincronizado. Se você é altamente analítico mas menos criativo, não será bem-sucedido tentando tornar-se a alma criativa de sua empresa. Você pode contornar suas fraquezas de três maneiras:

➤ Evite trabalhar em contextos onde suas fraquezas são compe-
tências-chave necessárias. Descubra o contexto em que você
e suas forças florescerão.

➤ Construa uma equipe que seja mais forte onde você é mais
fraco. Se você odeia contabilidade, ame os contadores: eles
podem fazer o que você prefere não fazer.

➤ Aprenda o suficiente para garantir que sua fraqueza não seja
fatal, mas não tente convertê-la em força.

Continue aprendendo

A liderança é uma jornada, não um destino. A natureza do seu
desafio de liderança continua mudando em cada nível da empresa (ver
Mito 10) e em cada atribuição. Quando o contexto muda, você precisa
mudar. Isso é o que torna a liderança uma jornada tão realizadora e
vibrante: aproveite a aventura.

Evite a prisão do sucesso

O sucesso pode ser letal para uma carreira. Muitos líderes fracassam porque fazem enorme sucesso em um contexto. E, então, essa
vitória passa a ser sua fórmula de sucesso, que eles querem aplicar
a todas as situações. Mas nem todos os problemas se resolvem com
um martelo; você precisa de diferentes ferramentas e de diferentes
métodos para diferentes situações. A prisão do sucesso é a prisão do
seu passado. Evite-a.

Conclusão

O líder perfeito é como o unicórnio: completamente mítico.
Ele faz a liderança parecer inatingível para os meros mortais. Eis,
porém, uma boa notícia para os líderes. Você não precisa ser perfeito,
nem precisa de um unicórnio para vencer. Este é um mito de cinco
unicórnios inteiros.

MITO 3

LIDERANÇA TEM A VER COM HIERARQUIA, TÍTULO OU POSIÇÃO

Nunca confunda posição com desempenho.

A natureza do mito

As organizações são hierarquias. Esse fato leva a um erro fatal: todos presumem que o chefe é o líder. Mesmo nas maiores e mais prestigiosas empresas, quando se pergunta a um grupo de altos executivos quem é o líder, todos apontam para o chefe.

Por que este mito é importante

Este mito é perigoso por duas razões.

O título pomposo não o transforma em líder

Só significa que o seu título é pomposo. Numerosos CEOs, presidentes e primeiros-ministros não conseguem liderar: simplesmente administram um legado que receberam. Não há nada de errado em administrar um legado. Como bom administrador, espera-se que você transfira o legado em melhores condições do que o recebeu. Essa missão foi explicada com clareza pelo CEO do Grosvenor Group, criado há mais de 300 anos. O trabalho dele não era transformar a velha empresa imobiliária em vibrante negócio de tecnologia, que talvez fosse a falência nessa nova encarnação; o propósito dele era gerenciar o legado para as futuras gerações. Essa é a arte da administração, que é muito subestimada. Mas não é liderança.

O líder deve levar as pessoas aonde elas não iriam sozinhas. Como exercício, pense em quantos presidentes ou primeiros-ministros de que você se lembra foram capazes de conduzir o país em nova direção, para um destino almejado. A maioria dessas pessoas famosas fracassa nessa missão. Quando faço esse exercício com grupos no Reino Unido, apenas dois primeiros-ministros do total de treze, desde 1945, passam no teste: Attlee, que criou o *Welfare State*, ou estado de bem-estar social, e Thatcher, que promoveu o neoliberalismo, na forma do thatcherismo. Todos os outros são lembrados por erros crassos ou por meras trivialidades.

O título chamativo não o transforma em líder. Nunca confunda posição com desempenho. Liderança tem a ver com o que você realiza, não com o cargo que você ostenta. E essa constatação dá uma pista da segunda razão de o mito ser perigoso.

Ter um chefe não o impede de liderar

Se liderança tem a ver com o que você realiza, não com o seu título, então é possível liderar em qualquer posição na organização. Você não precisa conduzir a multidão para a Terra Prometida para ser líder. Se você mudar a maneira como sua equipe de serviços atua, você está levando os colegas aonde eles não iriam sozinhos: você está liderando.

Você jamais chegará ao topo se antes não aprender a liderar. Você precisa mostrar que pode fazer diferença. Felizmente, sempre há oportunidades para desenvolver sua capacidade de liderança. Em todas as empresas, há momentos de incerteza, dúvidas e ambiguidades; surgem crises e oportunidades em que ninguém sabe ao certo o que fazer. Essas são as horas da verdade, quando os líderes avançam e os seguidores recuam, sem a inspiração do líder.

PASSANDO NO TESTE DE LIDERANÇA

Duncan era o gerente administrativo. É a função em que todos o ignoram ou o fazem de muro das lamentações. Queixam-se dos serviços de alimentação, dos móveis, da iluminação, dos banheiros, do estacionamento, da sinalização: cite qualquer área da organização e o gerente administrativo será o responsável por qualquer falha.

Como, então, ser um líder, se você não passa de reles gerente administrativo?

Um dia, os sócios da empresa se reuniram num evento global. Duncan não foi convidado, mas soube que o CEO fez um belo discurso sobre trabalho em equipe e sobre foco no cliente. Foi aquele falatório feijão com arroz, que todo mundo ignora. Duncan, porém, optou por não ignorar a pregação.

E, assim, decidiu procurar o CEO, o que significava dirigir-se àquele magnífico escritório de canto, com duas amplas janelas, vista deslumbrante e decoração de grife, de que ele cuidava com tanto esmero. Lá chegando, foi levado à presença do chefão.

Duncan, então, expôs sua ideia. "Se você realmente quer promover o trabalho em equipe, teremos de acabar com as salas privativas e os pequenos cubículos, e partir para os escritórios panorâmicos... o que deve reduzir muito os custos." O CEO sorriu, e Duncan prosseguiu: "Evidentemente, isso significa que a liderança deve dar o exemplo: os executivos-chefes deverão dar a partida, compartilhando uma sala comum". O sorriso do CEO desapareceu: ele tinha caído na armadilha. Ele não podia dizer "não", mas não queria dizer "sim".

Duncan foi adiante: "Na prática, precisaremos de apenas 70 mesas para cada 100 pessoas. Devemos estimular a equipe a sair do escritório e a procurar os clientes: mais foco nos clientes e menos custos com instalações". O CEO começou a pensar em quem ele tinha contratado como gerente administrativo.

Duncan até podia ser gerente no título, mas era líder nas atitudes. Ele estava tomando a iniciativa de levar a empresa aonde ela não iria sozinha. E, no processo, também estava levando com ele o CEO. Duncan convenceu o CEO a fazer algo que ele jamais faria sozinho.

Lições para os líderes

Este mito é agridoce, amargo e doce ao mesmo tempo. Dele é possível extrair diferentes lições, dependendo da sua posição na hierarquia:

➤ Se você está no topo da organização, não presuma que isso significa estar na liderança. Estar no topo simplesmente significa que você tem um título bonito e um belo salário. Se quiser liderar, terá de levar a empresa aonde ela não iria sozinha.

➤ Se você não está no topo da organização, não sinta a necessidade de ser um líder revolucionário. Vale a pena ser o administrador de um legado que lhe foi transferido, se você quiser que a empresa sobreviva por mais 300 anos.

➤ Se você está no escalão médio ou inferior da organização, o fato não deve impedi-lo de pensar e de atuar como líder. Inevitavelmente, você dedicará grande parte de seu tempo a tarefas administrativas, pois essas serão as suas atribuições. No entanto, entre as suas incumbências rotineiras, você deve encontrar oportunidades para reformular sua área de supervisão; quem sabe você até não tenha a chance de mudar toda a organização.

➤ Pensar e atuar como líder não começa quando você chega ao "escritório de canto". A essa altura, será tarde demais: você já terá desenvolvido os hábitos a serem preservados, em vez de cultivar a disposição de mudar para melhor. Em consequência, se quiser liderar, você terá de começar a pensar e a atuar como líder desde o início de sua carreira.

Liderança tem a ver com desempenho, não com posição. Você pode liderar, qualquer que seja o seu título. Você pode estar no topo da organização e não liderar; você pode estar na base da organização e pensar e atuar como líder. A escolha é sua. Escolha bem.

Conclusão

Este mito também merece cinco unicórnios inteiros. Ele se situa no âmago do debate sobre liderança e contesta o pressuposto indolente e conformista de que o chefe é o líder. Também desafia a turma do andar de cima a liberar a turma do andar de baixo a pensar e a atuar como verdadeiros líderes.

MITO 4
OS GESTORES SÃO LÍDERES

Os líderes podem mudar o mundo,
mas os gestores dirigem o mundo.

A natureza do mito

Vivemos em um mundo de inflação de palavras. Quem emplaca uma música nas paradas de sucesso vira megaestrela global. O velho Departamento de Pessoal mudou de nome para Divisão de Capital Humano Estratégico. Os vendedores agora são conhecidos como Gerentes de Relacionamento. Os operadores nos bancos se tornaram vice-presidentes sem ninguém se reportando a eles. E, hoje, todos os gestores recebem o rótulo de líderes.

O debate sobre a diferença entre líder e gestor logo se transforma em questão de opinião, o que gera mais calor que alto-forno.

Felizmente, descobri que existe uma diferença, estatisticamente comprovada, entre liderança e administração. A diferença entre liderança e administração é que liderança vende mais livros. Escrevi livros sobre liderança e administração. As vendas de livros com "liderança" no título ultrapassam as de livros com "administração" ou "gestão" no título, na proporção de cinco para um. Esse apelo se aplica a todos os livros de negócios: mencionar a palavra "líder" em vez de "gestor" impulsiona as vendas drasticamente. Todos queremos ser líderes, não gestores.

Por que este mito é importante

Até certo ponto, não existe mal algum na inflação de títulos; é uma maneira barata de reconhecer as pessoas que trabalham muito e fazem contribuições sérias. No entanto, sob outra perspectiva, a questão é de fato relevante porque o culto da liderança deprecia tanto a liderança quanto a administração, e é fonte de expectativas não correspondidas.

Depreciação da liderança

Uma grande cadeia de varejo se orgulha do fato de seus recém-formados no chão das lojas atuarem como verdadeiros líderes: eles precisam encontrar soluções para necessidades de pessoal, devem manter altos padrões de limpeza nas lojas e de disponibilidade de itens nos estoques, e se veem às voltas com ampla variedade de situações com os clientes. Não há dúvida de que esse conjunto de tarefas é altamente complexo para um recém-formado, mas será que isso é liderança? Se isso é o que os líderes fazem, o que será que faz a alta administração?

É nesse ponto que a definição de liderança apresentada por Kissinger é muito útil: "Os líderes levam as pessoas aonde elas não iriam sozinhas". Essa definição deixa claro que grande parte do que é considerado "liderança" não é liderança, de modo algum: é gestão altamente eficaz.

As revoluções fornecem um *insight* sobre a natureza da liderança. As revoluções precisam de líderes revolucionários que revertam a velha ordem e introduzam um novo mundo de esperança, prosperidade e justiça – embora algumas revoluções semeiem *gulags* e ditaduras. Antes e depois da revolução, porém, precisa-se de uma multidão de gestores capazes de garantir que os trens rodem no horário e que o pão seja entregue todas as manhãs. Se a revolução só tiver líderes mas não tiver gestores, irromperá o caos. Os líderes podem mudar o mundo, mas os gestores dirigem o mundo.

Ao assumir que todos os gestores são líderes, depreciamos a liderança. A liderança é um grande desafio a ser superado.

Depreciando a gestão

O fetiche moderno em relação à liderança significa que ninguém quer ser visto como "mero" gestor. Por que ser gestor quando se pode ser líder? Daí resulta grave depreciação da importância e do desafio de ser ótimo gestor.

Como vimos na analogia com a revolução, os gestores são indispensáveis para dirigir o mundo antes, durante e depois da revolução. Os gestores permitem que os grandes líderes exerçam a liderança; sem boa administração, o líder pode falar muito e realizar pouco.

O desafio da administração talvez seja ainda maior que o desafio da liderança. Os gestores carecem do controle e da clareza de que desfrutam os líderes:

➤ Os líderes em geral controlam os recursos necessários para alcançar seus objetivos; os gestores veem, todos os anos, suas verbas diminuírem e suas metas aumentarem.

➤ Os líderes têm autoridade para cumprir suas atribuições; a prática operacional comum dos gestores é ter atribuições que vão além de sua autoridade. Eles precisam descobrir maneiras de influenciar pessoas sobre as quais não exercem controle, para fazer acontecer. As funções de apoio frequentemente parecem ajudar o CEO mas atrapalhar outros gestores.

➤ Os líderes definem seus rumos: eles decidem aonde ir. Os gestores de nível médio não raro deparam com demandas conflitantes de diferentes partes da empresa. Eles precisam resolver a ambiguidade inerente ao escalão médio de qualquer organização.

Os gestores precisam fazer acontecer por meio de outras pessoas. É, sem dúvida, um trabalho árduo. O sucesso não é consequência natural porque os eventos sempre conspiram contra os gestores: as pessoas vão embora; os fornecedores não cumprem o prometido; os clientes querem mais por menos; os cobradores de impostos achacam cada vez mais; a alta administração impõe prazos e ideias brilhantes a serem executadas sem pestanejar.

Em vez de fingir que todos os gestores são líderes, devemos enaltecer os gestores pelo que são: os alicerces do sucesso de qualquer organização.

Expectativas não correspondidas

Os recrutadores de recém-formados sempre enaltecerão as suas ofertas. Componente comum dessa exaltação é mostrar o que esperam de suas crias recém-nascidas: atuar como líderes desde o início. Até que esses novos líderes se veem escalados para a labuta enfadonha dos soldados, que é o ingrediente básico dos aprendizes de um novo ofício. As expectativas não correspondidas são a principal fonte de frustração e muito contribuem para a alta rotatividade de pessoal em início de carreira. A conversa fiada pode ser muito onerosa.

Lições para os líderes

➤ Enfrente a realidade: você realmente está liderando? Se você é um gestor, comemore essa conquista. O seu trabalho é a base do sucesso de qualquer empresa.

➤ Enalteça e valorize os seus gestores: você é tão bom quanto a sua equipe gerencial. Seus gestores são as pessoas que converterão ideias em realidade.

➤ Defina as expectativas com clareza: nem todos podem liderar o tempo todo. Mesmo os melhores líderes dedicam grande parte de seu tempo a tarefas gerenciais: tocando as coisas e evitando desastres, em vez de reformando o mundo. Se você valorizar a administração como ela deve ser valorizada, ninguém se incomodará de ser chamado de gestor e todos compreenderão as suas atribuições como gestores. Se você fingir que todos serão líderes desde o primeiro dia, você descobrirá que está lidando com muitos gestores frustrados e decepcionados, que procurarão campos mais verdes em outras paragens.

Conclusão

Um mito que deprecia tanto a liderança quanto a gestão merece cinco unicórnios. Devemos valorizar mais a gestão e compreender como a liderança é diferente.

MITO 5
OS LÍDERES SABEM O QUE É LIDERANÇA

*A liderança é como um jogo cujas regras você não conhece,
mas as regras e os árbitros estão sempre mudando.*

A natureza do mito

A boa notícia é que os líderes sabem exatamente o que é liderança. E muitos deles não hesitam em dizer-lhe, nem em fazer discursos a esse respeito.

A má notícia é que todos discordam uns dos outros. Separados, os líderes iluminam o caminho; em grupo, semeiam confusão.

Eis como alguns líderes se manifestaram sobre liderança, em entrevistas sobre o tema realizadas no início da empresa de recrutamento Teach First[6]:

➤ Baronesa, Câmara dos Lordes: "É serviço. Se você pensar que é chegar ao topo, será algo muito desagradável: arrogância, orgulho e ambição".

➤ CEO, empresa de recrutamento: "Líder é alguém que todos querem seguir".

---

[6] Essas são transcrições de um vídeo de entrevistas que os líderes concederam ao autor em 2005. Teach First é hoje a maior empresa de recrutamento de recém-formados no Reino Unido.

➤ Chefe de agência governamental: "Líder é a pessoa que vai na frente. Você precisa ter o senso de para onde está indo e precisa motivar as pessoas a segui-lo".

➤ Chefe de importante universidade: "Tem a ver com resolver problemas e encontrar soluções. Muita gente pode analisar problemas, mas os líderes encontram soluções".

➤ Grande empresa de *headhunter*: "Os líderes têm uma combinação de humildade, de capacidade de realmente ouvir, de ser inquisitivos e abertos, e de definir o curso de ação".

➤ CEO, empresa de advocacia global: "Os líderes transmitem clareza de propósito, além de visão e entusiasmo pelo negócio".

➤ CEO, empresa de mídia global: "Muitos tipos de pessoas podem liderar em muitas espécies de situações diferentes...".

➤ CEO, empresa de serviços financeiros: "O estereótipo de líder é a pessoa extrovertida, exuberante e imponente, mas a verdade é o oposto: os líderes, na maioria, são discretos e eficazes".

Todas essas definições têm três coisas em comum:

➤ Todas são verdadeiras, até certo ponto. Talvez não sejam definições completas de liderança, mas todas captam algum aspecto do que alguns líderes fazem.

➤ Todas são diferentes.

➤ Todas refletem o caráter do falante. Conheci todos eles, de maneira direta ou indireta. Em cada caso, eles não estavam descrevendo liderança, mas sim como aspiravam ser líder. Considerando que todos eram líderes bem-sucedidos nos próprios contextos, esse conjunto de definições implica que há mais de uma fórmula para a liderança bem-sucedida.

Se você ler a mídia, verá que há tantas definições de liderança quanto há líderes.[7] Eis alguns atributos que os CEOs dizem ter a ver com liderança:

---

[7] As 33 definições de liderança por CEOs, todas elas conflitantes, encontram-se nesse site. Disponível em: <http://www.businessnewsdaily.com/3647-leadership-definition.html>. Acesso em: 2 fev. 2018.

- ter um coração altruísta;

- preparar a equipe para o sucesso;

- inspirar os outros a melhorar como pessoas;

- ser ousado o suficiente para ter uma visão;

- ouvir, inspirar e empoderar;

- compreender que a verdadeira liderança consiste em influenciar;

- sair da zona de conforto e assumir riscos.

Cada uma dessas afirmações é totalmente válida. Cada frase de efeito pode ser convertida em poderoso conjunto de valores e crenças capazes de impulsionar as respectivas organizações. No conjunto, porém, a lista é opressiva; significa que é necessário ser super-humano para liderar. Não diz o que é preciso fazer para alcançar o sucesso no próprio contexto.

Por que este mito é importante

Se os líderes não concordam quanto à melhor banda de rock, não tem importância. Se os líderes discordam sobre o que é liderança, tem importância por duas razões principais.

Desenvolvimento da próxima geração de líderes

Quando não há concordância sobre o que é liderança, é difícil desenvolver novos líderes. É bom saber o que você está construindo antes de começar a construir.

Ainda mais perigoso é quando os líderes acreditam na própria retórica sobre liderança. Isso implica que, para eles, a próxima geração de líderes será uma série de miniaturas, clonadas do próprio DNA dos líderes de hoje.

Arrogância

Os líderes que supõem saber todas as respostas estão preparando a própria queda. O sucesso em um contexto não é garantia de sucesso em outro contexto, ou até no próprio contexto, se ele mudar.

O problema é mais agudo com os líderes mais bem-sucedidos: eles se tornam prisioneiros do sucesso. Certo modelo de sucesso lhes proporcionou enorme sucesso, e eles não levam a sério as sugestões dos acadêmicos e dos gurus de que essa não é a única maneira de vencer. Quando as pessoas alcançam o sucesso, elas, naturalmente, continuam fazendo as mesmas coisas. Elas acham que mudar o seu modelo de sucesso é arriscado. No curto prazo, é arriscado mudar o que você faz; no longo prazo, é fatal não mudar o que você faz. Você não pode vencer no futuro com a fórmula de ontem.

Lições para os líderes

A liderança é contextual

Você precisa descobrir o que funciona no seu contexto. Não acredite nos gurus que alegam ter a fórmula universal para o sucesso em três passos fáceis.

Aprenda e cresça

Ao longo de toda sua carreira, seu contexto mudará: você será promovido, enfrentará novos desafios e o mundo ao seu redor não será o mesmo. A liderança é como um jogo cujas regras você não conhece, mas as regras e os árbitros estão sempre mudando. Isso valoriza a capacidade de crescer e aprender com rapidez. Os manuais de empregados compilam todas as regras, exceto aquela de que você mais precisa: como alcançar o sucesso? As regras importantes, você terá de encontrá-las por sua própria conta e risco.

Descubra e construa as competências centrais e as mentalidades de sucesso

Existem algumas verdades universais sobre liderança. Se você, no fundo, não gosta de outras pessoas, e se, ainda por cima, é preguiçoso, cínico e indolente, terá dificuldade em ser líder. Você precisa de sua própria teoria de sucesso: ela pode estar errada, mas pelo menos lhe dá algo com que trabalhar. E se você aprender e crescer com rapidez, sempre lhe será possível ajustar sua teoria de sucesso com base na experiência. Comece com o princípio de que os líderes levam as pessoas aonde elas não iriam sozinhas, e trabalhe a partir daí. Se esse é o objetivo, quais são as competências e mentalidades de que você precisa para alcançá-lo? Normalmente, você precisará de alguma combinação das capacidades de motivar e de influenciar, de ter ideias brilhantes e empolgantes, de comunicar-se bem e de tomar decisões.

Conclusão

Se os líderes não puderem concordar quanto ao que é liderança, esse será um desafio fundamental para a natureza da liderança. Cinco unicórnios.

MITO 6
O FUNDADOR É O LÍDER

O trabalho do fundador não é ser a pessoa mais inteligente da equipe; é atrair para a equipe as pessoas mais inteligentes.

A natureza do mito

A essência deste mito se baseia numa realidade simples: a maneira mais fácil de liderar alguma coisa é começar alguma coisa. A questão é se o fundador é a pessoa certa para liderar, e durante quanto tempo.

Você não precisa fundar uma empresa para ser fundador. Numa empresa, se você começa uma nova iniciativa, você é o fundador dessa ideia. Se você funda alguma coisa dentro de uma empresa, então a ideia de fundador como líder funciona bem. O fundador como líder é mais natural quando se trata de uma nova empresa, mas, como vulcões, crocodilos e furacões, o que é natural pode ser muito perigoso.

Numa empresa, quem tem uma ideia normalmente dá o primeiro tiro para fazê-la acontecer. A vantagem de quem toma a iniciativa é muito poderosa. Depois que você está liderando o novo projeto, ou desenvolvendo o novo produto, todos os tipos de pessoas virão a bordo e farão diferença. No entanto, embora todas estejam em sintonia fina com a sua grande ideia, a todo momento você terá de preservar o direito de continuar liderando o projeto. Ao empacar diante de dificuldades, você primeiro receberá apoio e depois será substituído.

Os direitos dos fundadores são rigorosamente limitados. Você tem a chance de liderar, mas você não é investido de direitos de liderança irrestritos para levar avante a ideia.

O desafio se impõe aos fundadores de empreendimentos de negócios ou de entidades sem fins lucrativos quando eles deparam com as limitações de governança definidos pelos estatutos e aplicados pelos administradores. Os freios e contrapesos normais que se desenvolvem nessas organizações não se aplicam aos fundadores. Eles podem avançar enquanto corresponderem às expectativas ou até irem à falência.

O problema se agrava em consequência do viés do sobrevivente. Todos conhecemos as narrativas de empreendedores brilhantes que começaram nas garagens lendárias e hoje percorrem o mundo em encontros com presidentes e em palestras no Fórum Econômico Mundial. Essas histórias geram a ilusão de que o fundador é sempre a pessoa que deve liderar a empresa rumo ao sucesso. Pouco atentamos nem nos lembramos dos muitos que não sobreviveram; também eles começaram nas garagens, construíram pequenos negócios, mas acabaram falindo. Para cada fundador que se tornou bilionário, há inúmeros outros, milhares deles, que não passaram no teste. O trabalho do fundador não é ser a pessoa mais inteligente da equipe; é atrair para a equipe as pessoas mais inteligentes.

Por que este mito é importante

Este mito é importante porque nem sempre o fundador é a pessoa certa para liderar a organização, mas ele quase sempre tem dificuldade em passar a bola. Quando você inicia um novo empreendimento, ele se torna o seu bebê; você dedica todo tempo e esforço a fazê-lo crescer e florescer. A ideia de entregá-lo a alguém é anátema; ela pode matar o bebê ou transformá-lo em monstro. E, para muitos empreendedores, a alegria é a jornada. Não se trata apenas de fazer dinheiro, embora isso ajude; também tem a ver com a aventura de converter um conceito em realidade.

Há certa mágica em criar alguma coisa do nada, e nenhum fundador quer renunciar a esse sortilégio. Em nível mais prosaico, os fundadores sabem que suas opções são limitadas. Eles têm consciência de que tentar criar outro empreendimento de sucesso é arriscado, na melhor das hipóteses. Fundar uma empresa é um salto irreversível:

depois de ter testado a ventura e a desventura de começar um novo negócio próprio, é emocionalmente impossível regredir à gaiola de ouro do emprego. As regras tacanhas, a politicagem mesquinha, a indignidade de submeter-se a alguém que não merece respeito são frustrantes e revoltantes.

Os fundadores geralmente têm dificuldade em liderar suas startups até a maturidade pelas mesmas razões que levam os jovens líderes de uma empresa a ter dificuldade em assumir posições de liderança de nível médio e alto. Seja trabalhando numa empresa tradicional, seja iniciando um novo empreendimento, as condições para alcançar o sucesso como líder mudam à medida que se avança. Numa empresa estabelecida, é provável que você progrida lentamente e receba mais apoio. Nas startups, o crescimento tende a ser acelerado, sem a infraestrutura de aprendizado e liderança.

Ao criar um novo negócio, você é a força de vendas, o serviço a clientes, a gerência de operações, o suporte a TI, o departamento de RH e a engenharia de instalações. Você é o faz-tudo e a ineficiência é enorme. A transição desse início acidentado para uma grande organização, com as próprias áreas e chefes de TI, operações, contabilidade e finanças, RH, jurídico, e marketing e vendas é um grande salto. Se você continuar fazendo tudo isso sozinho, você é o fundador, mas não o líder. Como líder, você precisa construir a equipe que converterá sua ideia em realidade. Se agir assim, você terá alcançado o sucesso como líder e empreendedor, não importa o título que você se conceder. Nunca confunda título e função: você não precisa ser CEO para ser líder.

Lições para os líderes

Avance primeiro, avance rápido

Os fundadores dentro de uma empresa se beneficiam enormemente da vantagem do pioneiro. Você normalmente terá a chance de liderar sua ideia se você avançar primeiro. Esse conceito se aplica aos momentos de crise e ambiguidade, quando ninguém está muito seguro do que fazer ou quando todas as opções parecem arriscadas demais. A vantagem do pioneiro também se aplica às startups, muitas das quais são esforços de equipe. Participe da equipe fundadora, o que, normalmente, significa envolver-se, antes de existir site, nome ou entidade legal. Se você se engajar assim tão cedo, terá a chance de moldar seu destino. Se você se engajar mais tarde, descobrirá que o seu destino já foi forjado pelos pioneiros: a equipe fundadora.

Saiba onde você agrega valor

Como fundador, você contribuirá com alguma poção mágica para a empresa que você cria. Você terá inspiração, paixão e visão. Esse ingrediente fará de você o chefe de torcida natural no relacionamento com os clientes, com os investidores e com os parceiros. Você também poderá oferecer algum talento específico. Como fundador, você terá o direito de moldar seu papel como melhor lhe convier, e isso não significa que você será o CEO.

Construa sua equipe

Foque nas suas melhores competências e traga outros talentos para apoiá-lo. Você não pensará em fazer toda a contabilidade à medida que a empresa cresce, uma vez que outras pessoas poderão executar melhor essa função: aplique o mesmo princípio a todas as tarefas de gestão e liderança da empresa.

Aprenda e cresça rápido

Se você quiser liderar a escalada da empresa, precisará aprender e se adaptar com rapidez (ver o Mito 9 sobre como as competências de liderança mudam em cada nível da empresa). Você não progredirá em termos de senioridade, mas progredirá em termos de escala. Escala é bom *proxy*, ou substituto, de senioridade: quanto maior for a empresa, mais sua função de liderança parecerá uma função sênior.

Conclusão

Começar alguma coisa é a maneira mais fácil de liderar alguma coisa, ou seja, este mito corre o risco de ser realidade, não mito. Muitos fundadores, porém, fracassam porque não são bons líderes. Todos os bons mitos misturam verdade e fantasia. Este não é exceção. Três unicórnios.

MITO 7
A LIDERANÇA É UNIVERSAL

*Em vez de tentar conhecer diferentes culturas,
desenvolva a inteligência multicultural.*

A natureza do mito

Na contagem mais recente, a Amazon oferecia 58.217 livros com a palavra "liderança" no título. Com este, você pode adicionar mais um ao total. Boa leitura!

Como os alquimistas dos últimos dias, a maioria desses livros tenta descobrir o elixir da liderança. Muitos deles oferecem alguns *insights* úteis sobre liderança, mas a busca da verdade universal é tão inútil quanto a busca medieval do elixir da juventude eterna ou da fórmula para converter metal comum em ouro. Não existe fórmula universal; existe apenas o que é eficaz para você, no seu contexto. Uma das dimensões críticas do contexto é universal; diferentes culturas lideram e gerenciam de diferentes maneiras.

Como grande parte da literatura sobre liderança é escrita em inglês, por escritores anglófonos, é forte o viés para assumir que a maneira das culturas anglófonas é a maneira certa. Na era da hegemonia americana, ainda havia alguma justificativa para essa tendência. Significava que a globalização era o código para a difusão das práticas ocidentais em todo o mundo. A ascensão do Japão e a dizimação de várias indústrias ocidentais foi o primeiro sinal de alarme. O segundo toque de despertar foi a ascensão da China e do restante da Ásia.

Apesar disso, a percepção de liderança ainda envolve forte viés ocidental. Nas palavras de um gestor japonês, "Lemos muitos livros de autores americanos, mas quantos americanos leram livros de negócios de autores japoneses?". Os japoneses compreendem os Estados Unidos melhor do que os americanos compreendem o Japão. Com efeito, o maior sucesso da gestão japonesa foi a mobilização do Movimento da Qualidade. Os japoneses tinham aprendido os princípios de qualidade com um americano, W. Edwards Deming,[8] mas os Estados Unidos só adotaram os métodos de Deming quando o Japão iniciou sua ofensiva.

O mundo compreende o Ocidente, mas será que o Ocidente compreende o mundo? Há uma enorme lacuna de conhecimento entre Oriente e Ocidente, o que não é vantajoso para o Ocidente.

Por que este mito é importante

A liderança varia mundo afora. Não se pode presumir que o que funciona em uma cultura também funcionará em outra.[9, 10]

A Tabela 7.1 destaca algumas das diferenças entre umas poucas culturas. As pesquisas revelaram que mesmo quando você faz uma viagem muito curta de trem no Túnel do Canal, do Reino Unido para a França, todas as regras mudam.[11] O texto abaixo salienta este ponto.

COLABORAÇÃO E CONFLITO ANGLO-FRANCÊS

Bertrand era chefe de gabinete: ele liderava um grande Ministério em Paris. Durante nossa entrevista, ele mencionou que os ingleses decidiam com muito pragmatismo. Isso soou como um cumprimento, mas, como ele é francês e eu sou inglês, aquilo só podia ser um insulto. Pedi que Bertrand explicasse:

---

[8] DEMING, W. Edwards. *Out of the Crisis*. 1. ed. Cambridge, MA: MIT Press, 2000.

[9] Baseado em pesquisa original em: OWEN, Jo. *Global Teams*. Londres: Pearson, FT, 2016.

[10] A tabela se baseia em pesquisa original publicada pela primeira vez em: OWEN, Jo. *Tribal Business School*. Hobokey, NJ: Wiley, 2007.

[11] A comparação entre Reino Unido e França também é oriunda de pesquisa original divulgada pela CNN. Disponível em: <http://edition.cnn.com/2007/BUSINESS/04/30/execed.anglofrench/>. Acesso em: 2 fev. 2018.

Na França, nós somos muito rigorosos na tomada de decisões. Adotamos uma abordagem intelectual; portanto, quando decidimos, sabemos que a decisão está certa e persistimos nela. Vocês, porém, são mais pragmáticos: escolhem o que faz sentido hoje, mas, amanhã, podem mudar de ideia. E, como vocês não usam a linguagem corporal, não sabemos o que estão pensando. Logo, não sabemos o que vocês pensam, mas sabemos com certeza que vocês mudarão de ideia. Por isso é que achamos difícil confiar nos ingleses.

Acho que minha expressão foi de desalento, porque, então, ele acrescentou em tom condescendente: "Mas não se preocupe, os alemães são piores...".

Lições para os líderes

Desenvolva a inteligência multicultural

É enorme a literatura disponível que mapeia as diferenças culturais entre os países, mas ninguém tem condições de dominar todas as nuances culturais do mundo. Seu trabalho não é ser antropólogo, é liderar. Os princípios são fáceis, mesmo que a prática seja difícil:

> *Não assuma que a sua maneira é a maneira certa.* Uma das vantagens da globalização é encontrar os melhores talentos e as melhores soluções no mundo.

> *Seja rápido em observar, aprender e se adaptar.* Seja curioso: experimente a culinária, a música e o jeito local de fazer as coisas. A globalização oferece ótimas chances para ampliar suas experiências e competências; portanto, aproveite-a ao máximo.

> *Admita que sua cultura e seus hábitos é que talvez sejam exóticos.* Ver a caixa de texto na p. 49.

> *Cultive um olhar positivo.* Em equipes globais, os mal-entendidos surgem com facilidade e são consertados com dificuldade. Quando isso acontece, assuma que o outro lado é profissional e quer fazer um bom trabalho. Evite a suspeição e o jogo de culpa.

> *Comunicação começa com compreensão.* Isso significa ouvir mais do que falar.

Tabela 7.1: Liderança e estilo de negócios em quatro culturas

FATOR	REINO UNIDO	JAPÃO	SOCIEDADES TRADICIONAIS	FRANÇA
Processos decisórios	Pragmático, bem-comunicado	Consensual	Comunitário, aberto	De cima para baixo, ponderado em toda extensão e profundidade
Hierarquia	Chama o chefe pelo primeiro nome	Linguagem respeitosa	Idade e sexo	Tu (você), Vous (senhor/a), dependendo do relacionamento
Redes	Baseadas na profissão	Baseadas no keiretsu (conglomerado de coligadas e controladas)	Baseadas na família	Formação acadêmica
Foco da educação	Artes liberais	Matemática, ciências	Informal, oral, generalista	Matemática e ciências
Setores-chave	Urbanismo, serviços, mídia	Engenharia, manufatura	Subsistência	Engenharia, bens de luxo
Valores	Ética, espírito da lei	Honestidade e confiança, legalidade	Respeito pela comunidade	Honestidade, letra da lei
Delegação	Atribuições superam autoridade	Atribuições coletivas	Compartimentalização das funções	Atribuições exigem autoridade
Feedback	Indireto, geralmente positivo	Evitado	Inexistente	Direto, geralmente negativo
Linguagem corporal	Contida, parece imprópria	Formal, ritual	Aberta	Aberta e direta
Abertura	"Winbledonização" de Londres	Fechado	Binária	Fechada: revolução, não evolução
Lei	Common Law, flexível	Evita o uso da lei	Tradição, pessoalidade	Direito Romano, altamente prescritivo
Pensamento	Pragmático	Prático	Tradicional	Teórico, baseado em princípios
Reuniões	Toma decisões	Ratifica decisões	Social	Expõe visões, defende posições

QUEM TEM A CULTURA EXÓTICA

Era tarde e estávamos bêbados. Esse é o momento nas noites japonesas em que você pode dizer a verdade e ainda ser perdoado na manhã seguinte. O executivo sênior se inclinou em minha direção e disse:"Jo-san, preciso lhe fazer uma pergunta". Inclinei-me na direção dele, para ouvi-lo. Sem dúvida, estávamos começando a falar de negócios.

"Como são os seus apertos de mão?", perguntou.

Achamos que as mesuras japonesas são impenetráveis. Não são. Os *meishi* (cartões de negócios) lhe dão todas as informações necessárias para saber quem deve vergar o tronco primeiro, com que inclinação e durante quanto tempo. Por isso é que as mesuras são trocadas logo no primeiro encontro. Em comparação, o aperto de mãos é um mistério. Quais são as regras? Como você sabe quando apertar as mãos e com quem? As regras são as mesmas em todos os lugares? E nem vamos falar no hábito francês de trocar beijos...

Agora, tente explicar as regras dos apertos de mãos.

Conclusão

Este mito é difuso e perigoso em todos os níveis. As pessoas pensam que suas fórmulas de sucesso são únicas e, então, fracassam quando entram em novo contexto. O Ocidente acredita que detém o monopólio da sabedoria, mas está sendo desafiado por líderes que pensam de maneira diferente. Cinco unicórnios.

— PARTE DOIS —
SABEMOS O QUE OS LÍDERES FAZEM

MITO 8

SABEMOS O QUE OS LÍDERES FAZEM (I): LÍDERES DE ALTO NÍVEL

O líder é contextual. Não existe líder tamanho único.

A natureza do mito

Até certo ponto, sabemos exatamente o que os líderes fazem. Eles falam com as pessoas, eles ouvem, eles enviam e recebem e-mails, eles participam de reuniões e leem documentos. Mas isso é o que todos fazem em trabalhos de escritório. Também vemos que os líderes respiram: verdade, mas inútil. A verdadeira questão é: "Será que sabemos o que só os líderes fazem e que ninguém mais faz?". Não existe resposta única e simples para essa pergunta. Em contextos diferentes os líderes fazem coisas diferentes. Por exemplo, os líderes que criam e desenvolvem empresas e os líderes que cortam custos são animais muito diferentes: eles têm competências diferentes e fazem coisas diferentes.

Isso significa que o líder é contextual. Não existe líder tamanho único: precisa-se de líderes diferentes para desafios diferentes.

Por que este mito é importante

São duas as razões:

➤ para nomear líderes;
➤ para gerenciar a jornada de liderança.

Nomear líderes

Quando o Conselho de Administração procura um novo CEO, eles não se limitam a buscar alguém com qualidades de liderança (não importa como esses atributos sejam definidos): muitas pessoas têm qualidades de liderança. O Conselho está em busca de uma solução para não importa o que considerem o maior desafio a ser enfrentado pela empresa, o que os leva a buscar alguém que já tenha resolvido esse problema antes. Por exemplo, o desafio para a empresa pode ser:

> tornar-se global;

> reestruturar-se e gerar crescimento;

> simplificar as operações;

> acelerar o crescimento;

> impulsionar as inovações e o *time to market*.

Existem inúmeros outros desafios e cada um exige um conjunto de competências muito diferentes por parte do líder da empresa. Também significa que o líder e a empresa se engajarão em espécies de atividades muito diversas. Se o desafio é globalizar-se, o líder passará mais tempo em voos intercontinentais do que se o desafio fosse reestruturar as operações no mercado interno.

A mesma lógica se aplica à nomeação de líderes para todos os níveis da organização: você não procura somente a pessoa certa, mas também a solução certa. Você precisa de alguém que entregue o resultado almejado. Em níveis mais iniciais, os cacifes são mais baixos e você pode assumir o risco de desenvolver pessoas na função. Quanto mais alto for o nível hierárquico da posição a ser preenchida, mais alto se torna o cacife e menor será a propensão para assumir riscos com alguém sem a experiência certa, desenvolvida no exercício de função semelhante.

Essas considerações são fundamentais em termos de como se desenvolve a carreira de liderança.

Gerenciando a jornada de liderança

Não basta desenvolver amplas competências de "liderança". É preciso ser excelente em alguma área, ter um atributo singular que o manterá requisitado. Não é assim que funcionam muitos sistemas de RH: eles identificam suas deficiências e carências e o estimulam a eliminá-las ou atenuá-las. Mas ninguém alcança o sucesso focando nas lacunas.Você será bem-sucedido melhorando suas aptidões específicas, adequadas ao contexto. Felizmente, a liderança é um esporte coletivo, de equipe e é importante desenvolver a equipe para apoiá-lo nas áreas em que você não for o melhor.

TENHA CUIDADO COM AQUILO EM QUE VOCÊ É BEM-SUCEDIDO

Como nova funcionária, Debbie tirou o canudo mais curto na hora da distribuição das tarefas. Ela foi incumbida de desenvolver o *business case* para a implementação de um novo sistema de TI numa empresa europeia de seguro de vida. Era um trabalho vital, mas enfadonho: não se tratava exatamente do que ela queria. No entanto, como estava ansiosa para causar boa impressão, superou todos os obstáculos e, no fim do projeto, foi muito elogiada pela contribuição notável.

Pouco depois, outra seguradora de vida europeia também precisava de um *business case* para um novo sistema de TI, e Debbie foi a escolha natural para liderar a missão. Com a experiência adquirida com o primeiro *business case*, ela desenvolveu um trabalho ainda melhor, mais ou menos na metade do prazo. Nascia uma estrela. Ela era agora a maestrina oficial de *business cases* para sistemas de TI em seguradoras de vida europeias. Ela era a primeira convocada para esse tipo de trabalho e, nessa condição, não podia ser mais requisitada.

O sucesso foi um estigma: ela não gostava do trabalho, que não era do tipo que propicia promoções, e não estava desenvolvendo novas experiências e competências. Ela havia conseguido se meter numa carreira que era um beco sem saída.

Lições para os líderes

Construa as suas razões para a fama

Como líder, você precisa de um portfólio de competências e experiências. Mas você também precisa de uma ou duas razões para a fama, pelas quais você é reconhecido como sendo o melhor da classe em alguma coisa. Em outras palavras, você necessita de amplitude e de profundidade de experiência.

Continue aprendendo, continue crescendo

Na prática, não há como prever que competências e desafios serão dominantes daqui a 20 anos em sua empresa. Em vez disso, desenvolva capacidades que por certo serão requisitadas em algum lugar, o tempo todo: redução de custos, aumento da receita e melhoria das operações são capacidades que nunca saem de moda. Mesmo que suas competências não estejam no topo da agenda da sua empresa, elas estarão no topo da agenda de alguma outra organização. Se você quiser controlar o seu futuro, conscientize-se de que a empregabilidade é mais importante do que o empregador.

Conclusão

Compreenda mal o que os líderes fazem e você pode surpreender-se nomeando o líder errado (fim da empresa) ou desenvolvendo a experiência errada (fim da carreira). Portanto, esse mito monótono e técnico é muito perigoso. Cinco unicórnios.

MITO 9

SABEMOS O QUE OS LÍDERES FAZEM (2): SUA JORNADA DE LIDERANÇA

Continue crescendo, continue aprendendo, continue mudando.

A natureza do mito

A liderança é uma jornada, não um destino. Não há conceito único de liderança a ser engarrafado, rotulado e vendido. Liderança significa coisas diferentes em contextos diversos. Quando o contexto muda, a natureza da liderança também muda. Essa ideia é ainda mais pertinente quando se é promovido.

Este mito é reconhecido implicitamente nos processos de avaliação e desenvolvimento da maioria das empresas: espera-se que você atue de maneira diferente, em diferentes funções e em diferentes níveis.

Por que este mito é importante

Cada vez mais, não podemos confiar nos empregadores em relação à nossa carreira. Hoje, nos Estados Unidos, a mediana do tempo de serviço dos empregados nas empresas é de 4,2 anos,[12] ou seja, a maioria das pessoas mudará de empregador muitas vezes ao longo da carreira. Como nunca antes, carreira está virando verbo; nós nos encarreiramos

---

[12] Bureau of Labor Statistics, set. 2016. <https://www.bls.gov/news.release/pdf/tenure.pdf>.

de empregador para empregador, de função para função, em vez de ter uma única carreira na vida, com um único empregador benevolente.

Se tivermos de gerenciar nossa própria jornada de liderança, vale a pena ter um mapa que mostre para onde estamos indo. O Google pode ter mapeado quase tudo no planeta, mas por certo ainda não produziu um mapa de liderança confiável, muito menos qualquer outra organização ou indivíduo. Vê-se na página seguinte um mapa simplificado de uma jornada de liderança típica.

Eis algumas das principais mudanças que ocorrem na maioria das jornadas de liderança, de líderes em início de carreira para líderes de alto nível:

➤ O horizonte muda de curto prazo para longo prazo. Como recém-formado, você recebe atribuições a serem executadas em poucas horas ou dias. Na posição de CEO, você estará planejando anos à frente.

➤ As competências críticas passam de técnicas ou artesanais para pessoais e políticas. No começo, você aprenderá uma profissão, como contabilidade, direito, magistério ou editoração. Ao chegar ao topo, você estará delegando essas atribuições a outras pessoas.

➤ As competências financeiras tornam-se cada vez mais importantes com o passar do tempo. De início, você não tem orçamentos, a não ser o próprio tempo; no nível de órgãos colegiados, como Conselhos, concentra-se foco implacável no desempenho financeiro e nas apresentações de propostas e resultados.

➤ As equipes deixam de ser o inimigo que o dispersa de seus afazeres e passam a ser os parceiros que o ajudam a fazer acontecer.

Os líderes que não aprendem e não crescem ficam à deriva: alcançam o teto da carreira e não conseguem rompê-lo. Se você quiser continuar avançando ao longo de sua jornada de liderança, continue aprendendo.

Lições para os líderes

Eis uma mensagem muito simples para líderes de todos os níveis: continue crescendo, continue aprendendo, continue mudando. Não importa onde você esteja em sua jornada de liderança, você descobrirá que o seu contexto continua mudando, o que significa que também você precisa mudar. Três exemplos esclarecerão esse ponto.

Tabela 9.1: A jornada de liderança[13]

NÍVEL DE LIDERANÇA	AUTOGESTÃO: NOVOS EMPREGADOS	GESTÃO DE OUTROS: SUPERVISORES DE PRIMEIRA LINHA	GESTÃO DE UMA FUNÇÃO: VÁRIAS EQUIPES	GESTÃO DE UM NEGÓCIO COM LUCROS E PERDAS	GESTÃO DE UM GRUPO DE NEGÓCIOS
Horizonte temporal	Um dia ou uma semana	De uma semana a um trimestre	De um trimestre a um ano	Mais de um ano	Futuro distante
Principal atribuição	Fazer: qualidade, velocidade, competências profissionais, planejamento do trabalho	Gerenciar: treinar, motivar, gerenciar o desempenho, delegar	Otimizar: melhorar o funcionamento das coisas	Integrar e mudar	Liderar
Quem você valoriza	Você	Sua equipe	Outras funções	Apoio da equipe	*Stakeholders* externos
Competências financeiras	Indisponível	Gestão de custos	Gestão orçamentária: negociar e controlar	Gestão de L&P: gestão de receita, alocação de custos	Contabilidade financeira: impostos, relatórios
Armadilhas e desafios	Desencanto: tédio, trabalho enfadonho	Não mudar o jogo	Não gerenciar a política	Da síndrome do impostor à arrogância	Perder o contato

[13] Publicado pela primeira vez em: OWEN, Jo. *Mindset of Success*. 2. ed. Londres: Kogan Page, 2015.

O líder emergente

Sua primeira promoção é, em geral, o passo mais perigoso em sua jornada de liderança. O recém-formado que faz um bom trabalho logo será promovido. E, naturalmente, fará mais do mesmo: quando você tem um modelo de sucesso, você o adota e reluta em abandoná-lo. Até que o então recém-formado é demitido, não porque é incompetente, mas porque não se deu conta de que o jogo mudou.

O recém-formado é como um ótimo jogador de futebol que é promovido a técnico. O aumento de responsabilidade não significa que o jogador tenha que jogar melhor e com mais afinco: o jogador precisa aprender uma nova função. O trabalho do técnico não é marcar todos os gols, nem armar todas as jogadas, nem fazer passes maravilhosos. O trabalho do técnico é selecionar e desenvolver a equipe certa, além de adotar as táticas adequadas. Essas mesmas recomendações aplicam-se aos recém-formados. Depois de promovidos, eles próprios não mais precisam executar todas as tarefas, mas precisam ajudar a equipe a trabalhar com eficácia. Os novos líderes devem fazer a transição crucial de "Como faço isso?" para "Quem pode fazer isso?". Esse avanço do "como" para "quem" muda tudo.

O líder empreendedor

O empreendedor clássico sempre parece começar na garagem ou no quarto e, às vezes, na mesa da cozinha. É quando você descobre ou desenvolve novos talentos, porque você deve ser capaz de fazer tudo. Você é o seu próprio assistente pessoal, consultor de TI, força de vendas, equipe de desenvolvimento de produtos, contador e controlador financeiro. Você talvez até sinta saudades dos dias em que foi preparado e cativado pelos sistemas de apoio à vida organizacional da maioria das grandes empresas.

Ao ser bem-sucedido, você começa a compor a equipe. Isso significa que pode focar sua atuação no que faz mais diferença. Seu contexto está mudando e você também precisa mudar. E você continua a deslocar o foco da sua atuação à medida que a empresa cresce. Muitos empreendedores, porém, têm dificuldade em enfrentar as mudanças, pois não querem abrir mão do controle direto. Eles interferem quando devem delegar, o que desmotiva a equipe e sobrecarrega o líder. E, assim, eles se transformam na figura clássica do líder empreendedor assoberbado: "À minha maneira ou de nenhuma maneira". Os sucessos lhes demonstram que estão certos; os fracassos lhes confirmam que não podem confiar em outras pessoas. Inevitavelmente, a empresa se torna altamente dependente deles. Essa situação não é sustentável.

Mesmo na condição de fundador da empresa, você deve continuar crescendo e se adaptando, para construir uma empresa sustentável.

Todos os líderes

Pense em suas músicas e em seus filmes preferidos. Qual era a sua idade quando foram lançados? Muita gente acha que os "bons tempos" foram quando estavam na adolescência ou no começo da juventude: qualquer coisa anterior é velharia, qualquer coisa posterior não presta. Empacamos em nosso próprio *time warp* (deformação do tempo) cultural. No nível pessoal, isso não é problema. No nível profissional, é um grande problema. Precisamos cultivar a mentalidade aberta a novas ideias e ao aprendizado contínuo. Se o passado é sempre melhor, por que mudar e avançar?

Conclusão

O mito penetra no âmago de sua carreira: a liderança é uma jornada, não um destino. Isso significa que você deve continuar aprendendo e crescendo, porque as regras da sobrevivência e do sucesso continuam mudando. Se você acreditar que a liderança é uma jornada, não um destino, estará certo. Zero unicórnio.

MITO 10

OS LÍDERES MOTIVAM OS SEGUIDORES

Há uma enorme lacuna de realidade entre as percepções
dos líderes e as percepções dos seguidores.

A natureza do mito

Quando se pergunta aos seguidores o que eles querem dos líderes, dois fatores se destacam:

➤ ter uma visão;
➤ ser motivador.

A boa notícia é que os próprios líderes reconhecem a importância desses atributos. Notícia ainda melhor é que 67% dos líderes acham que são bons em motivação. A má notícia é que apenas 32% dos seus seguidores concordam.[14] Há uma enorme lacuna de realidade entre a percepção dos líderes e a percepção dos seguidores. Você talvez se considere bom em motivação, mas o que sua equipe realmente acha?

A afirmação "Os líderes motivam os seguidores" é verdade na teoria, mas, em grande parte, falsa na prática. Qualifica-se como mito prático, mas não teórico.

---

[14] Pesquisa original do autor com mais de 500 líderes e seguidores, publicada pela primeira vez em Owen (2015).

Por que este mito é importante

A natureza da liderança mudou. No passado, os líderes esperavam conformidade de suas equipes. Eles tinham poder e autoridade para impor conformidade. Considerando que o trabalho, em grande parte, era rotineiro e de fácil mensuração, a conformidade era suficiente. Como, porém, a natureza do trabalho mudou, os líderes foram forçados a mudar a maneira como lideram. O trabalho, agora, é muito mais ambíguo: quais são as características de um "bom" relatório ou de uma "boa" reunião? Quanto tempo e esforço devem ser dedicados a determinado trabalho? O trabalho profissional é, por natureza, ambíguo. O crescimento das profissões aumenta a importância da produtividade. Como medir, porém, a produção de um consultor, de um psicoterapeuta ou de um auditor de saúde e medicina do trabalho? Essas avaliações não são como a medição da quantidade e da qualidade de uma linha de produção.

Neste novo mundo do trabalho, conformidade não é suficiente. A equipe realmente deve estar comprometida em entregar qualidade, o que vai além de "bom o suficiente". As pressões de tempo e custo significam que o aperto é real, razão pela qual os líderes dependem de suas equipes para percorrer a distância adicional que faz acontecer.

Sem dúvida, a motivação não é oriunda apenas do líder. A motivação também é produzida por outras fontes:

> *Motivação interna*. Cada membro da equipe precisa encontrar suas próprias fontes de motivação: a maioria dos profissionais se orgulha de seu trabalho e quer trabalhar bem. Em última análise, todos somos responsáveis por nós mesmos e por nossos sentimentos. Depender dos outros para se sentir bem ou mal é o caso clássico de vitimização.

> *Estrutura do trabalho*. É vasta a literatura sobre o modo em que os trabalhos devem ser estruturados para torná-los mais realizadores. Normalmente, quanto mais amplas forem a autonomia e a variedade, mais motivador será o trabalho.

> *Sistemas de recompensa*. São traiçoeiros. As recompensas formais encorajam as pessoas a atingir a meta, até manipulando o sistema, se necessário. Cumprir metas e estar motivado são conceitos diferentes.

➤ *Cultura organizacional.* É influenciável, mas raramente controlada pelo líder da organização. As organizações desenvolvem vida e cultura próprias. Os servidores públicos e os engenheiros nucleares tendem a ser, com razão, avessos ao risco. Pedir-lhes para se tornarem empreendedores é perigoso, inadequado, e é como pedir a um leopardo para mudar suas manchas.

Sem dúvida, o líder pode influenciar a cultura, a estrutura do trabalho e os sistemas de recompensa; mas também tem enorme responsabilidade direta pela motivação da equipe. Pesquisa do Gallup[15] mostra que 70% da variância no engajamento dos empregados é atribuível à qualidade do chefe. O Gallup define engajamento como entusiasmo e comprometimento com o trabalho, em oposição a ser indiferente e sonâmbulo ao longo do dia de trabalho. Para que uma equipe se torne de alto desempenho, ela deve estar engajada e, para tanto, a contribuição do líder é fundamental. A mesma pesquisa também mostra que 50% da rotatividade de pessoal é impulsionada pelo desejo da equipe de livrar-se do chefe. Como líder, você exerce poderoso impacto, para melhor ou para pior, sobre a equipe.

Lições para os líderes

Uma coisa é dizer que os líderes precisam ser motivadores; outra coisa é saber como ser motivador.

A boa notícia é que você não precisa ser como o Sr. Motivador, no workshop da empresa, que faz discursos de abertura inspiradores. A mesma pesquisa mostra com clareza como os líderes podem motivar bem as equipes. Nada disso é ciência de naves espaciais. Eis o que fazer.

Defina expectativas claras

Não diz respeito a dizer às pessoas o que fazer. As expectativas genuínas são de mão dupla. Você precisa ouvir e compreender os desejos e necessidades de cada membro da equipe. Nada disso decorre de uma reunião formal para o intercâmbio de expectativas. É produto de uma sucessão infindável de conversas curtas e longas, individuais

---

[15] HARTER, Jim; ADKINS, Amy. Os empregados querem muito mais de seus gerentes. *Gallup*, 8 abr. 2015. <http://www.gallup.com/businessjournal/182321/employees--lot-managers.aspx>.

e grupais, com os membros da equipe, em que você descobre os verdadeiros anseios e receios de cada seguidor.

Tenha uma visão

A boa visão é motivadora por si própria, sobretudo quando cada membro da equipe percebe que tem uma função valiosa a desempenhar para alcançar o destino. Mas não basta fixar metas: é preciso dar-se ao trabalho de explicar o contexto. Por que a visão é importante? Para quem? E quais são os principais riscos e oportunidades? Só então cada membro da equipe compreenderá plenamente o que se espera deles.

Estabeleça objetivos claros

Não basta dizer: "Produza esse relatório até tal dia ou hora..." Como no caso da visão, é preciso descrever o contexto. E também é necessário envolver os membros da equipe na definição dos objetivos de prazo mais longo. Criar condições para que os participantes influenciem os próprios objetivos não só os motiva, como também aumenta a responsabilidade e o comprometimento com o objetivo.

Comunique-se mais

George Orwell escreveu: "Ver o que está diante do seu nariz exige esforço constante".[16] A necessidade de comunicação é óbvia, mas exige esforço constante, uma vez que os líderes estão imersos no ruído dos desafios diários da liderança. Parte crucial da comunicação é o *feedback* regular: ninguém quer esperar até o fim do ano para descobrir como se saiu. No fundo, comunicação é ouvir mais do que falar.

Seja positivo

Ninguém gosta de trabalhar para um rabugento. Ser positivo significa focar nas forças dos membros da equipe, não nas fraquezas; concentrar-se no que pode ser feito no futuro, não no que deu errado no passado; descobrir coisas a elogiar, não a criticar. Ser positivo torna-o mais acessível, o que significa comunicar-se melhor.

---

[16] ORWELL, George. *In Front of Your Nose*. Boston, MA: D. R. Godine, 1946. Ensaio publicado pela primeira vez no jornal *Tribune*, Londres, 22 mar. 1946.

Finalmente, esta afirmação é indicador inequívoco da opinião dos seguidores a respeito da capacidade de motivação do chefe:

O meu chefe se importa comigo e com a minha carreira
(concordo/discordo)

Os seguidores que disseram que o chefe se importava com eles e com sua carreira também avaliaram o chefe positivamente sob todos os outros critérios; os chefes que obtiveram baixa pontuação nesta questão também se deram mal sob todos os outros critérios. Mostrar que você realmente se importa com os seguidores exige tempo e esforço, mas é um investimento que paga ótimos dividendos.

Conclusão

Os líderes devem motivar os seguidores; portanto, não se trata de mito. Os líderes, porém, de um modo geral, não são bons motivadores. O mito existe na prática, mas não na teoria. A teoria não merece unicórnios, pois reflete a realidade; a prática, contudo, ganha quatro unicórnios, uma vez que tantos líderes não motivam bem.

MITO 11

OS LÍDERES SE COMUNICAM BEM

Nós nos comunicamos mais do que nunca,
mas nos compreendemos menos do que nunca.

A natureza do mito

O berço da democracia na Grécia Antiga também foi o berço da retórica. Quem aspirasse a liderar na democracia precisava desenvolver poderes de persuasão. Os grandes oradores exerciam grande influência. Dizia-se que, se perdesse um debate público, Sócrates se levantava e convencia a multidão de que de fato tinha vencido. Naquela época, a educação dos líderes era intelectual e física, porque uma pequena democracia, cercada de tiranos, sabia que teria de lutar pela sobrevivência.

Desde então, espera-se que os líderes se comuniquem bem. A realidade, porém, é diferente. A maioria dos líderes não é de grandes comunicadores, e muitos líderes de negócios são péssimos comunicadores. A morte por jargão é tão feia quanto a morte por *bullet points*.

Por que este mito é importante

A tecnologia contribui para que nos comuniquemos mais do que nunca, mas também para que nos compreendamos menos do que nunca.

Em outras palavras, a tecnologia melhora a eficiência da comunicação, mas não melhora a eficácia da comunicação. Mais nem sempre é melhor. A natureza mutável da tecnologia e da organização significa que a maneira como os líderes precisam se comunicar está mudando. Os líderes não eram muito bons no velho mundo das comunicações, e têm dificuldade ainda maior no novo mundo. Três são as principais razões para se comunicar.

Comunicar para controlar

Esta é a forma tradicional de comunicação empresarial numa hierarquia: as ordens fluem para baixo e as informações fluem de volta para cima. Manter a integridade das ordens e das informações é fundamental. Esse processo de mão dupla dependia de fileiras diligentes de gerentes de nível médio, mas hoje se sustenta sobre um bom sistema de TI. A comunicação que até recentemente era indireta agora pode ser direta: também isso valoriza a comunicação.

Comunicar para persuadir

Este é o ponto em que os líderes abandonam a tradição e avançam para o futuro. A arte da comunicação era a arte da persuasão na democracia da Grécia Antiga. E é também o futuro da comunicação nas empresas onde as hierarquias tradicionais estão se erodindo lentamente. As equipes bem informadas querem envolver-se intensamente nos processos; nas organizações matriciais, você já não controla os recursos de que precisa para o sucesso. Em outras palavras, você não pode mais recorrer à autoridade para fazer acontecer: você tem que usar a persuasão.

Comunicar para compreender

Até pouco tempo atrás, a comunicação era a ampla difusão de mensagens, da maneira mais eficaz possível. Esse conceito coincide com a visão tradicional de liderança, em que o líder tem todas as respostas, a serem distribuídas de maneira abrangente. Hoje, porém, a comunicação é mais segmentada e funciona nos dois sentidos. Os negócios são tão complexos e mutáveis que ninguém pode saber tudo. É preciso ouvir para compreender.

Lições para os líderes

Ouça mais

Líderes eficazes e vendedores de alto desempenho compartilham um traço comum: têm duas orelhas e uma boca e as usam nessa proporção. Liderar não é dominar as ondas atmosféricas. Tudo começa com a compreensão, e isso exige que se ouça duas vezes mais do que se fala. Observe uma reunião em que participa alguém com muita autoridade. Geralmente, essa pessoa se limita a fazer uma ou duas perguntas muito argutas. Ela está desenvolvendo a compreensão. Ao falar, ela chama a atenção, justamente por falar tão pouco.

Ouvir bem é uma arte, tanto quanto falar bem. O bom ouvinte sabe que é melhor fazer perguntas inteligentes do que dar respostas inteligentes. Um bom passo inicial para tornar-se bom ouvinte é aprender a parafrasear. Ao ouvir alguém dizer alguma coisa, repita o que ouviu, usando suas próprias palavras. Assim, você atinge vários objetivos ao mesmo tempo:

➤ Compreende a posição do interlocutor, sem concordar com ela. Só é possível influenciar o pensamento do interlocutor quando você sabe o que ele está pensando.

➤ Registra na memória o que o interlocutor disse.

➤ Em caso de mal-entendido, você o descobre e o esclarece rapidamente.

➤ Torna o interlocutor mais objetivo. As pessoas geralmente repetem o mesmo ponto por recearem que não estão sendo ouvidas. Quando você as parafraseia, elas se convencem de que foram compreendidas e seguem adiante.

Menos é mais

A inflação também se manifesta no discurso: quanto mais se fala, menos as palavras são importantes. Se você fala pouco, cada palavra tem mais peso e mais valor.

O VALOR DAS PALAVRAS

O fulani[17] mais velho sentou-se fora da cabana e pensou um pouco antes de falar. Então disse discretamente:

As palavras são como deuses. As palavras criam novos mundos na mente das pessoas. As palavras levam as pessoas a agir e a mudar. Portanto, devemos valorizar cada palavra. Devemos entalhar cada período como um escultor e polir cada palavra como um ourives.

Depois de salientar esse aspecto, ele ficou em silêncio novamente. Será que você conseguiria valorizar cada palavra que pronuncia?

Escolha o meio certo

A boa comunicação e a alta confiança caminham juntas. Comunicamo-nos de maneira mais aberta com pessoas em quem confiamos. E só se constrói a confiança em contatos face a face. A tecnologia ajuda nas comunicações transacionais ("A que horas você chegará hoje?"), mas você não constrói confiança, nem motiva pessoas por e-mail.

O e-mail é uma praga nos negócios modernos. Consome o dia, dispersa continuamente a atenção e é uma má forma de comunicação. É boa maneira de deixar um rastro eletrônico para mostrar que você estava certo e que eles estavam errados; e é boa maneira de "copiar" (mandar cópia para) todo mundo, "só por via das dúvidas". O e-mail confunde eficiência com eficácia: é uma maneira eficiente (meio) mas nem sempre eficaz (resultado) de difundir mensagens. Há duas tecnologias de comunicação muito mais eficazes:

1. Telefone (ou videoconferência). Ocorre em tempo real e permite que ambos os lados se encaixem e descubram pontos em comum. Se houver desacordo, os interlocutores logo o

---

[17] Os fulani são uma tribo agrícola no Mali. Essa história foi levantada nas pesquisas originais do autor, apresentadas em Owen (2007).

descobrem, de maneira direta ou indireta, ouvindo o tom de voz no outro lado da linha.

2. Sapatos. Caminhar até a outra mesa e conversar face a face é a forma de comunicação mais eficaz, mesmo que seja a mais ineficiente. Você detecta todas as pistas não verbais que indicam como o interlocutor está reagindo; você evita mal-entendidos antes que surjam; e você constrói a confiança, promove o acordo e parte para a ação com rapidez.

Exponha bem

Os líderes devem fazer exposições a grupos grandes e pequenos, sem o benefício de uma educação voltada para a retórica. Você não precisa de um redator de discursos profissional para falar bem. A boa apresentação deixará o objetivo muito claro: qualquer coisa supérflua dilui a mensagem. E depois foque na forma da apresentação. Este é o ponto em que é bom se lembrar dos três Es da apresentação:

➤ **Entusiasmo.** Se você não estiver entusiasmado, não espere que alguém se entusiasme em seu lugar. Você será lembrado pela maneira como vai além das palavras; portanto, faça a apresentação da maneira como quer ser lembrado.

➤ **Experiência.** Quanto mais você se apresenta, mais à vontade você se sente. Para isso, é preciso aprender com cada experiência: não faz sentido cometer o mesmo erro 30 vezes. E experiência também significa preparar-se e ensaiar.

➤ *Expertise.* Se lhe pedem para falar é porque alguém acha que você sabe alguma coisa.

Escreva bem

Nenhum de nós pode aspirar aos dons literários de Shakespeare, nem mesmo aos de um roteirista de Hollywood. Todos, porém, podemos seguir algumas regras básicas para melhorar nosso jogo. Eis as cinco regras que meus editores sempre me impuseram. Se você sempre seguir essas orientações, será considerado um bom redator:

➤ Escreva para o leitor. O que ele deve compreender; o que ele quer saber de você? Torne-o relevante, pessoal e prático.

➤ Conte uma história. Sua mensagem precisa de uma narrativa simples: este é o desafio, estas são as opções, e esta é a solução. Apresente-as de maneira fácil para o leitor.

➤ Seja breve. Palavras simples e períodos curtos contribuem para a clareza.

➤ Seja positivo. Evite a voz passiva e o sujeito indeterminado.

➤ Reforce as afirmações com fatos. Se você diz que alguma coisa é importante, urgente ou estratégica, esta é só a sua opinião. Mostre ao leitor por que ela é importante, urgente ou estratégica.

Embora simples, essas regras são muito difíceis de seguir o tempo todo.

Conclusão

No mundo ideal, os líderes seriam grandes comunicadores. No mundo ideal, não haveria fome, nem guerra, nem doença. Mas não vivemos no mundo ideal. Na verdade, muitos líderes não são bons comunicadores, e a má comunicação compromete a capacidade de liderar. Na teoria, este mito não receberia unicórnios (porque não é mito). Na prática, ele deve receber cinco unicórnios (porque, em geral, os líderes se comunicam mal). A conciliação óbvia são três unicórnios.

MITO 12
OS LÍDERES SÃO DECIDIDOS

*Você não pode saber a resposta
se não conhecer a pergunta.*

A natureza do mito

O líder ousado evoca imagens de generais a cavalo, bradando ordens e conduzindo o exército para a vitória. Você nunca vê imagens de generais derrotados, debandando em tropelia. São imagens que se refletem em fotografias da década de 1950, de líderes carrancudos, segurando um telefone, prontos para ladrar ordens para desolados gerentes de nível médio.

Queremos líderes decididos. Uma das cinco principais expectativas dos seguidores em relação aos líderes é determinação. A alternativa é um pesadelo. Líderes indecisos levam a equipe à insegurança de passar metade do tempo adivinhando qual será a atitude do líder e a outra metade refazendo as coisas depois que o líder muda de ideia. A determinação gera clareza e foco, proporcionando à equipe a segurança indispensável.

Determinação é melhor que indecisão. Ponto final. Mas é mesmo?

Por que este mito é importante

A determinação é parte da teoria do líder como Grande Homem (ver Mito 37). Só o Grande Homem merece confiança como alguém capaz de tomar as decisões certas; portanto, tudo converge para o general garboso em seu cavalo branco, bradando ordens aos soldados. Este é um mito subscrito de bom grado por líderes e seguidores, com resultados adversos.

Os líderes, em geral, gostam de ser o general montado no cavalo branco. O membro da equipe em que os líderes mais confiam são eles próprios, o que os leva a se sentirem à vontade, tomando as grandes decisões. As equipes, por seu turno, também ficam felizes ao delegar para cima. Quando as coisas não dão certo, elas não são culpadas. Sob esse ângulo, a determinação é mais um vício do que uma virtude, pois mostra que:

> ➤ o líder não confia na equipe e não está preparado para delegar decisões;
> ➤ a equipe não assume responsabilidade e delega decisões para cima.

Há uma alternativa. No Japão, as orientações dos líderes são, em geral, muito vagas e aparentemente contraditórias, como "precisamos aumentar a lucratividade" ou "devemos aumentar a participação no mercado". Às vezes, isso ocorre porque o gerente é fraco e não sabe o que fazer, mas, frequentemente, é uma decisão deliberada de um bom líder. Eles sabem que, numa sociedade hierárquica como o Japão, as instruções são seguidas ao pé da letra; as equipes não terão qualquer amplitude de ação. Portanto, a melhor maneira de encontrar a melhor solução é não dar instruções específicas, e sim definir objetivos e prioridades. Isso dá liberdade à equipe para encontrar a melhor solução.

O grande líder não precisa de um cavalo branco, nem de tomar todas as decisões.

Lições para os líderes

Os líderes devem ser capazes de tomar decisões: não há como evitá-lo. As decisões que realmente importam são arriscadas e envolvem incertezas. A armadilha para os líderes é encarar o processo decisório como um exercício intelectual em que há soluções certas e erradas. Talvez fosse assim na escola, onde você precisava resolver questões específicas e responder a perguntas objetivas. Nos negócios, quase sempre o maior desafio é definir e compreender as perguntas críticas a serem respondidas e as outras irrelevantes ou menos relevantes a serem ignoradas ou postergadas. Você não pode saber a resposta se não conhece a pergunta.

Mesmo quando você formula a pergunta certa, a solução nem sempre é um mero exercício intelectual. As organizações estão cheias de pessoas, o que as torna políticas. A boa decisão é ao mesmo tempo lógica e política.

A única decisão boa é aquela que leva à ação. No velho mundo de comando e controle, isso significava disparar ordens. No mundo de hoje, significa que não há processo justo em torno da tomada de decisões. A decisão deve engajar as pessoas, para que elas a aceitem, a assumam e a executem. As lições para os líderes são sobre os aspectos lógicos e políticos da tomada de decisões.

Processo decisório lógico na incerteza

Os princípios intelectuais para a tomada de decisões são:

> **Reconheça o padrão.** Tino em negócios é simplesmente reconhecimento de padrões. Você deve ser especialista na área para reconhecer padrões e tomar decisões compatíveis. Respalde-se. Se você não reconhecer padrões, encontre alguém que o consiga e consulte essa pessoa.

> **Siga a estratégia e os valores.** Em momentos de incerteza e de ambiguidade, com dados limitados, como escolher? É aqui que a estratégia clara e o forte senso de valores o orientará na direção certa. A estratégia e os valores talvez não lhe digam o que fazer, mas podem lhe dizer o que não fazer. Isso já é muito valioso.

> **O que dizem os dados?** É aqui que você pode usar métodos decisórios formais para ponderar os prós e os contras de cada curso de ação. Decisões fundamentadas são melhores que decisões aleatórias. Para muitos líderes, porém, as decisões fundamentadas são um código para "encontre-me evidências para fundamentar a minha decisão". Os líderes frequentemente

usam dados como bêbados usam os postes de iluminação: para se segurar, não para ver melhor.

➤ **Para quem importa essa decisão?** Diferentes *stakeholders* serão afetados de maneira diferente pela decisão. Encare a decisão com os olhos dos *stakeholders*, e compreenda que opções não serão eficazes ou enfrentarão forte resistência. Identifique as soluções com maior probabilidade de ganhar apoio.Você não quer que uma decisão brilhante, do ponto de vista intelectual, morra na praia, no primeiro contato com a realidade política.

➤ **Impulso para a ação.** As ferramentas formais de tomada de decisão, como análise bayesiana, ou, talvez, mapas mentais, espinhas de peixe, ou SWOT (forças, fraquezas, oportunidades e ameaças, do inglês) podem ser úteis, mas também podem ser desculpas para a inação: "paralisia analítica". O problema das análises é que sempre há outro fato a ser descoberto, outra análise a ser feita. Não existe solução perfeita em um mundo imperfeito e em constante transformação: o perfeito é inimigo do bom. Em algum momento, você precisa decidir.

Tomada de decisão política: processo justo

Decisão eficaz é a que leva à ação. Isso exige um processo justo na tomada de decisão. É necessário envolver adequadamente a equipe e outros *stakeholders*. Se for possível delegar a decisão, delegue-a. Como os japoneses, você pode definir as prioridades amplas e deixar que a equipe decida como melhor chegar lá. Ao fazê-lo, você não confere apenas a autoridade para decidir.Você também transfere a atribuição e o engajamento. O resultado é comprometer a equipe com a eficácia da decisão.As pessoas raramente questionam as próprias ideias. Portanto, estimule-as a apropriar-se da ideia.

Se não for possível delegar a decisão, o processo justo continua importante.Você pode pelo menos consultar a equipe e outras pessoas antes de tomar a decisão. Esse é um processo que os japoneses denominam *nemawashi*: construir o consenso, privativamente, um a um. Privativamente, todos os influenciadores e *stakeholders* podem dizer o que realmente pensam, e você pode alinhar todas as agendas e conquistar apoio tácito. A reunião subsequente não é para tomar a decisão, mas para confirmar em público o acordo a que se chegou privativamente: é um processo de comprometimento, não apenas um processo decisório. Esse processo é altamente político: Bem-vindo ao mundo real.

Ao comunicar a decisão, o processo justo envolve mais que apenas a decisão. Para que a equipe compreenda bem a decisão, os participantes precisam do contexto completo: por que se tomou a decisão, quais eram as alternativas disponíveis e os prós e os contras envolvidos? Não basta comunicar a decisão, é preciso também vendê-la.

Conclusão

Os líderes precisam ser decididos; portanto, aqui não deveria haver unicórnios. Mas a asserção recebe um unicórnio, pois os líderes decididos demais são maníacos por controle, o que não condiz com liderança. E ainda leva um segundo unicórnio porque, na prática, decidir na incerteza e vender a decisão na organização é muito difícil e raramente é eficaz. Dois unicórnios.

MITO 13

OS LÍDERES DEFINEM OBJETIVOS E DÃO DIRETRIZES

*Objetivos claros são inúteis se não
forem também objetivos comuns.*

A natureza do mito

Este mito é de fato um truísmo. Todos os líderes definem objetivos e fornecem diretrizes: se não definirem objetivos e não fornecerem diretrizes, eles não têm condições de levar as pessoas aonde elas não iriam sozinhas.

Caso encerrado.

Pare por um momento antes de arquivar esse caso em seu principal arquivo: a cesta de lixo. O que faz sentido à primeira vista nem sempre faz sentido depois de uma inspeção mais cuidadosa. Essa é uma descoberta muito comum para qualquer pessoa que tenha uma ideia brilhante à noite, na penumbra de um bar, e acorde na manhã seguinte para descobrir que a ideia não é assim tão brilhante à luz do dia.

Esse aparente truísmo contém duas falhas fatais.

O menor problema é que ele não diferencia entre líderes e gestores. Tanto os líderes quanto os gestores definem objetivos e fornecem diretrizes. Os professores definem objetivos e fornecem diretrizes. Os supervisores definem objetivos e fornecem diretrizes. Os treinadores esportivos definem objetivos e fornecem diretrizes. Professores, supervisores e treinadores podem ser extremamente profissionais e eficazes em suas tarefas, mas isso não os torna necessariamente líderes. Portanto, definir objetivos e fornecer diretrizes é parte da liderança, mas não caracteriza a liderança. É como respirar: necessário mas não suficiente para liderar, e não distingue os líderes do resto.

O maior problema é que os líderes não são muito bons em definir objetivos e em fornecer diretrizes. Pesquisas sobre a eficácia de equipes globais revelaram que elas enfrentam grandes desafios em termos de confiança, comunicação e cultura. Sessenta e cinco por cento dos membros das equipes, porém, disseram que a definição de objetivos era um problema.[18] Essa foi uma descoberta surpreendente. Definir objetivos é tema da disciplina Introdução à Administração: como é possível que líderes de alto nível, operando em âmbito global, sejam tão ruins na definição de objetivos?

Como no caso de muitos mitos sobre liderança, a prática da liderança geralmente tem dificuldade em acompanhar a teoria. Isso não significa que os líderes sejam tolos, e sim que o exercício da liderança é excepcionalmente árduo. Até acertar nos fundamentos é difícil, o que se aplica não só aos líderes, mas também à elite dos esportistas e dos músicos. Todos somos capazes de chutar uma bola de futebol, mas tente controlá-la e chutá-la na direção certa enquanto corre em alta velocidade e sob forte pressão dos adversários. Aquilo que parece simples pode ser muito difícil, e também é verdade na definição de objetivos.

Por que este mito é importante

Se os líderes têm dificuldade em definir objetivos e em fornecer diretrizes, eles também têm dificuldade em liderar. Definir objetivos e fornecer diretrizes é fundamental para o sucesso como líder.

Lições para os líderes

O processo é importante

Os líderes não raro cometem o erro de achar que definição de objetivos tem a ver com clareza de objetivos. Isso é só metade da história. Objetivos claros são inúteis se não forem também objetivos

---

[18] OWEN, 2016, p. 121-42.

compartilhados ou comuns. A equipe tem que engajar-se com os objetivos. Os líderes gastam muito tempo refletindo sobre como definir e formular os objetivos, porque é realmente difícil fixar os objetivos certos. Feito isso, eles, em geral, esperam que a equipe ou a empresa internalize meses de reflexão depois de 40 minutos de um discurso brilhante. Essa proeza nunca vai acontecer.

Para que a equipe assuma seus objetivos, você precisa levá-la em sua jornada. Para tanto, a melhor maneira é envolver a equipe no processo desde o início. Se a equipe compreender que os objetivos são as ideias dela, ela se comprometerá com os objetivos. As pessoas não discutem com as próprias ideias. Se a equipe participar desde o começo, ela compreenderá o contexto, o raciocínio e as *trade-offs*. Também saberá como agir em situações ambíguas.

Envolver a equipe desde o início é ideal, mas nem sempre é prático. Significa que você terá de investir muito em vender sua ideia em seguida ao evento. Depois de uma virada de dois anos, um CEO observou: "Descobrir o que fazer foi fácil e tomou 5% do meu tempo. Trinta e cinco por cento do meu tempo foi consumido trabalhando no plano. Sessenta por cento do meu tempo foi dedicado a vender e a revender tudo de novo, reiteradamente. Não imaginei que demoraria tanto". Levar as pessoas aonde elas não iriam sozinhas significa persuadi-las e depois convencê-las mais uma vez.

O contexto é importante

Ao conversar sobre objetivos, os líderes geralmente focam nas perguntas "o que", "quem", "quando" e "onde". Eles, então, se estenderão, de acordo com os padrões, na pergunta "como". Uma pergunta que é fácil de esquecer, embora seja a mais importante, é "por que". A equipe quer conhecer não só os objetivos, mas também o contexto dos objetivos: Por que você escolheu esse objetivo e quais eram as outras opções? Quais são as *trade-offs* e como lidar com eles? A equipe só compreenderá bem o contexto se você tiver gerenciado bem o processo de definição dos objetivos.

Gerencie as trade-offs

Os dois melhores momentos de ter um barco são quando você o compra e quando você o vende. A mesma afirmação também se aplica à definição de objetivos: os dois melhores momentos são quando você define o objetivo e quando você atinge o objetivo. O tempo entre os dois momentos é de luta. O momento de definir os objetivos é de clareza e esperança. No dia seguinte, cai a ficha. Você enfrenta três desafios.

Sacrifício. Ao tratar de uma coisa, outras se intrometem. Foque em lucro, e entra em cena serviço aos clientes; foque em eficiência, e você perde flexibilidade; reduza os riscos, e o impacto da inovação diminui. Não existe almoço de graça. Os líderes ousados enfrentam esses sacrifícios. Os líderes indecisos recorrem ao *balanced scorecard*, que garante um pouco de tudo: trata-se de boa gestão, mas não de boa liderança.

Jogo. A boa notícia é que todos vão querer alcançar os objetivos que você definiu. A má notícia é que todos jogarão para chegar lá. Trapaças não acontecem apenas nos esportes, com *doping* e faltas; também acontece em todos os caminhos da vida. Na educação, os governos continuam definindo novos objetivos e até os professores mais confiáveis fraudam o sistema. Por exemplo, o que há de errado em exigir que os adolescentes de 16 anos se mostrem familiarizados com aritmética e linguagem? Eis como as escolas podem reagir:

➤ Estreitando os currículos, para focar em aritmética e linguagem. E assim deixam de lado questões importantes como empregabilidade, esportes, música, artes, e também se espremem todas as outras disciplinas acadêmicas.

➤ Concentrando esforços nos alunos medíocres, na faixa de fronteira entre aprovação e reprovação. Esqueça os acima da média, que sempre vencem, e os abaixo da média, que sempre perdem.

➤ Adestrando para testes. Empenhando-se em exercitar os alunos sobre como responder às perguntas dos exames, o que é diferente de prepará-los para o aprendizado contínuo. Esses exercícios monótonos afastam as crianças da educação para a vida.

Tudo isso pode ajudar a escola a obter bons escores nos exames de avaliação, mas ao custo de não oferecer aos alunos boa educação. O jogo é normal, gerencie-o.

Competição e trabalho em equipe. É real a tensão entre objetivos coletivos e objetivos individuais. Essa tensão se situa no âmago de até que ponto a equipe é mesmo equipe, um grupo coeso com objetivos comuns, ou é apenas um grupo disperso, cada membro com objetivos individuais; também atinge o cerne da conciliação de responsabilidade individual e de colaboração grupal. Os objetivos coletivos reforçam a colaboração, mas enfraquecem a responsabilidade individual. Os objetivos individuais estimulam cada pessoa a isolar-se no próprio departamento e a não colaborar com as outras pessoas. Não existe resposta mágica. Reconheça que a equipe é grupo coeso apenas para certos desafios, mas atua como grupo disperso para outros desafios. Distinga as situações e defina objetivos compatíveis.

Conclusão

O problema se repete: a teoria é um truísmo (zero unicórnio), mas a prática da liderança não corresponde à teoria (até cinco unicórnios). A resposta é a mesma em cada caso: três unicórnios.

MITO 14

GRANDES LÍDERES CONSTROEM GRANDES EQUIPES

*As equipes, como as empresas, quase sempre
descambam para o caos da entropia.*

Este é outro mito moderno no cenário da teoria do líder como Grande Homem. Seu principal aliado na luta contra essa visão convencional é a teoria da liderança distribuída (Mito 40). Se a liderança não mais depende do herói solitário, então, por padrão, você precisa contar com uma grande equipe para alcançar grandes resultados.

Por que este mito é importante

A não ser que, por acaso, você seja um grande homem ou uma grande mulher, você precisará de uma grande equipe para realizar feitos extraordinários. O seu poder se situa no poder da organização, não só em sua capacidade e em seu brilhantismo pessoais. Essa é uma lição cruel que muitos executivos de alto nível descobrem tarde demais na carreira profissional. À medida que sobem na hierarquia, acostumam-se às armadilhas do poder. As portas se abrem, nos sentidos literal e figurado, e eles têm acesso fácil a tomadores de decisões. A arrogância é quando você só pode virar à esquerda ao entrar no avião.

Até que chega o dia de o alto executivo ceder espaço a uma geração mais jovem. De repente, eles descobrem que as portas já não se abrem para eles em nenhum dos dois sentidos e que você também pode virar à direita ao entrar no avião e sobreviver. Os tomadores de decisões não mais retornam as suas ligações e não há mais ninguém no seu encalço. Uma terrível descoberta o sobressalta: nos bons tempos, todos queriam falar com você não por causa de quem você era, e sim por causa de quem e do que você representava. Este é o momento em que você se dá conta do valor da equipe e da empresa: qualquer líder é tão bom quanto seus seguidores. Se você não tem seguidores, você não está liderando e não tem poder.

Lições para os líderes

Na teoria, os grandes líderes necessitam de grandes equipes. Na prática, os líderes geralmente têm dificuldade em construir a equipe que realizará suas ambições.

A equipe que você herda não é a equipe de que você precisa para o futuro

É comum para os novos líderes remanejar suas equipes. Três são as razões para isso:

> **Assumir o controle.** Reorganizar é um ato político, tanto quanto um ato racional. É uma maneira de remover barões e obstrutores, substituindo-os por pessoas em quem você confia e de quem pode depender. É um sinal de que você está pronto para movimentar pessoas e tomar decisões difíceis.

> **Melhorar o desempenho.** A equipe legada pode muito bem ter encontrado a própria zona de conforto, na qual pode produzir bons resultados sem fazer muito esforço.

> **Estabelecer novos rumos.** A equipe legada foi constituída para enfrentar um desafio legado: o legado do predecessor. Se seu objetivo é levar as pessoas aonde elas não iriam sozinhas, você precisa de uma agenda nova e clara. Nova agenda significa provavelmente que você precisa de novas competências e de novo equilíbrio na composição da equipe.

A alternativa é viver com a equipe legada. Quanto mais você conviver com ela, mais você aquiescerá com a velha agenda, com a velha equipe e com a velha maneira de trabalhar. Quanto mais você demorar para mexer na equipe legada, mais difícil será justificar a reorganização. É importante movimentar-se com rapidez.

Continue renovando a equipe

As equipes, como as empresas, quase sempre descambam para o caos da entropia. Os membros da equipe a deixam por boas ou más razões: para realizar suas ambições em outro lugar; para fazer mais dinheiro; por causa de doenças, incompetência ou estresse; ou para alcançar melhor equilíbrio trabalho-vida. A evasão natural da equipe reflete a evolução das circunstâncias. As coisas acontecem. As mudanças são inevitáveis. Os desafios e as prioridades de ontem não serão os mesmos de amanhã. As pressões externas da tecnologia, da competição, dos clientes e da regulação impulsionam a mudança, assim como as pressões internas infindáveis de novas iniciativas a serem manejadas. As equipes, como o leite, podem azedar com facilidade. Mantenha-as frescas.

Os líderes valorizam mais a lealdade do que a competência

A maioria dos líderes tem esse ponto cego. Alguém disse: "Quase todos os pecados são perdoáveis, mas a deslealdade não se inclui entre eles". Quem fez essa afirmação estava falando a verdade. Ao contrário da imagem popular, a maioria dos chefes é tolerante, e por boas razões: substituir membros da equipe exige tempo e esforço, e é arriscado. Nada garante que o substituto será melhor. Os membros da equipe que primam pela lealdade são os últimos a serem desligados, embora nada o salvará se você tiver recebido uma medalha de ouro por incompetência. Essa sabedoria é preciosa para os seguidores: a lealdade aberta ao chefe nunca faz mal, ao passo que a falta de apoio integral ao chefe em momentos críticos é grave ameaça à carreira. Como líder, você precisa equilibrar o anseio por lealdade e continuidade com a necessidade de desempenho.

Recrute valores, não só competências

As pesquisas sempre mostram que valores e atitudes são melhores indicadores de desempenho do que apenas competências em si.[19] Por

---

[19] Martin Seligman (1998) *Learned Optimism*, Pocket Books. Essa pesquisa foi reproduzida em outros setores e geografias.

exemplo, a Met Life decidiu testar seus recrutas de vendas de seguro de vida quanto às competências e ao otimismo. Como teste, resolveu ficar com os candidatos que não haviam passado nos testes de competências, mas que haviam alcançado alta pontuação em otimismo: os otimistas incompetentes venderam mais que os competentes não otimistas pela média de 70%. É mais fácil ensinar competências do que infundir otimismo e valores. A equipe também precisa de competências, mas competências sem valores é receita para o desastre. É como disse um líder: "Descobri que recruto pelas competências, mas demito pelos valores".

RECRUTAR PELOS VALORES: AS LOJAS DE CONSERTO DE SAPATOS

A Timpson é uma grande cadeia de lojas de conserto de sapatos do Reino Unido. Consertar sapatos não é glamoroso. As lojas tendem a ser cubículos e os salários são modestos. No entanto, esses trabalhadores têm enorme responsabilidade: eles dirigem a loja e ainda devem ser capazes de consertar sapatos, de fazer inscrições em troféus e de incumbir-se de todos os afazeres de qualquer pequeno negócio. Como, então, encontrar as pessoas certas para garantir o sucesso do negócio?

De início, a Timpson contratava sapateiros. Se você quer consertar sapatos, você precisa de sapateiros. O que poderia dar errado?

Tudo pode dar errado. Os sapateiros nem sempre sabem lidar com os clientes ou têm competências gerenciais, e essas lojas têm tudo a ver com tratar bem o cliente e gerenciar bem o negócio. No entanto, encontrar alguém com todas essas competências técnicas, interpessoais e gerenciais é impossível, a não ser por salários antieconômicos.

A Timpson descobriu que poderia desenvolver competências, mas não podia instilar valores, e passou, então, a recrutar pelos valores. Para salientar esse ponto, substituíram os formulários de avaliação formais por uma página de desenhos de Mr. Men. Num lado, eles apresentavam Mr. Men "bons", como Mr. Honest (honesto), Mr. Keen (vivo), Mr. Helpful (prestativo). No outro lado, estava a Face Escura de Mr. Men: Mr. Fib (mentiroso), Mr. Idle (indolente), Mr. Grumpy (rabugento). Os gerentes das lojas tinham que escolher o Mr. Man que caracterizava melhor o candidato.

Os candidatos da Face Escura eram rejeitados, por mais competentes que fossem. O sistema funcionou bem. Funcionou até melhor quando introduziram algumas alternativas femininas.

Conclusão

Na teoria, é verdade que grandes líderes constroem grandes equipes, mas raramente isso é verdade na prática. A maioria dos líderes poderia sair-se melhor na construção da equipe dos sonhos. Como todos os mitos que são verdadeiros na teoria mas não na prática, este fica com três unicórnios.

MITO 15

OS LÍDERES SABEM O QUE ESTÁ ACONTECENDO

A informação que você recebe diz respeito ao passado.
A informação de que você precisa diz respeito ao futuro.

A natureza do mito

Se você não sabe onde está, é improvável que você saiba para onde vai. Os líderes precisam saber o que está acontecendo. Mas eles nunca podem saber tudo o que está acontecendo.

Os líderes, como os governos e as empresas, têm apetite insaciável por saber cada vez mais. Os ditadores, ao longo dos anos, recorreram a todos os tipos de truques para saber quem está fazendo o quê, e onde talvez se ocultem as traições imaginárias ou verdadeiras. Hoje, damos mais informações sobre o que fazemos e sobre o que pensamos do que qualquer ditador do passado poderia ter almejado ou descoberto. As empresas têm condições de saber mais sobre nós do que nossa cara-metade.

Na era da hiperinformação, os líderes devem ser capazes de saber exatamente o que está acontecendo. Na prática, as informações que os líderes têm e as informações que eles almejam não são as mesmas. Em geral, as informações disponíveis dizem respeito ao passado, mas os líderes precisam saber sobre o futuro. Se isso não for possível, eles precisam de informações que os orientem para o seu futuro perfeito.

Avançar para o futuro almejado, porém, olhando pelo espelho retrovisor é receita certa para o desastre.

Por que este mito é importante

Confiança e controle

O velho ditado pregava que "conhecimento é poder". O equivalente de hoje é "informação é controle". Considerando que os líderes devem estar no controle, eles querem informações. E, se é verdade que quanto mais controle melhor, daí decorre a necessidade de mais informação. Ou, no sentido oposto, mais informação permite aos líderes exercer mais controle; portanto, mais informação é sempre mais desejável. Mas será que é mesmo?

Confiança é inversamente proporcional a controle e a informação. Quanto mais informação demandamos e mais controle exercemos, menos confiança demonstramos em nossas equipes. Esse é um dilema dos líderes. Equipes mais bem informadas e mais profissionais esperam merecer mais confiança. No entanto, a enxurrada de hiperinformação é tentação a que poucos líderes resistem.

O desafio para os líderes é saber de que informação realmente precisam e até que ponto podem evitar a microgestão por meio da microinformação.

Lições para os líderes

Separe informação de inteligência

A informação que você recebe diz respeito ao passado. A informação de que você precisa diz respeito ao futuro. Todos gostaríamos de conhecer o futuro, pois seria um atalho para ganhar uma fortuna com os agentes de apostas.

Como é impossível conhecer o futuro, porém, você precisa de uma alternativa que não seja ler folhas de chá ou quebrar osso de galinha. Como líder, você terá alguns projetos que o ajudarão a moldar e a mudar o futuro. Esses são os projetos em que você precisa de boa informação, ou que levam à ação imediata.

A melhor maneira de iniciar seu sistema de informação e de relatórios é com uma folha de papel em branco. Escreva o que você realmente quer saber, sob os títulos orçamentos, pessoal, clientes/ mercados e projetos. Parta, então, para os detalhes. As chances são de que grande parte do que você recebe hoje não seja relevante e que a metade do que você quer não esteja disponível. Mas, pelo menos, você converteu os desconhecimentos desconhecidos em desconhecimentos conhecidos.[20]

Para compilar inteligência, você precisa de um equilíbrio entre sistemas de informação formais e informais. A maioria dos líderes tem confiança limitada em relatórios formais, em que se usam evidências para sustentar uma posição, não para iluminar a verdade. Você precisa sair e se encontrar com os clientes e com o pessoal de vanguarda, e formar suas próprias opiniões sobre a realidade. Não se deixe cegar, no entanto, pelo que você vê: equilibre o que seus olhos veem e o que seus sistemas de informação dizem. Nenhum dos dois lados é perfeito, mas, juntos, eles lhes dão melhores chances de controlar o que importa e de moldar o futuro com sucesso.

Foque nas prioridades

Os relógios antigos têm três ponteiros: o ponteiro de horas, o ponteiro de minutos e o ponteiro de segundos. O pessoal de linha de frente olha o ponteiro de segundos: eles estão lidando com o aqui e o agora. Os gestores olham o ponteiro de segundos e o ponteiro de minutos. O ponteiro de minutos diz respeito a todos os objetivos e iniciativas de curto prazo que eles precisam planejar e executar. Os líderes olham os três ponteiros. O ponteiro de horas diz respeito à direção a longo prazo da equipe e da empresa.

Como líder, você precisa de informações dos três ponteiros: se o ponteiro de segundos não estiver funcionando bem, nenhum dos outros dois dará o tempo certo. A maioria dos sistemas de informação das empresas se concentra no ponteiro de segundos, mas, embora daí decorra enorme quantidade de dados, grande parte desses dados não é útil. Eles são úteis principalmente para gerenciar o risco: mostram

---

[20] "There are known knowns" (Há desconhecimentos conhecidos) é uma frase extraída de uma resposta dada pelo ex-Secretário de Defesa dos Estados Unidos, Donald Rumsfeld, a uma pergunta feita durante uma coletiva de imprensa, em 12 de fevereiro de 2002, sobre a falta de evidências ligando o governo do Iraque ao fornecimento de armas de destruição em massa a grupos terroristas.

o que não está funcionando e permite que você intervenha na base da exceção.

Você pode gerenciar as informações da mesma maneira como usa o relógio. O ponteiro de segundos gera enorme quantidade de dados. Ele pode ser um buraco negro que o suga como um sorvedouro: um dado gera demanda por outro dado para explicá-lo. Não há escapatória. Evite ser sugado. Use esses dados na base da exceção: você só precisa intervir onde os dados mostrarem que as coisas estão se afastando dos padrões, significativamente, ou correndo o risco de perderem o rumo. A palavra-chave aqui é "significativamente". Se o desvio não for significativo, delegue o desafio e confie na equipe para resolvê-lo.

Quanto mais você evitar a microinformação e a microgestão, mais confiança você demonstrará na equipe. Essa atitude também lhe permite focar o tempo na construção do futuro. Em última instância, você precisa reconhecer que não pode conhecer e controlar tudo. Para os líderes, porém, abrir mão e transferir para outros geralmente é o maior desafio.

Respeite as diferentes perspectivas

Como líder, você deve ver o mundo do topo de uma montanha, o que lhe permite apreciar longas distâncias. Não se esqueça, porém, de como era o mundo no sopé da montanha: no pátio da fazenda, você podia ver as galinhas ciscando a terra e as crianças correndo entre os canteiros. Essas coisas não são perceptíveis de muito alto. Seu sistema de relatórios pode dizer-lhe quantas galinhas e crianças há na fazenda, mas não lhe dirá como é observá-las de perto, uma a uma e umas com as outras, lá em baixo, no pátio da fazenda.

Você precisa superar a distância entre o cume e o sopé. Desça a encosta para descobrir o que realmente está acontecendo na várzea e fale com as pessoas. Você deparará com realidades que os sistemas de relatórios nunca lhe revelarão: o que as pessoas pensam; o que elas veem como desafios e oportunidades; quais são os obstáculos que elas enfrentam para fazer sua agenda funcionar.

No passado, os gerentes de nível médio eram os guias xerpas dos líderes: eles transmitiam suas ordens para a várzea e levavam as informações da várzea para o cume. Isso significava que a alta administração geralmente ficava isolada nas suítes executivas, com lavabos nas próprias salas ou com banheiros comuns privativos; fazia refeições diferenciadas no restaurante da diretoria; usava limusines com motorista, estacionadas em áreas exclusivas. Para ser eficaz, você precisa atuar como seu próprio guia xerpa, o que significa não só ver a vida na várzea com seus próprios olhos, mas também explicar com suas próprias palavras a visão do topo. As pessoas na várzea não avistam o panorama visto do cume e você precisa descrever-lhes a sua visão e mostrar-lhes como ela as afeta. O que você vê, porém, não faz sentido fora do contexto, e você é a melhor pessoa para descrever esse contexto.

Conclusão

Os líderes nunca podem saber tudo que está acontecendo e, acima de tudo, eles nunca podem conhecer o futuro. A disponibilidade de informações, no entanto, é uma tentação irresistível para intrometer-se, microgerenciar e demandar ainda mais informações. Este mito leva os líderes a se comportar da maneira errada, o que lhe confere quatro vistosos unicórnios.

– PARTE TRÊS –

SABEMOS COMO SÃO OS LÍDERES: CARÁTER E TRAÇOS

MITO 16

OS LÍDERES SÃO INATOS, NÃO CRIADOS

*Se de fato acreditamos que os líderes são inatos,
não criados, a maioria das pessoas pode desistir.*

A natureza do mito

O debate natureza *versus* criação já dura décadas e, provavelmente, perdurará por milênios.

Felizmente, temos algumas evidências inequívocas. Com efeito, dispomos de dados acumulados ao longo de vários milênios.

Durante pelo menos mil anos, a Europa viveu um experimento em que os líderes eram natos, não criados. Quem nascesse na família real poderia ser assassinado ou entronizado como soberano. Quem nascesse camponês passaria o inverno escavando lama até que morresse de alguma praga medieval. Todos nasciam predestinados e raramente transpunham as fronteiras de castas.

O resultado foi que os países, em geral, eram liderados por uma mistura de assassinos, incompetentes, aventureiros e psicopatas, além de alguns gênios bizarros, que viravam heróis nacionais e compensavam a falta de talentos. À medida que evoluíam, os métodos de seleção de líderes continuavam produzindo resultados muito incertos. Não há indícios de que os melhores líderes sejam inatos.

A razão de este mito receber quatro e não cinco estrelas é que ele contém certo elemento de verdade. As pesquisas mostram que se você provém do ambiente social certo, sua probabilidade de vencer é muito maior. Isso tem a ver menos com talento inato e mais com criação vantajosa, do ponto de vista social e educacional. Dois economistas – Guglielmo Barone e Sauro Mocetti, do Banco da Itália – analisaram as declarações de imposto de renda, em Florença, de 1427 e 2011.[21] Eles descobriram que as ocupações, a renda e a riqueza das famílias em 1427 eram bons previsores das ocupações, da renda e da riqueza das mesmas famílias, quase 600 anos mais tarde. Essa constatação mostra que ter os pais certos inclina os dados a seu favor em termos de riqueza; não diz nada, porém, sobre você ser bom ou mau líder. Você pode ganhar na loteria e ficar rico, mas isso não significa que você seja capaz de liderar.

Finalmente, há algumas evidências de que receber o DNA certo o ajuda a alcançar o topo. As pesquisas mostram que a estatura média de um CEO da Fortune 500 é de 1,83 metro, em comparação com a estatura média de 1,77 dos homens americanos.[22] Essa pesquisa suscita duas dúvidas. A primeira é que ela se baseia no que os CEOs alegam ser a sua estatura: 1,83 metro por acaso equivale a seis pés. A suspeita é que muitos homens alegam ter 6 pés de estatura, não 5'11 ou 5'10.

Os presidentes dos Estados Unidos apresentam o mesmo padrão. Eis a estatura dos presidentes mais recentes[23]:

- ➤ Ronald Reagan   185 cm
- ➤ George H. Bush   188 cm
- ➤ Bill Clinton   188 cm
- ➤ George W. Bush   182 cm
- ➤ Barack Obama   185 cm
- ➤ Donald Trump   191 cm

---

[21] ZUMBRUN, Josh. The Wealthy in Florence are the Same Families as 600 Years Ago. *Wall Street Journal*, 19 maio 2016. <https://goo.gl/dQKddB>.

[22] DANIELS, Bisi. Why Many CEOs Are Tall People? The Heart of the Matter. *Premium Times,* 15 maio 2016. <https://goo.gl/XotRjT>.

[23] HEIGHTS of Presidents and Presidential Candidates of the United States. Disponível em: <https://goo.gl/B3zYXz>. Acesso em: 2 fev. 2018. Observe que se questiona a estatura de Donald Trump.

A objeção mais importante é que ser CEO, ou até presidente dos Estados Unidos, não significa ser líder; significa ser muito bom em gerenciar a própria carreira ou em angariar votos para um cargo político, que são competências totalmente diferentes. Você decide que presidentes americanos foram líderes mais eficazes e se estatura tem a ver alguma coisa com esse desempenho.

Portanto, se você ambicionar uma carreira estelar, é bom escolher o DNA certo ou aumentar o salto do sapato para ficar mais alto. Também ajuda muito ser branco e homem na Europa e nos Estados Unidos. Se você quiser ser bem-sucedido numa empresa japonesa, é importante ser homem e nipônico; no contexto chinês, é bom ser homem e chinês. O padrão é óbvio.

Parece que antecedentes sociais e DNA o ajudarão a ser bem-sucedido na carreira, mas não dizem nada sobre você ser bom líder depois de alcançar o topo.

Por que este mito é importante

Se de fato acreditamos que os líderes são inatos, não criados, a maioria das pessoas pode desistir. O melhor é conformar-se com o equivalente moderno a escavar lama, a não ser que você tenha os pais certos e o DNA certo.

Acreditar na possibilidade de criar líderes é mais construtivo. Significa que todos temos a chance de nos tornar líderes. Na verdade, todos podemos aprender a liderar. Aprender a liderar é como aprender a tocar piano. Um pouco de esforço e de exercício é suficiente para sermos melhores líderes do que quem nunca tentou. Talvez não tenhamos paciência, persistência e competência para sermos um solista famoso e nos apresentarmos no Carnegie Hall, mas podemos aprender a liderar melhor.

Obviamente, isso levanta a questão de como aprender a liderar: esse é o tema do próximo mito.

Lições para os líderes

Todos podemos aprender a liderar e todos podemos aprender a liderar melhor, mesmo que nunca nos tornemos estrelas globais como líderes. Para tanto, é preciso elaborar:

➤ O que aprender: quais são as competências e aptidões que precisamos desenvolver para sermos líderes eficazes? (Ver Mito 9).

➤ Como aprender: de que recursos dispomos para nos ajudar em nossa jornada de liderança? (Ver Mito 35).

Conclusão

O segundo parágrafo da Declaração de Independência dos Estados Unidos afirma: "Sustentamos que essas verdades são evidentes em si mesmas, que todos os homens são criados iguais".[24] Idealmente, a afirmação é verdadeira. No mundo real, não é bem assim: seus antecedentes sociais exercem enorme influência sobre o seu sucesso na vida. Alcançar o sucesso e atuar como líder são ideias diferentes. Qualquer um pode ser líder, mas a probabilidade de assumir uma posição de liderança pode ser afetada pelos seus antecedentes sociais. Por isso, o mito não recebe cinco unicórnios. Quatro unicórnios são suficientes.

---

[24] Para ser justo com os pais fundadores, eles provavelmente não pretenderam afirmar que todas as pessoas nascem com as mesmas chances, mas que elas são iguais perante a lei e iguais como seres humanos.

MITO 17
OS LÍDERES SÃO VISIONÁRIOS

*Os líderes são mercadores
de esperança.*

A natureza do mito

As pesquisas mostram que a orientação mais importante que os seguidores esperam dos líderes é visão clara.[25] E quando pensamos em grandes líderes, todos eles tiveram grandes visões. Kennedy enviou um homem à Lua pela primeira vez; Martin Luther King Jr. proferiu seu famoso discurso "Eu tenho um sonho...". Portanto, parece caso encerrado: os líderes precisam ser visionários.

Mas devemos fazer uma pausa antes de avançar, por duas razões:

➤ Primeiro, as visões grandiosas são perigosas. Todos os ditadores dementes, séculos afora, têm visões alucinadas. Alguns querem conquistar o mundo, outros querem vencer o inimigo. Essas são visões que acarretaram milhões de mortes. Para todo visionário que marcha com você para a Terra Prometida há outro que o leva de volta para o deserto e para a morte.

---

[25] Pesquisas originais do autor, baseadas em entrevistas com líderes bem-sucedidos, publicadas originalmente em Owen (2015).

➤ Segundo, se você está liderando uma equipe, é difícil ter uma grande visão. Se você sentir o impulso de, numa segunda-feira de manhã, levantar-se diante de sua mesa e anunciar para a equipe: "Eu tenho um sonho...", talvez a equipe fique imaginando o que você pôs no café.

As visões são problemáticas para os líderes normais. Quanto mais grandiosas são, mais perigosas e menos confiáveis elas se tornam para a equipe. Mas qual é o sentido de uma visão tacanha?

Por que este mito é importante

Ter uma visão é importante para todos os líderes. Os líderes levam as pessoas aonde elas não iriam sozinhas. Se você não sabe aonde está indo, você não chegará lá e sua equipe ficará confusa, na melhor das hipóteses. Sem uma visão você não pode liderar.

Isso significa que é preciso compreender o que a visão realmente significa para os líderes. Para a equipe e para o líder, a visão eficaz tem três partes:

➤ uma ideia;

➤ uma promessa de esperança;

➤ uma convocação para a ação.

Esses três elementos lhe permitem desenvolver uma visão cativante e convincente, relevante e confiável nas circunstâncias em que você vive.

Lições para os líderes

Eis como você pode construir a visão baseado nos três elementos.

Uma ideia

É difícil formar uma visão, mas todos podemos ter ideias. Uma ideia visionária é não mais que uma história em três partes, como segue:

➤ é aqui que estamos;

➤ é para lá que vamos;

➤ e é assim que chegaremos lá.

Todos podemos contar uma história, e isso é tudo o que precisamos fazer. Podemos embelezá-la como uma iniciativa estratégica, se isso faz com que as pessoas se sintam melhor. No âmago de qualquer estratégia, visão ou ideia, porém, encontra-se uma história simples a ser contada sobre como você fará diferença.

As grandes ideias superam as pequenas ideias, porque animam e energizam mais as pessoas. Se você tem uma ideia sobre como racionalizar o uso de clipes de papel no escritório, ela até pode ser relevante, mas, por certo, não irá entusiasmar muita gente. As grandes ideias são percebidas em toda a organização; elas são ideias em que você faz diferença. Elas atrairão aceitação e rejeição. Ouse ser ousado.

Uma promessa de esperança

Os líderes são mercadores de esperança. Membros de equipe cínicos e medíocres tendem a continuar cínicos e medíocres. Nenhum líder conquista o sucesso apregoando melancolia. Mesmo nas horas mais sombrias do Reino Unido, quando a vitória dos nazistas parecia provável, Churchill preconizou esperança, não melancolia. Foi quando ele alcançou os píncaros da retórica: "Nunca no campo da história humana tantos deveram tanto a tão poucos [...] essa será a nossa melhor hora [...] nós os combateremos nas praias [...]". Churchill não recorreu ao jogo de culpa do gerente de nível médio: "Eu o adverti em meu e-mail de que isso aconteceria".

Toda visão deve envolver uma promessa de esperança. Sua ideia tem que mostrar como as coisas serão melhores no futuro, tanto para a empresa quanto para os indivíduos. Esse aceno de um futuro promissor torna a visão muito mais atraente do que um plano ou orçamento. Cumprir um orçamento não é promessa de esperança, é uma necessidade a ser atendida. Sua ideia precisa mostrar como as coisas serão diferentes e melhores no futuro.

Convocação para a ação

A visão pode ser importante para você, mas isso não significa que seja importante para outras pessoas. Se a ideia é transformar a cadeia de fornecimento, ela pode ser muito boa para o negócio, mas talvez a equipe não esteja impressionada. Alguns podem achar que ela não tem nada a ver com eles; darão de ombros e focarão no que precisam comprar para o jantar naquela noite. Outros ficarão pensando se a essa visão não os levará a perder o emprego; será que você os levará para a Terra Prometida ou para o deserto? Não espere que a equipe se apaixone por uma ideia abstrata.

Para tornar a visão significativa, é preciso torná-la pessoal para cada membro da equipe. Você precisa responder às duas perguntas de cada membro da equipe:

▶ Como isso me afetará? Novas ideias provocam medo e esperança. Os medos são naturais: será que isso representará mais trabalho? Será que terei de aprender novas competências? Será que afetará minhas perspectivas de remuneração e promoção? Mostre como suas ideias ajudarão os membros da equipe a crescer e a se desenvolver.

▶ Qual é a minha função? Se você puder pintar uma imagem que mostre que cada membro da equipe tem uma função vital em ajudar a visão a tornar-se realidade, será possível aumentar o comprometimento deles. Oferecer aos membros da equipe um sentimento de controle, envolvimento, relevância e propósito é altamente motivador.

A visão será interpretada de maneira diferente por pessoas diferentes. Cada pessoa fará a mesma pergunta em relação ao impacto da visão sobre elas mesmas: "O que isso significa para mim?". Ajude-as a responder a essa pergunta de maneira positiva. Lembre-se de que as visões não são apenas ideias; também envolvem pessoas.

Conclusão

Os líderes não precisam ser visionários como Martin Luther King Jr., mas eles realmente precisam ter uma visão ou uma ideia do que realizarão. Ser visionário tem a ver com estilo pessoal; ter uma visão envolve substância. Se a ideia é que os líderes devem ser visionários, ela merece cinco unicórnios, pois é falsa. Se a ideia é que você precisa ter uma visão, então ela é verdadeira e não merece unicórnios.

MITO 18

OS LÍDERES SÃO CARISMÁTICOS E INSPIRADORES

A necessidade de construir heróis é profunda.

A natureza do mito

Carisma e inspiração são parte do mito do herói. Ao longo das eras, as pessoas evocam o grande líder para levá-los à Terra Prometida. Os grandes heróis da história vivem em livros ou em estátuas nas praças principais. Os realmente notáveis são exaltados em filmes. Os países são seletivos em relação a seus heróis e narrativas heroicas. Os ingleses exaltam Henrique V, que derrotou os franceses em Azincourt, França, em 1415, sobre quem Shakespeare escreveu uma peça (*Henrique V*). Os ingleses, porém, são muito vagos sobre como Joana D'Arc os venceu, em represália, meros 14 anos depois, em Orleans, também na França, enquanto os franceses a enaltecem como heroína.

Estátuas, livros de história e filmes reforçam a mensagem de que pessoas notáveis realizam feitos notáveis. Esses heróis são sempre épicos, protagonistas de sagas. Mesmo que em vida fossem pessoas comuns, a história e a lenda os transformam em mitos e sagas.

A necessidade de construir heróis é profunda. Hollywood se ergue sobre os ombros de heróis que, ao salvarem o mundo, garantem as bilheterias. A necessidade de soluções mágicas sempre foi insaciável: os sacerdotes oram por intervenções divinas, os magos conjuram forças sobrenaturais e os reis são missionários divinos e redentores das nações.

Queremos líderes capazes de revolucionar nosso destino ou de pelo menos transformar o nosso dia de trabalho, para conseguirmos melhores resultados. Nossos líderes talvez não sejam capazes de lançar feitiços, como os magos, mas, em vez disso, recorrem à panaceia mais recente mascateada por consultores e acadêmicos, que alardeiam ter encontrado a solução definitiva para os seus problemas de estratégia, operações, processos, liderança ou trabalho em equipe. O anseio por milagres é tão intenso que continuamos a comprar poção mágica dos curandeiros, como triunfo da esperança sobre a realidade.

O líder carismático e inspirador oferece a esperança de um futuro melhor. É uma oferta em que todos queremos acreditar, o que nos deixa propensos a crer no líder salvador.

Por que este mito é importante

Este mito é ao mesmo tempo perigoso e proveitoso. É perigoso porque inspiração e carisma são em grande parte inatingíveis e dispensáveis:

> **Os líderes eficazes raramente são carismáticos.** Pense nos líderes em sua área de atuação, desde os líderes de equipes até o chefão no topo. Quantos deles você consideraria carismáticos e inspiradores? Entrevistei milhares de líderes: muitos eram excepcionais, mas poucos eram carismáticos e inspiradores. O mais carismático está sendo investigado por fraude.

> **Carisma e inspiração nem sempre são forças para o bem.** Como a Força, em *Guerra nas estrelas*, o carisma tem uma face escura. Genghis Khan, Mao Tse-Tung, Adolf Hitler, Mussolini e Pol Pot eram carismáticos e inspiradores à sua maneira. Os psicopatas em geral são carismáticos: são muito bons em ler e manipular as pessoas.

> **Carisma e inspiração não podem ser ensinados.** Isso significa que você nasce ou não nasce com carisma, situação em que poderíamos muito bem selecionar os líderes no nascimento, localizando o gene do carisma. Até hoje, a ciência genética ainda não inventou o transplante de carisma.

➤ **Carisma não é solução.** A empresa moderna é tão complexa, que não pode basear-se na inspiração de uma única pessoa. Ideias revolucionárias podem brotar em qualquer lugar e sua implementação em geral envolve enorme esforço de equipe.

O mito é proveitoso porque aponta para dois requisitos dos líderes de hoje. Carisma e inspiração se fundamentam nos pilares gêmeos de esperança e motivação. Os líderes eficazes oferecem esperança e envolvem a equipe. Os líderes precisam de seguidores dispostos e motivados.

Lições para os líderes

Se carisma e inspiração são becos sem saída, qual é a alternativa? Nossas pesquisas mostraram que os seguidores esperam cinco coisas dos líderes.[26] Aqui estão elas, em ordem de prioridade.[27]

Visão

Ofereça à equipe um senso claro de propósito, direção e esperança. Não se trata de uma visão abstrata de melhorar o retorno para os acionistas, porque a equipe pode muito bem não se importar com o retorno para os acionistas. É uma visão concreta que mostra como cada membro da equipe pode fazer diferença, como o futuro deles será melhor e como eles estão contribuindo para algo valioso e significativo.

Capacidade de motivar

Parte da motivação está relacionada com estrutura: garanta que cada membro da equipe tenha um conjunto de tarefas balanceado. Inevitavelmente, haverá trabalho monótono e rotineiro, mas também deve haver trabalho desafiador e envolvente. Os líderes motivam basicamente por meio de atitudes: eles mostram que se importam com cada membro da equipe e com seu futuro. Isso significa interessar-se por eles, oferecendo-lhes *feedback* honesto e construtivo com regularidade,

---

[26] Pesquisas originais do autor, baseadas em entrevistas com líderes bem-sucedidos, publicadas originalmente em Owen (2015).

[27] Cada um desses requisitos de liderança é analisado em detalhes neste livro, com um mito específico para cada um.

atribuindo-lhes as tarefas certas, reconhecendo as suas contribuições em público e até dizendo "obrigado" de vez em quando.

Decisivo

Se você realmente quiser desmotivar e aborrecer a equipe, demore para decidir e mude as decisões continuamente. Isso significa que a equipe estará sujeita ao máximo de incerteza e propensa ao máximo de retrabalho. As equipes anseiam por clareza; portanto, dê-lhes clareza. Mesmo que a situação seja incômoda, clareza e determinação desbravam o caminho para a frente e oferecem a esperança de solução.

Bom em crises

A crise é o que distingue o líder do resto. É o momento em que os líderes assumem o controle e brilham. A gestão de crises diz respeito ao que você faz e como faz. O que você faz significa olhar para a frente, encontrar soluções e impulsionar para a ação, em vez de analisar o passado e buscar os culpados. Ainda mais importante é a maneira como você atua. Se você for positivo, profissional e construtivo, deixará a impressão de que está no controle e de que sabe o que está fazendo (mesmo que, no íntimo, você tenha grandes dúvidas). Se você correr de um lado para o outro como barata tonta, seu pânico contaminará a equipe.

Honestidade

Nossas pesquisas indagaram sobre honestidade, e esse atributo alcançou alta pontuação. A maioria de nós quer trabalhar para pessoas honestas, mas as evidências são de que muita gente trabalha para bandidos, psicopatas e ditadores. As pesquisas, então, se aprofundaram na questão da honestidade e revelaram que os seguidores realmente anseiam por uma qualidade ainda mais poderosa que honestidade: eles almejam confiança. Ninguém quer trabalhar para líderes em quem não confia. Como construir confiança é tema do Mito 19.

Se você for capaz de atender a essas cinco expectativas, você será um líder altamente eficaz e muito profissional. Você terá uma visão de esperança e será capaz de motivar, o que levará as pessoas a segui-lo. Existe até o risco de que a equipe o veja como carismático e inspirador.

Conclusão

O líder carismático e inspirador não é só um mito, é um mito perigoso. Carisma e inspiração são inatingíveis e intransmissíveis para a maioria das pessoas, e não são necessários; os líderes carismáticos podem revelar-se demagogos perigosos e fraudadores traiçoeiros. Daí resultariam cinco unicórnios, mas, vez por outra, você encontra um grande líder que é carismático e inspirador. Os líderes excepcionais que também são carismáticos conferem a este mito apenas quatro unicórnios.

MITO 19

OS LÍDERES SÃO HONESTOS

Não basta ser um líder honesto;
é preciso inspirar confiança.

A natureza do mito

Desde a mais tenra idade, ensina-se às crianças que honestidade é bom e desonestidade é ruim. É um princípio que marca e permeia a vida cotidiana e se situa no âmago do Estado de Direito e da sociedade civilizada. Esperamos que nossos concidadãos e, mais ainda, que nossos líderes sejam honestos. A desonestidade reiterada de nossos líderes políticos é fonte de sucessivos escândalos e de infindáveis manchetes na mídia.

As pesquisas[28] sobre liderança mostram que a honestidade é uma das cinco principais expectativas dos seguidores em relação aos líderes, além de ser uma das demandas mais controversas. Nesse quesito, os líderes alcançam pontuação muito alta ou pontuação muito baixa; não há meio termo. Os líderes com alta avaliação em honestidade também têm boas chances de alcançar bons resultados em outros critérios de liderança. Os líderes com baixa avaliação em honestidade tendem a afundar também em todos os outros critérios de liderança. Ninguém gosta de trabalhar para um chefe desonesto.

---

[28] Entrevista original do autor com líderes e suas equipes.

Por que este mito é importante

Considerando ser a honestidade tão importante, vale a pena compreender o que as pessoas querem dizer ao se referirem a esse atributo. Uma entrevista implausível com um importante banqueiro de investimentos revelou a essência desse desafio. Sentei-me em seu escritório apinhado de antiguidades falsas e travamos a seguinte conversa:

Banqueiro: Honestidade não tem nada a ver com ética ou moralidade.

Eu: ??!!#?!

Banqueiro: É muito mais importante que isso. Honestidade tem a ver com confiança. Se minha equipe não confia em mim, eles vão embora amanhã; se meus clientes não confiam em mim, ficarei sem clientes. Banqueiro sem equipe e sem clientes é inútil. A confiança é tudo.

Confiança exige honestidade explícita. Não basta ser honesto. É preciso parecer honesto. Não é só a ausência de mentiras, mas a afirmação expressa e reiterada da verdade o tempo todo. Não basta ser um líder honesto; é preciso inspirar confiança.

Lições para os líderes

Para os líderes, inspirar confiança é fundamental. Ao longo dos anos, uma fórmula simples mostra como construir a confiança:

$$\text{Confiança} = \frac{\text{(intimidade X credibilidade)}}{\text{(egocentrismo X risco)}}$$

É assim que se põe em prática a equação para tornar-se um líder que inspira confiança.

Intimidade

Refere-se a valores comuns, experiências comuns, perspectivas comuns e agenda comum com a contraparte. É estilo e substância.

Em termos de estilo, todos achamos fácil trabalhar com alguém como nós mesmos, pois compreendemos como o parceiro pensa e opera. Um dos desafios das equipes globais é o excesso de distância entre os membros da equipe, que não sabem como os colegas de equipe pensam. Por isso as pessoas parecem perder tempo com conversa fiada quando se encontram pela primeira vez. A conversa sobre trivialidades tem um propósito: elas estão em busca de pontos em comum quanto a experiências e perspectivas. Esse o primeiro elemento constitutivo da confiança pessoal entre estranhos.

Em termos de substância, intimidade significa compartilhar uma agenda comum e um objetivo comum, o que deve ser evidente em si mesmo. Será mais fácil cooperar se compartilharmos necessidades comuns, ou até um inimigo comum, do que se estivermos trabalhando com agendas concorrentes. Na prática, em geral é difícil encontrar a necessidade comum. Em especial, ao vender ou negociar, a arte consiste basicamente em descobrir a agenda da contraparte. Ao descobrir quais são as necessidades, desejos e receios da outra parte, fica muito mais fácil encontrar a solução ganha-ganha.

Credibilidade

Quase todos temos amigos que obteriam alta pontuação em intimidade, mas em quem não confiaríamos para fazer qualquer coisa importante. Eles conseguiriam baixa pontuação em credibilidade. Credibilidade é cumprir o prometido, 100% das vezes. Credibilidade é difícil de construir e fácil de perder. Como um vaso – depois que quebra, nunca volta a ser o que foi antes, por mais cuidadosa que tenha sido a tentativa de restauração.

A maioria de nós gosta de acreditar que faz o que diz. Talvez façamos. Mas o que supomos que dissemos não é o mesmo que as pessoas entendem que ouviram. As mensagens sempre se embaralham. Podemos fazer afirmações como:

- ➤ "Eu espero...";
- ➤ "Eu tentarei...";
- ➤ "Eu verei se...".

O que o outro lado ouve é "Eu farei...". Quando voltamos e dizemos "Nós tentamos..." (mas não entregamos), deixamos de ser confiáveis. É inútil argumentar sobre o que foi dito ou não foi dito. As percepções podem ser falsas, mas as consequências das percepções são reais. Isso significa que devemos ser brutalmente claros no que dizemos e devemos ter a certeza de que fomos compreendidos.

A credibilidade exige entrega integral e pontual, além de comunicação muito clara.

Risco

O risco é como kriptonita para a confiança. Quanto mais arriscada for a situação, mais confiança será necessária. Posso confiar em um estranho para me indicar o caminho para o posto do correio. Mas eu seria imprudente se confiasse em um estranho para cuidar da minha poupança para a aposentadoria. O risco é importante. Pode-se gerenciar o risco de duas maneiras: reduzir o risco ou aumentar o risco.

Reduzir o risco é óbvio, até certo ponto. Risco, no caso, não é o risco abstrato. É o risco pessoal: será que conseguirei fazer isso? Será que parecerei tolo se não conseguir? Será que continuarei empregado se as coisas não derem certo? Esse é o tipo de risco a ser gerenciado pelo líder. Reduza o desafio a bocados deglutíveis, que tornem o risco tolerável, e forneça o apoio certo. Desarrisque o futuro.

A rota menos óbvia para gerenciar o risco é aumentá-lo. É aqui que os líderes, em geral, criam a história da "plataforma em chamas". Eles mostram que o negócio está pegando fogo e que, sem ação radical, tudo será perdido.

Egocentrismo

Todos somos heróis da história da nossa vida e o universo gira em torno da nossa própria realidade. Quanto mais nos colocarmos em primeiro lugar, porém, menos as outras pessoas vão querer trabalhar conosco e para nós. Mesmo os melhores líderes acabam se pondo em primeiro lugar. Eles, no entanto, também têm a capacidade de compreender e de respeitar as necessidades e os desejos alheios.

Conclusão

Essa deveria ser uma zona sem unicórnios: a honestidade é ingrediente essencial da confiança. O problema é que a confiança é assimétrica: sabemos que os outros podem confiar em nós, mas não temos certeza de que podemos confiar nos outros. Isso significa que, na prática, muitos líderes tropeçam no obstáculo da confiança. O mito recebe um unicórnio, para reconhecer que os líderes são, na maioria, honestos, mas têm dificuldade em inspirar confiança.

MITO 20
OS LÍDERES SÃO CORAJOSOS

*Se você quiser liderar a multidão em vez
de seguir a multidão, será preciso assumir riscos.*

A natureza do mito

Ao longo de toda a história, os líderes sempre tiveram de ser corajosos. O líder que conduz as tropas (nem sempre eles, mas também elas) em batalha não é metáfora, é realidade. Mas a história evoluiu. O último rei inglês a liderar as tropas em batalha foi George II, na Batalha de Dettingen, em 1743.[29] Em áreas tribais, os líderes ainda precisam de bravura física para lidar com rivais cada vez mais bem armados e para enfrentar a ameaça sempre presente de animais selvagens.[30]

Hoje, porém, a maioria dos líderes não é como os reis do passado ou como os líderes tribais de hoje. Os confrontos militares

---

[29] A Batalha de Dettingen ocorreu nas cercanias de Frankfurt, como parte da Guerra da Sucessão Austríaca. Uma aliança abrangendo ingleses, austríacos e hanoverianos derrotou as forças francesas. O Rei George estava no comando do exército, mas ele era bastante esperto para liderar na retaguarda, não na vanguarda. Quando o cavalo dele disparou para a linha de frente, um suboficial o levou de volta à retaguarda. Ele era corajoso, mas não era suicida: liderança inteligente.

[30] Ver Jo Owen (2008), *Tribal Business School*, Wiley.

de hoje podem ser intensos, mas não são tão violentos quanto no passado. O líder corajoso pareceria uma realidade que se converteu em mito.

As pesquisas, no entanto, mostram que a coragem é tão importante como sempre para os líderes. A natureza da coragem, porém, mudou.[31] Reiteradamente, a coragem é identificada como uma das sete mentalidades que distinguem os melhores líderes do resto. Isso faz sentido. Se os líderes levam as pessoas aonde elas não iriam sozinhas, então terá de assumir riscos. E assumir qualquer tipo de risco exige coragem, pois as situações arriscadas podem redundar em fracasso. Daí se conclui que só é possível liderar quando se é corajoso.

Por que este mito é importante

A coragem se situa no cerne do que os líderes modernos devem fazer.

Tomar decisões

O problema de tomar decisões é a possibilidade de errar. Por isso quase todas as organizações são viciadas em comitês e em processos decisórios prolongados. Se todos participam da tomada de decisão errada, então ninguém é culpado. Mas isso é comportamento de rebanho, não é atitude de líder.

Ter conversas difíceis

Liderar pessoas significa ter conversas embaraçosas e constrangedoras com elas. Ninguém gosta de lidar com situações de desempenho insatisfatório, de expectativas frustradas em relação a promoções e a aumentos salariais, e de *feedback* negativo para os liderados. Se, porém, o líder não enfrentar essas situações no momento oportuno, não haverá como evitá-las na hora das avaliações formais, quando a decepção e o mal-estar serão muito maiores, pela surpresa e pelo acúmulo, decorrentes da falta de advertências oportunas. Você não mais merecerá confiança, por não ter enfrentado a verdade mais cedo e ter propiciado melhores condições de correção. Se essas conversas

---

[31] Ver Jo Owen (2015), *Mindset of Success*, Kogan Page.

difíceis se distribuírem no tempo, nas circunstâncias adequadas e no momento oportuno, você reforçará a confiança.

Avançar, não recuar

Em qualquer empresa, há crises e incertezas, quando ninguém sabe o que fazer. A saída fácil é recuar discretamente para a sombra e ver o que acontece. Ninguém é demitido por perder uma oportunidade. Muita gente é despedida por assumir riscos e perder. Os líderes devem estar preparados para tomar a iniciativa no momento certo.

Assumir riscos

Se você quiser liderar a multidão em vez de seguir a multidão, será preciso assumir riscos. Essa tomada de riscos consciente, porém, é muito diferente da exposição ao risco receada pela maioria das empresas. As empresas tentam avaliar os riscos numa planilha de riscos, com os escores de risco e as medidas de controle, em cada situação. Todo esse planejamento do risco resulta em tomada de risco lógico, que pode ser gerenciado com ideias e recursos. Os tipos de risco que os líderes devem tomar são pessoais. Os líderes conhecem o adágio de que o sucesso tem muitos amigos, mas o fracasso é solitário. Quando o risco azeda, os caçadores de culpados logo encontram uma vítima: as consequências podem ser embaraçosas ou constrangedoras, não raro limitando ou destruindo a carreira. O risco para os líderes é pessoal e emocional. Se você nunca quiser parecer tolo, terá de evitar os tipos de riscos que os líderes precisam assumir.

Lições para os líderes

À primeira vista, talvez pareça que não há lições para os líderes: você é corajoso ou não é corajoso. Você não aprende a ser corajoso, aprende?

Tanto os Comandos da Marinha Real quanto o Corpo de Bombeiros mostram que é possível aprender a ter coragem. Eles exigem que as equipes façam coisas que a maioria das pessoas consideraria ousadas ou até absurdas. Será que você entraria num escritório em chamas e cheio de fumaça? Para os bombeiros esse é, com muita frequência, o ambiente de trabalho deles. Tanto os Comandos da Marinha Real quanto o Corpo de Bombeiros adotam os mesmos métodos básicos para ajudar os recrutas a cultivar a bravura. E a coragem se desenvolve em passos graduais.

No Corpo de Bombeiros, os recrutas no início do treinamento primeiro aprendem a usar os equipamentos individuais e a cuidar deles de maneira adequada. Em seguida, treinam a extinção de chamas numa frigideira de batatas. Depois, praticam o uso seguro de escadas pequenas e portáteis. Aos poucos, o fogo se amplia e se intensifica, as escadas se alongam e são escaladas com mangueiras pesadas, as situações ficam mais perigosas e arriscadas, e os equipamentos individuais se tornam mais complexos e volumosos. Por fim, eles estão praticando atos heroicos espantosos.

O chefe do Corpo de Bombeiros esclareceu a realidade por trás de tanta bravura, quando lhe perguntei como ele consegue instilar coragem em seus bombeiros: "Nunca quero um bombeiro ousado, porque um bombeiro ousado em breve será um bombeiro morto, e isso de nada adianta para mim". Para você ou para mim, o bombeiro parece estar demonstrando coragem inimaginável. Para si próprio, ele está lidando com situações familiares, que ele sabe como manejar. Para você, o escritório está quente de tantas fofocas. Para os bombeiros, está tórrido com chamas vivas.

Os líderes, como os bombeiros, podem cultivar a coragem com pequenos passos. Aprenda a assumir pequenos riscos: não faça o seu primeiro discurso público diante de 2.000 gerentes de alto nível na conferência global da empresa. Comece com uma pequena palestra para um pequeno grupo de colegas de confiança sobre um tema que lhe seja familiar. Esse é o ponto de partida.

Como no caso dos bombeiros, muito do que parece bravura é simplesmente reconhecimento de padrões; depois de ver uma situação se repetir muitas vezes, você sabe o que esperar e terá confiança ao enfrentá-la.

Os Comandos da Marinha Real nos ensinam mais uma lição sobre bravura. Bravura tem a ver com contexto. Os comandos, a certa altura, podem até arriscar a vida. Essa é a bravura extrema, que exige mais do que treinamento. Requer doutrinação de valores centrais, que são reforçados por meio de recompensas, sansões, trabalho em equipe, cultura e histórias. No extremo oposto, situa-se a máquina burocrática clássica, em que trocar a máquina de café talvez seja uma mudança ousada. Inevitavelmente, ambos os extremos recrutarão candidatos com as aptidões básicas necessárias, muito ou pouca propensão ao risco e à aventura.

Como líder, você não precisa arriscar a vida. Você não precisa ser corajoso como um comando ou um bombeiro; basta ser mais corajoso do que seus pares.

Se você quiser cultivar a bravura de um líder, suas chaves para o sucesso são:

> **Dê passos pequenos.** Primeiro, assuma riscos pequenos; depois os aumente aos poucos.

> **Ganhe experiência.** Continue se expondo a circunstâncias em que seja possível aprender os padrões de sucesso e fracasso. Isso lhe dará a confiança necessária para lidar com essas situações no futuro.

> **Desenvolva coragem relativa.** Você só precisa ser mais corajoso do que os colegas e mais corajoso do que você era no ano passado. Você não precisa pôr em risco a vida e a carreira todos os dias.

Conclusão

Os líderes hoje ainda precisam ser corajosos, mas a natureza da coragem mudou ao longo do tempo. Portanto, este mito é de fato realidade: o líder precisa ser corajoso, mas a natureza da bravura na liderança é em grande parte mal-entendida. Logo, recebe apenas um unicórnio.

MITO 21

O LÍDER É A PESSOA MAIS ESPERTA DO PEDAÇO

Se você quiser ser líder, confie na equipe
e a induza a enfrentar desafios.

A natureza do mito

A hierarquia replica o relacionamento pais-filhos[32]: os chefes são os pais e os membros da equipe são os filhos. Isso cria uma tensão insalubre na equipe. Na prática, significa que muitas equipes são muito boas em delegar: elas gostam de delegar todos os problemas para o líder, o que as alivia de se responsabilizarem pela solução. Também lhes permite se queixar de que o chefe tomou a decisão errada, da maneira errada, e de que o chefe é realmente um idiota completo, da mesma maneira como os adolescentes se queixam dos pais imbecis. O chefe é sempre a última pessoa a ouvir essas queixas. Diante de você, a equipe mostrará boas maneiras e apoio irrestrito, pois sabem que o futuro está em suas mãos.

O chefe é cúmplice nesse jogo. O chefe pode ser um pai tolerante ou autoritário, mas a dinâmica é a mesma. O chefe sempre sente a necessidade de comprovar seu valor. Ele quer demonstrar que pode manejar

---

[32] Esta seção baseia-se na Análise Transacional. Ver: BERNE, Eric. *Games People Play: The Psychology of Human Relationships*. Nova York: Grove Press, 1978. [1964]

os problemas mais graves; faz questão de ser considerado inteligente e no controle. Atua como o adulto na sala e gosta de sair bem na foto.

Esse é um jogo praticado em todas as partes da empresa, mesmo nos níveis mais elevados. O *script* básico pais-filhos é de fato sempre o mesmo. Inevitavelmente, adultos de 40 anos se ressentem de serem tratados como crianças, mas esse é o papel que o *script* da hierarquia lhes impõe.

Este mito se relaciona estreitamente com a ideia do líder como herói solitário.

Por que este mito é importante

Esse *script* pais-filhos é altamente disfuncional, porque:

➤ **Desempodera.** Ao permitir que a delegação flua de baixo para cima, dos membros filiais para os chefes parentais, a equipe é desempoderada, perde poderes. Se a equipe não toma decisões, ela não pode ser responsabilizada. Essa irresponsabilidade torna a gestão do desempenho extremamente difícil.

➤ **Incapacita.** A equipe de alto desempenho é a que é desafiada e distendida, não a que passeia na pista de baixa velocidade. Ao delegar para cima, a equipe evita os piores desafios. No curto prazo, essa é, em geral, a saída fácil. No longo prazo, porém, é a pista para o desempenho insatisfatório: a equipe nunca aprenderá e nunca progredirá.

➤ **Desmotiva.** A equipe que é desempoderada e não se desenvolve perderá a motivação, mesmo no curto intervalo em que a vida na zona de conforto é agradável. A falta de delegação por parte do chefe demonstra falta de confiança na capacidade da equipe. Instala-se, então, um círculo vicioso. À medida que a equipe perde a motivação, também a autoconfiança e o desempenho recuam. Esse retrocesso confirma o receio do líder de que não é possível confiar à equipe trabalhos vitais, o que o leva a assumir cada vez mais atribuições. Esse esvaziamento desempodera, incapacita e desmotiva ainda mais a equipe, e assim sucessivamente.

➤ **Sobrecarrega.** Em consequência dessa delegação para cima, o líder da equipe assume encargos crescentes, o que acaba por sobrecarregá-lo. Se você quiser ser heroico, assuma todos os desafios. Se você quiser ser líder, confie na equipe e a induza a enfrentar desafios.

Lições para os líderes

Eis as seis principais lições deste mito para os líderes.

Conheça o seu papel

O papel do líder não é ser a pessoa mais inteligente do pedaço. O papel do líder é levar para o pedaço as pessoas mais inteligentes. O técnico de uma equipe esportiva raramente é o melhor jogador; o técnico é a pessoa que encontra e desenvolve os melhores jogadores da equipe. Ao agir assim, o líder pode avaliar cada membro da equipe por seus talentos e contribuições singulares, começando a afastar-se do *script* pais-filhos.

Mude o script

Mude o *script* da equipe. Passe do roteiro pais-filhos para o roteiro adulto–adulto. No âmago dessa transformação encontra-se uma ideia revolucionária: ignore a hierarquia. Em vez de pensar nos moldes chefe-subordinado, simplesmente adote a abordagem de que cada pessoa na equipe exerce uma função diferente. O líder da equipe desempenha o papel de coach, na condição de técnico ou treinador, estabelecendo as diretrizes e gerenciando os recursos; mas cada jogador também exerce uma função vital. Todos participam com uma contribuição importante, e ninguém é melhor do que ninguém: cada contribuição é diferente e fundamental.

Exija prestação de contas

Não permita que a equipe delegue para cima. A delegação deve fluir no sentido oposto. Você deve encontrar maneiras de distender e desafiar a equipe com trabalho significativo. No *script* pais-filhos, o líder sempre acaba assumindo toda a responsabilidade. Isso deixa os membros da equipe desempoderados e ressentidos. No *script* adulto-adulto, todos são iguais e todos têm diferentes atribuições pelas quais são responsáveis e das quais prestar contas: cada pessoa é empoderada. Isso normalmente levanta o moral e melhora o desempenho e, no processo, facilita a gestão do desempenho, pois deixa claro quem é responsável e presta contas pelo quê.

Preste mais atenção à equipe

Como gerente e líder, é natural passar mais tempo pensando em como gerenciar o chefe. Olhamos mais para cima que para baixo na hierarquia. Essa atitude faz sentido, pois o chefe pode controlar o seu destino. Como os chefes não trabalham com um manual do usuário, descobrir como gerenciar o chefe exige muito esforço. O resultado, no entanto, é que os líderes, em geral, não passam tanto tempo refletindo em profundidade sobre como influenciar cada membro da equipe. Mas se você é o coach da equipe, você só consegue alto desempenho se atuar como alguém empenhado em ajudar cada membro da equipe a alcançar o desempenho máximo.

Confie na equipe

A incapacidade de delegar reflete falta de confiança na equipe, e a equipe sabe disso. Demonstre confiança na equipe e essa confiança será retribuída sobejamente. A maioria das pessoas quer trabalhar bem e está ansiosa por demonstrar que merece confiança para enfrentar desafios importantes. Não deixe a peteca cair: passe a peteca. Crie condições para que a equipe se erga à altura do desafio, e a observe, então, crescer em confiabilidade e capacidade.

Seja humilde

O cemitério está cheio de executivos indispensáveis. A realidade é que quando partimos não deixamos rastro. Como líder, seu papel não é tornar-se indispensável; seu papel é tornar-se dispensável. Desenvolva a equipe e a empresa para que elas sejam capazes de prosperar sem você.

Conclusão

Este mito tem raízes profundas. Significa que muitos líderes têm dificuldade porque não confiam na equipe e não delegam. Essa falha, porém, não é 100% fatal numa carreira de liderança. Os líderes podem manquejar carreira afora nos casos em que essa crença é verdadeira: às vezes, o líder é, de fato, a pessoa mais inteligente do pedaço. Este é um mito que aleija mas não mata o líder. Ele merece quatro unicórnios.

MITO 22
OS MELHORES LÍDERES SÃO TALENTOSOS

*Inteligência acadêmica e sagacidade
prática não são a mesma coisa.*

Como todos os mitos, este se perdeu nas brumas do tempo. Desde épocas imemoriais, as comunidades anseiam por um líder sábio, que distribua a justiça e mantenha a lei.

O advento da revolução industrial impulsionou essa ideia. As novas fábricas precisavam ser organizadas por líderes inteligentes e operadas por trabalhadores que eram, basicamente, dentes não confiáveis das engrenagens de máquinas. As ideias deviam fluir da cabeça dos chefes para as mãos dos trabalhadores: os chefes tinham o cérebro e os trabalhadores tinham as mãos. Essa divisão se tornou explícita com a ascensão da Administração Científica, cujo sumo sacerdote foi Frederick Taylor.[33] Ele passou a carreira analisando as operações até os últimos detalhes e desenvolvendo métodos para melhorá-las. Em experimento famoso, ele conseguiu arrancar dos trabalhadores 47 toneladas de lingote de ferro fundido por dia, em comparação com as 12 toneladas de antes da intervenção. Por trás dos estudos de tempos e movimentos da Administração Científica, encontrava-se a suposição de que os trabalhadores eram estúpidos e indolentes demais para maximizar a própria produtividade.

---

[33] TAYLOR, Frederick Winslow. *The Principles of Scientific Management*. Nova York: Harper & Brothers, 1911.

A Gestão da Qualidade Total (Total Quality Management – TQM) é a herdeira da Administração Científica, com uma guinada crucial: a TQM reconhece que os trabalhadores não são simplesmente operários manuais que só exploram a força bruta. Eles agora são bem informados, o que significa não só que podem alcançar mais, mas também que esperam mais em troca.

Considerando que a força de trabalho é agora mais bem informada do que nunca, daí decorre que os líderes também precisam ser mais inteligentes do que nunca. Mas será que isso é verdade?

Inteligência acadêmica e sagacidade prática não são a mesma coisa. Liderança acadêmica é um oximoro: uma sala cheia de PhDs suscitará debate, não liderança. Ninguém nunca acusou Einstein de ser um grande líder. Quem consultar as listas de bilionários de hoje verá que a maioria não tem MBA e que a metade não concluiu o curso universitário. Mas seria imprudente tachar Zuckerberg, Gates ou Brim de burros. Eles são, sem dúvida, extremamente sagazes.

A liderança sagaz não é mais como no passado.

Por que este mito é importante

Para ser bem-sucedido como líder, é bom saber quais são as competências e as capacidades necessárias para o sucesso. O requisito do século XIX de ser a única pessoa inteligente no meio de uma força de trabalho burra sem dúvida não é mais a receita para o sucesso. Num mundo onde todas as pessoas, em geral, têm melhor nível de educação, a educação é condição necessária, mas não suficiente, para o sucesso.

A natureza da liderança está mudando radicalmente, porque a natureza da empresa e da força de trabalho está mudando drasticamente. As duas principais mudanças são:

1. A força de trabalho está mais inteligente do que nunca e se tornará cada vez mais inteligente no futuro. Essa tendência tem duas implicações para os líderes:

   ➤ Que tipo de sagacidade é necessário para liderar quando todos também são sagazes?

   ➤ Como liderar pessoas que provavelmente querem menos gestão e têm expectativas mais altas do que nunca?

2. As empresas estão terceirizando, diminuindo, achatando-se e especializando-se como nunca antes. Isso significa que os líderes não mais controlam todas as pessoas, nem todos os recursos indispensáveis para o sucesso. Nessas condições, como liderar quando não mais se exerce controle direto?

Lições para os líderes

O líder sagaz de hoje domina três conjuntos de atributos, que podemos rotular de QI, QE e QP.

QI: Inteligência Intelectual

O líder inteligente tende a ser melhor que o líder burro. A inteligência gerencial, porém, é diferente da inteligência acadêmica. A inteligência acadêmica consiste na acumulação lenta de um corpo de conhecimentos ao longo do tempo. A inteligência gerencial tem dois elementos:

➤ **Reconhecer padrões e reagir a eles com rapidez**. Esse é o tipo de desempenho turbinado. Um advogado que tratou de 499 casos de divórcio saberá o que esperar quando deparar com o 500° caso; um profissional de vendas que fez milhares de visitas de vendas reconhecerá como cada comprador reage e saberá o que fazer. Um especialista em gestão de crises saberá quando e como agir se um cliente enfrentar uma crise; para o cliente, é um território desconhecido, mas, para o especialista, é o quintal de casa. Os líderes precisam identificar padrões em todas as situações ambíguas e aprender com elas, para que na próxima vez em que encontrarem uma situação semelhante saibam o que fazer.

➤ **Aprender e adaptar-se às novas situações com rapidez.** O reconhecimento de padrões nem sempre funciona, porque você, certamente, encontrará novas situações. Ao se defrontar com crises, incertezas ou ambiguidades, os gestores darão um passo atrás e os líderes darão um passo à frente. Essas são as ocasiões em que você aprende rápido e cresce como líder. Quanto maior é a frequência com que os líderes dão um passo à frente, mais eles aprendem a avançar com sucesso: reconhecimento de padrões, novamente.

QE: Inteligência Emocional

Considerando que a força de trabalho é agora mais bem informada do que nunca, os líderes precisam liderar de maneira diferente. Não basta ser o líder para ser seguido. É preciso ser o líder que as pessoas querem seguir. Isso significa tratar as pessoas como pessoas, não como dentes de engrenagem. Ter alta inteligência emocional consiste em motivar, construir equipes equilibradas, desenvolver talentos e gerenciar bem a si mesmo e às próprias emoções. Inteligência emocional exige compreensão de como você afeta outras pessoas e de como se adapta às circunstâncias: esses atributos nunca foram requisitos de liderança na fábrica do século XIX.

QP: Inteligência Política

É possível encontrar muita gente simpática (alta inteligência emocional) e sagaz (alta inteligência intelectual) que definha nos remansos da empresa. Elas são usadas por colegas mais impiedosos como capachos no caminho do sucesso. Sem dúvida, alguma coisa está faltando na fórmula do sucesso. No século XXI, a natureza da liderança mudou. As empresas se esvaziaram e se achataram. Os líderes não mais controlam todos os recursos necessários. Em vez disso, eles precisam:

> ➤ persuadir os colegas;
>
> ➤ construir redes de influência e confiança dentro e além da empresa;
>
> ➤ alinhar agendas e encontrar aliados para os seus projetos;
>
> ➤ lutar por recursos, ou seja, a verdadeira competição não se desenrola no mercado; mas, isso sim, na mesa ao lado da sua;
>
> ➤ encontrar os chefes, os projetos e as experiências certas para alcançar o sucesso.

Essas competências do século XXI são profundamente políticas. Elas consistem em fazer a organização funcionar com e para você. Os líderes com essas competências políticas têm alto QP: inteligência política.

Os líderes ainda precisam ser sagazes, mas a natureza da sagacidade está mudando, e eles também necessitam de outras competências. Hoje, os líderes devem ter QI (inteligência intelectual), QE (inteligência emocional) e QP (inteligência política). A barra do desempenho sobe o tempo todo.

Conclusão

No século XIX, a avaliação deste mito seria de apenas um unicórnio, porque era realidade, não mito. No século XX, a avaliação passaria a ser de três unicórnios, porque os líderes precisavam de QI e de QE. No século XXI, este mito ganha cinco unicórnios, porque ter inteligência intelectual não é suficiente. Também é necessário ter inteligência emocional e inteligência política.

MITO 23

LÍDERES HOMENS E MULHERES SÃO DIFERENTES

*Respeite as pessoas pelo que elas são, não
por seu DNA ou cromossomos.*

A natureza do mito

Uma boa maneira de vender livros e de atrair a atenção da mídia é mostrar que homens e mulheres lideram basicamente de maneiras diferentes: "Os homens são de Marte e as mulheres são de Vênus"[34] não é apenas uma mensagem; é também o título de um *best-seller*.

As pesquisas podem ser mais enfadonhas, mas também são mais úteis. Mesmo no mundo pós-verdade, talvez valha a pena agir com base em evidências, em vez de em crenças. As pesquisas são matizadas.[35] Há diferenças, mas não tão drásticas quanto a imprensa popular talvez queira mostrar. Meta-análise paradigmática pioneira, da professora Alice Eagly, descobriu que, na vida organizacional normal, as diferenças entre os estereótipos masculinos e os femininos

---

[34] GRAY, John. *Men Are from Mars, Women Are from Venus: A practical Guide for Improving Communication and Getting What You Want in Your Relationships*. Nova York: Harper-Collins, 1992.

[35] Boa resenha da avaliação pode ser encontrada aqui no site: https://goo.gl/m6GGpx.

eram pequenas.[36] Em condições de laboratório, os estereótipos se tornavam mais pronunciados.

Tabela 23.1: Estereótipos de liderança masculinos e femininos

ESTEREÓTIPOS DE LIDERANÇA FEMININA	ESTEREÓTIPOS DE LIDERANÇA MASCULINA
Foco nas pessoas	Foco na tarefa
Participativo/democrático	Diretivo/autocrático
Cauteloso	Propenso ao risco
Menos assertivo	Mais assertivo
Emocionalmente consciente	Foco nos fatos

A Tabela 23.1 mostra os estereótipos padrão entre homens e mulheres. Você pode adicionar ou subtrair na tabela as suas próprias percepções de estereótipos de gênero.

Maneira diferente de encarar o debate é perguntar até que ponto os gêneros diferem em relação a cada fator. Os dois diagramas abaixo apresentam duas abordagens possíveis em relação às diferenças de gênero. A Figura 23.1 mostra como a imprensa popular costuma retratar essas disparidades: homens e mulheres são literalmente de planetas diferentes.

A Figura 23.2 mostra como as pesquisas tendem a expor as mesmas disparidades. Realmente há discrepâncias, mas elas de fato não se dividem com muita clareza entre as linhas de gênero. É possível encontrar numerosos homens que apresentam muitos dos estereótipos femininos e numerosas mulheres que também se caracterizam por muitos estereótipos masculinos.

Figura 23.1: Visão estereotipada das diferenças de gênero

---

[36] EAGLY, Alice; JOHNSON, Blair. Gender and Leadership Style: A Meta-Analysis. *Psychological Bulletin*, v. 108, n. 2, 1990.

Figura 23.2: Visão das diferenças de gênero baseada em pesquisas

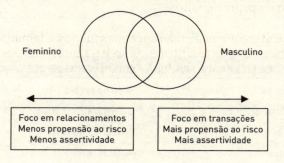

Por que este mito é importante

As diferenças de gênero, ou a falta delas, são importantes sob pelo menos três perspectivas.

Construir equipes de liderança equilibradas

Sem dúvida, se a visão popular das diferenças de gênero é exata, daí decorrem grandes implicações para a escolha e o desenvolvimento de líderes. A consequência seria que algumas funções de liderança seriam prerrogativas exclusivas das mulheres, enquanto outras seriam territórios privativos dos homens. Algumas funções demandam alta propensão ao risco (homens), enquanto outras requerem excelentes competências interpessoais (mulheres).

Mesmo que a realidade seja mais matizada, ainda assim você precisaria de uma equipe equilibrada em termos de estilos. Os estereótipos de gênero ilustram algumas das grandes diferenças de estilo, mas elas não são as únicas.

Desenvolver líderes do futuro

Se há diferenças de gênero, o desenvolvimento de liderança de tamanho único pode levar a vários resultados desiguais, conforme ilustrado pela experiência de Líderes do Futuro (ver abaixo).

> CONSTRUINDO LÍDERES DO FUTURO
>
> Líderes do Futuro foi um projeto destinado a acelerar o progresso de talentos notáveis na liderança de escolas situadas nas

áreas mais difíceis. A seleção refletiu em linhas gerais a população de gestores de nível médio nas escolas: foi 50/50 masculino/feminino.

Depois de cerca de cinco anos, descobrimos que 80% das pessoas que haviam sido promovidas para diretor de escola eram homens. Esse não foi o resultado que esperávamos ou queríamos.

Procuramos identificar, então, o que estava errado. Como seria de esperar, constatamos que as mulheres enfrentaram obstáculos significativos:

➤ Sexismo consciente ou inconsciente por parte dos grupos de seleção;

➤ A pedra no caminho: as mulheres ainda achavam que enfrentavam a dupla jornada: boa parte dos afazeres domésticos e dos cuidados com os filhos.

Também descobrimos que os gêneros correspondiam ou não aos seus estereótipos. Normalmente, os homens se candidatavam às vagas, mesmo quando sabíamos que eles estavam apenas 40% a 50% preparados. Eles tentavam convencer que estavam aptos, confiantes em que, se fossem promovidos, se ergueriam à altura do desafio. Se fossem rejeitados, a percepção deles era a de que os grupos de seleção tinham cometido um erro. Eles ignoravam o *feedback* recebido do grupo de seleção. Isso significava que continuariam tentando e que acabariam chegando lá.

Em contraste, as mulheres esperavam até terem a certeza de que estavam capacitadas para o cargo. Mesmo quando sabíamos que elas estavam 80% preparadas (e ninguém nunca está 100% pronto para assumir nova função), elas precisavam ser estimuladas a candidatar-se. Se eram rejeitadas, elas levavam a sério o *feedback* do grupo de seleção, no sentido de que não se candidatavam novamente até sentirem que tinham superado as deficiências apontadas pelo grupo de seleção.

Os homens forçavam a barra para avançar, as mulheres se continham com prudência. Nos cinco anos seguintes, o programa foi ajustado para refletir as diferentes abordagens de cada gênero e, por fim, as promoções para a diretoria das escolas atingiram o equilíbrio entre os gêneros.

Políticas públicas

O debate sobre gêneros prosseguirá por muitas décadas. Cabe a você concluir até que ponto os estereótipos são verdadeiros e o que deve ser feito a respeito: este livro foca nas implicações para você como líder.

Lições para os líderes

Abaixo estão quatro lições a serem extraídas do exposto.

Construa uma equipe equilibrada

Os diferentes estereótipos enfatizam a necessidade de formar uma equipe de liderança equilibrada. Se toda a equipe for composta por aficionados por risco, ela talvez alcance o sucesso com mais rapidez, mas também é provável que sofra acidentes com mais frequência. Promover o equilíbrio de talentos e de estilos é vital.

Compreenda o seu próprio estilo

Não importa qual seja o seu gênero, vale a pena pensar sobre até que ponto você é focado em tarefas ou em pessoas; democrático ou autocrático; propenso ao risco e assertivo; ou cauteloso e solidário. Costuma-se afirmar que não existe estilo errado ou certo, mas isso é ilusório. Em âmbito universal, pode ser que não haja estilo errado ou certo, mas, no seu contexto específico, decerto haverá um estilo que funciona melhor do que os outros. Você terá de encontrar um contexto de trabalho onde o seu estilo será bem-sucedido.

As promoções não vão para os humildes

A história dos líderes futuros (acima) mostra que é preciso estar preparado para dar o salto. Não espere até estar 100% confiante de que você pode dar um passo à frente, porque você nunca estará 100% pronto para a sua próxima função.

Respeite as pessoas pelo que elas são

Talvez a lição mais importante para o líder seja respeitar as pessoas pelo que elas são, não por seu DNA ou cromossomos. Até que ponto devemos discriminar em favor de um grupo (e, por implicação, contra outro grupo) com base no DNA é uma questão de política pública sobre a qual todos terão opinião própria.

Conclusão

Vivemos num mundo pós-verdade, onde as pessoas acreditam no que querem acreditar. Há nítidas diferenças de gênero, mas também há desacordo sobre o tamanho das diferenças, se é que importam, e sobre o que deve ser feito a respeito. Você deve decidir sobre este mito. Você resolve quantos unicórnios conceder aqui.

MITO 24
OS PSICOPATAS SE DÃO BEM COMO LÍDERES

Charme, violência e falta de empatia
são parte do mesmo pacote.

A natureza do mito

Os psicopatas de um modo geral são considerados doidos, maus e perigosos de se conviver. Os psicopatas são clientes regulares de prisões em todo o mundo. A probabilidade de que acabem em prisões é 25 vezes maior do que a do restante da população.[37] À primeira vista, esse não é o perfil óbvio de um líder.

As pesquisas estimam que 1% da população (principalmente de homens) seja de psicopatas, em estágio avançado ou moderado.[38] Entre 3% e 21% dos altos executivos de empresas são avaliados como psicopatas.[39] A ampla divergência de estimativas reflete a ambiguidade

---

[37] KIEHL, Kent A.; HOFFMAN, Morris B. The Criminal Psychopath: History, Neuroscience, Treatment, and Economics. *Jurimetrics*, v. 51, p. 355-97, Summer 2011.

[38] BABIAK, Paul; HARE, Robert D. *Snakes in Suits: When Psychopaths Go To Work*. Nova York: HarperBusiness, 2007.

[39] A estimativa de 21% é do psicólogo forense Nathan Brooks, em estudo envolvendo 261 executivos de empresas no site: https://goo.gl/3QD9bN.

entre quem qualifica os psicopatas. A psicopatia se manifesta em vários graus: todas as pessoas têm algum traço de psicopata. Em todo caso, é evidente que os psicopatas são desproporcionalmente bons em criar problemas para si próprios; eles também são atipicamente capazes de conquistar posições de poder.

Por que este mito é importante

Se os psicopatas se dão bem como líderes, deve haver características a serem aprendidas com eles sobre a natureza da liderança. Portanto, faz sentido compreender quais são as principais características de um psicopata[40]:

> ➤ ousadia e autoconfiança;
> ➤ tolerância ao estresse;
> ➤ propensão ao risco;
> ➤ charme e carisma.

Todas são boas qualidades para qualquer líder. Para levar as pessoas aonde elas não iriam sozinhas, é preciso assumir riscos, resistir ao estresse elevado, ser ousado e entusiasmar as pessoas a engajar-se em sua missão. Esses traços também funcionam bem em determinados tipos de trabalho. Os operadores de grandes bancos precisam das qualidades de psicopata expostas acima. Se os bancos de investimentos submeterem os candidatos a emprego a testes de psicopatia, talvez seja mais para contratá-los do que para rejeitá-los. O filme *Wall Street – poder e cobiça*, de 1987, e os escândalos subsequentes, mostram que alguns bancos de investimentos talvez estivessem selecionando pessoal com base nesses critérios, por acaso ou de propósito.

Assim sendo, por que os psicopatas são tão mal-afamados? Porque eles também têm um lado negativo. Eles são:

> ➤ amorais;
> ➤ sem empatia;

---

[40] HARE, R. D.; NEUMANN, C. N. The PCL-R Assessment of Psychopathy: Development, Structural Properties, and New Directions. In: PATRICK, C. (Org.). *Handbook of Psychopathy.* Nova York: Guilford, 2006. p. 58-88.

- manipuladores;
- violentos.

Nem todos esses traços parecem ser consistentes. Como será que alguém pode não ter empatia e ter carisma? A resposta é que os psicopatas são muito bons em ler as pessoas. Eles descobrem suas motivações, esperanças e medos com muita rapidez e logo exploram essas idiossincrasias. Isso talvez pareça empatia, mas tudo é representação; os psicopatas ligam e desligam suas manifestações de interesse como que com um interruptor. Eles parecem ter carisma, mas estão apenas manipulando. Os psicopatas com menos escolaridade têm menos capacidade de manipular com charme ou de intimidar com palavras. Em vez disso, eles procuram manipular e intimidar com violência: por isso é que tantos terminam na prisão. Ser carismático, violento e sem empatia é parte do mesmo pacote.

A capacidade de manipular possibilita que os psicopatas escalem a hierarquia organizacional. A autoconfiança para assumir riscos e para tomar decisões ousadas pode ajudá-los a se tornarem líderes que fazem diferença. O sucesso dos psicopatas, porém, quase sempre tem um preço: eles em geral são sectários, destrutivos e amorais. São ditadores naturais nas empresas e ditadores naturais nos países.

O PSICOPATA EM AÇÃO

Lee não gostava de trabalhar para chefes que ele considerava fracos e tolos. E, então, disse aos sócios que iniciaria uma nova prática de consultoria de empresas de petróleo e gás. Como nenhum dos sócios atuava nessa área, eles o deixaram ir embora.

Lee era muito ambicioso. Trabalhava intensamente e logo conquistou clientes que comiam na sua mão. Lee conseguia encantá-los e fazia questão de prestar-lhes serviços de alta qualidade, inclusive formando uma equipe coesa e dedicada. Ele exigia 100% de lealdade da equipe e lhes retribuía com 100% de lealdade. Em troca pelas longas jornadas e pela qualidade do trabalho, Lee sempre lhes oferecia gratificações e promoções desmesuradas. Qualquer colaborador que demonstrasse apenas 99% de lealdade era ejetado e descartado. Qualquer pessoa que ousasse contrariá-lo era esmagada.

De fato, Lee tinha constituído o próprio negócio, que funcionava conforme suas próprias regras: as regras de Lee. Havia histórias obscuras sobre como ele tinha conquistado tamanho sucesso, mas contanto que jorrassem lucros, as questões não eram tão relevantes.

Lições para os líderes

Procure compreender, não julgue

A indignação moral é a reação natural à descoberta de psicopatas que se deram bem. Mas o que é natural nem sempre é bom: inundações, terremotos, mortes e doenças também são muito naturais. Em vez de julgar os psicopatas, compreenda-os. Assim, é possível aprender com eles, é possível identificá-los e localizá-los, e também é possível lidar com eles ou evitá-los.

Olhe-se ao espelho

Todos temos tendências psicopatas, tanto boas quanto más. Em momentos de grande pressão e estresse, mesmo os indivíduos mais altruístas se põem em primeiro lugar. É fácil parecer amoral; manipulativo de pessoas, fatos e eventos; e menos empático do que o ideal.

Cuidado com os psicopatas

Eles são altamente manipulativos. Eles sabem mentir e lutar, pois têm muita prática. Dificilmente você vencerá uma luta contra eles, porque a sua malícia não chega aos pés da deles. Portanto, das duas uma: ou você se junta a eles e os apoia, inclusive porque os melhores psicopatas sabem que precisam de uma boa equipe e são muito leais, apenas enquanto eles lhes forem úteis; ou você se afasta dos psicopatas e procura melhores companhias.

Evite rótulos

Chamar alguém de psicopata é um insulto fácil, mas insultos não ajudam. Deixe o diagnóstico para os médicos, embora até eles tenham dificuldade em concordar quanto aos fatores que qualificam um psicopata.

Cuidado com sua empresa

A maioria das empresas apresenta sintomas de psicopatia: não têm empatia e, em si mesmas, são muito amorais. O trabalho e o contexto em muitas empresas de economias emergentes mostram que moralidade e empatia não são atributos muito valorizados. As empresas, como os psicopatas, o apoiarão e lhe serão leais em troca de sua lealdade e comprometimento... até concluírem que não mais precisam de você.

Conclusão

Este mito se baseia em alta dose de realidade. Ser psicopata é bom para conquistar posições de liderança, mas não o converte necessariamente em bom líder. Dois unicórnios.

MITO 25
OS LÍDERES SÃO RAZOÁVEIS

*O mundo nunca foi transformado
por pessoas razoáveis.*

A natureza do mito

Chamar alguém de não razoável ou desarrazoado é uma ofensa. Como sociedade, valorizamos a razão. O século XVIII testemunhou o Iluminismo, também denominado Era da Razão. Foi quando o método científico finalmente desalojou o dogmatismo religioso como maneira de explicar e explorar o mundo. Foi quando a Europa avançou a passos largos rumo ao conhecimento e à tecnologia, preparando o caminho para a Revolução Industrial e para a transformação da sociedade. A razão é o marco da civilização. Os líderes deveriam ser bem informados e capazes de disseminar a razão. A razão se situava no âmago da sociedade e da liderança.

O poder da razão se irradiou diretamente para os negócios, com a ascensão da Administração Científica, de Frederick Taylor, na vanguarda do movimento. Hoje, seus métodos são vistos como pouco mais que tempos e movimentos; essa avaliação, porém, é injusta. Taylor sempre levou em conta o elemento humano, de maneira muito lógica, e seus métodos transformaram a produtividade. Eles inspiraram a revolucionária linha de produção móvel de Henry Ford nas fábricas de automóveis, que transformou a indústria automobilística.

135

A liderança ainda se baseia na razão. Os sistemas de TI tornam-se cada vez mais poderosos e geram mais dados do que em qualquer outra época. Por outro lado, o apetite por dados é insaciável, alimentando a imaginação dos líderes e fundamentando decisões esclarecidas. Os consultores de estratégia consomem montanhas de dados para justificar suas propostas. A era do *Big Data* também é a era da *Big Reason*.

Portanto, tudo indica que é caso encerrado: os líderes precisam de razão e lógica, e os líderes devem ser razoáveis. Qualquer pessoa desarrazoada é considerada selvagem, imprevisível e intratável.

Nenhum líder quer ser desarrazoado, ou quer?

Por que este mito é importante

Os melhores líderes não são razoáveis. Eles sabem que ao aceitar a razão também se aceita o fracasso: sempre há razões para que algo seja inalcançável, para que o prazo seja ignorado, para que a meta seja reduzida. Sempre há uma razão para não perseguir os sonhos.

O mundo nunca foi transformado por pessoas razoáveis. Os grandes impérios nunca são construídos pela razão, seja impérios territoriais, seja impérios políticos.

ALEXANDRE, O RAZOÁVEL?

Alexandre, o Grande, nasceu em um país insignificante, à margem da civilização (grega). Se ele tivesse sido razoável, teria flanado em suas terras, fingindo ser civilizado. O pai dele havia contratado Aristóteles, o mais badalado dos filósofos da época, como mentor de Alexandre, para que o filho fosse recebido no mundo civilizado.

Alexandre pode ter sido treinado em lógica e argumentação, mas ele não era razoável. De seu país insignificante, ele conquistou todo o mundo civilizado e adjacências, por volta dos 30 anos de idade. Como inúmeros conquistadores, desde então, ele só foi contido pelo que é hoje o Afeganistão.

No Ocidente, ele ainda é conhecido como Alexandre, o Grande. Enquanto isso, quem já ouviu falar em seu primo, Alexandre, o Razoável? Grandeza e razoabilidade não dormem juntos.

Em negócios, ninguém, em sã consciência, tentaria controlar uma empresa multibilionária entrincheirada, detentora do monopólio da tecnologia e do mercado. Todavia, empreendedores mais movidos pela crença do que pela razão enfrentarão e vencerão o desafio. Em cada caso da tabela abaixo, os titulares convencionais jamais teriam imaginado que seriam ameaçados por desafiantes improváveis, que não existiam ou que simplesmente eram pequenos demais para serem levados a sério (ver Tabela 25.1).

Em muitas situações, os desafiantes não partiram de um plano de negócios detalhado. A Ryanair começou com um avião e uma ideia: ela é hoje a maior empresa de aviação da Europa em número de passageiros.[41] Em todos os casos, a razão ficou na rabeira da ambição.

A tensão entre razão e ambição hoje se reflete no raciocínio estratégico. Os métodos tradicionais eram dominados por estrategistas acadêmicos altamente intelectualizados, que baseavam suas análises em grandes quantidades de dados. Esse era o mundo das cinco forças competitivas de Michael Porter[42] e da Matriz Crescimento/Participação do BCG. Era um mundo de gráficos e de quadros de dupla entrada, em que as análises rendiam *insights* sobre o futuro. Era um contexto que Isaac Newton teria reconhecido, pelas ações e reações supostamente previsíveis. Esse mundo racional ajudava as empresas legadas, de baixa velocidade, mas pouco contribuía para startups disruptivas, que queriam mudar a natureza da competição em si.

Tabela 25.1: Desafiantes e Titulares

DESAFIANTES	TITULARES
Ryanair	British Airways
Sky/Fox	BBC/CBS
Toyota	Ford, GM
Dyson	Hoover

---

[41] LIST of largest airlines in Europe. Disponível em: <https://en.wikipedia.org/wiki/List_of_largest_airlines_in_Europe>. Acesso em: 2 fev. 2018.

[42] PORTER, Michael E. The Five Competitive Forces that Shape Strategy. *Harvard Business Review*, p. 86-104, jan. 2008.

DESAFIANTES	TITULARES
Amazon	Barnes & Noble
Spotify, Deezer, Tidal	Warner, Universal, Sony
Uber	Empresas de táxi
Google	Enciclopédias, editoras de mapas, anúncios classificados, mídia impressa.

C. K. Prahalad e Gary Hamel lideraram a revolução contra a racionalidade e a lógica implacáveis, com seus *insights* sobre intenção estratégica e competências essenciais.[43] Eles encorajaram os líderes a serem ousados, a definirem metas audaciosas e, então, a desenvolver as capacidades para alcançar esses objetivos, ao mesmo tempo em que mudavam basicamente as condições da competição. Eles aprenderam com Davi e Golias: não lute nos termos do gigante.

Os líderes detestam ser chamados de desarrazoados e impiedosos; no entanto, até os líderes mais amistosos podem ser inclementes ao perseguirem seus objetivos. No lado do cabo, eles talvez se autodenominem "durões", mas, se você estiver no lado do gume, talvez pareça cruel demais.

DURÃO OU IMPIEDOSO?

Sarah e Anne se juntaram à equipe de professores da escola mais ou menos na mesma época, vindas diretamente da universidade. Ambas progrediram, assumindo cada vez mais atribuições. Ao fim de 20 anos, eram grandes amigas. As famílias saíam de férias juntas e frequentemente visitavam-se para o almoço de domingo.

Por fim, Sarah foi nomeada diretora da escola. A promoção foi bem-vinda, pois a equipe gostava de Sarah. A amiga Anne tinha sido chefe do departamento de inglês durante vários anos.

Sarah avaliou a situação da escola e constatou que, para servir bem às crianças, seria necessário renovar a equipe. Vários

---

[43] HAMEL, Gary; PRAHALAD, C. K. Strategic Intent. *Harvard Business Review*, jul./ago. 2005. <https://hbr.org/2005/07/strategic-intent>.

membros da equipe deixavam a desejar e estavam retardando o progresso da escola. Anne tinha exercido uma função crucial como chefe do departamento de inglês, mas era uma das pessoas que estavam retardando o progresso da escola. Sarah demitiu Anne, com toda a cortesia possível.

Esse foi um fim inesperado para uma longa amizade. O desempenho da escola, porém, melhorou drasticamente e Sarah não tinha dúvidas de que tinha feito a coisa certa: durona ou impiedosa?

Lições para os líderes

Os líderes precisam ser seletivamente desarrazoados. Os gestores precisam ser razoáveis. Aqui estão três áreas em que se pode deixar a razão de lado.

Seja desarrazoado sobre sua ambição

Os líderes levam as pessoas aonde elas não iriam sozinhas. Isso significa que você precisa ser ousado o suficiente para distender as pessoas e para desafiá-las. A maioria das pessoas se ergue à altura do desafio e, com o esforço, crescem.

Seja impiedoso na realização dos sonhos

Uma das tarefas centrais do líder é formar a equipe capaz de entregar o resultado almejado. No final das contas, a sobrevivência da organização é mais importante que a sobrevivência do indivíduo. Se for necessário tirar pessoas da equipe, então é o que deve ser feito.

Ignore desculpas

Nem as aceite, nem as recuse. As desculpas são perigosas por duas razões: elas são retrospectivas, não prospectivas, e justificam o descumprimento do prometido. Em vez de focar na desculpa, foque no que deve ser feito em seguida, para que o objetivo original seja alcançado no prazo original.

O QUE VOCÊ FARIA?

A penicilina foi descoberta em 1928,[44] mas foi difícil produzi-la em grandes volumes. Só durante a Segunda Guerra Mundial os americanos finalmente descobriram como produzir grandes lotes da droga miraculosa, salvadora de vidas.

Um dos primeiros lotes foi enviado para o Egito, onde criou um problema para os comandantes britânicos. Eles podiam usá-lo em milhares de militares que estavam à toa nos bordeis do Cairo e de Alexandria: uma pequena dose os curaria e os devolveria ao front. Ou eles poderiam usar doses muito maiores em alguns heróis de guerra feridos: alguns, mesmo assim, talvez morressem, outros talvez sobrevivessem, até sem a penicilina, mas o medicamento faria toda a diferença e, sem dúvida, salvaria a vida de uns poucos.

Eles enviaram um telegrama a Londres, perguntando a Churchill o que deveriam fazer. O dilema: salvar os heróis feridos ou mandar as tropas ociosas de voltas aos campos de batalha?

A escolha de Churchill foi clara: "Use-a para alcançar a maior vantagem militar. Envie o maior contingente possível para as linhas de frente". O objetivo era derrotar o inimigo, não salvar os feridos, mesmo que fossem heróis.

Quando os líderes têm um objetivo claro, eles se tornam impiedosos para realizá-lo.

Conclusão

Talvez queiramos líderes razoáveis, mas os líderes precisam ser seletivamente desarrazoados. As pessoas razoáveis raramente acreditam em unicórnios e dificilmente se tornam líderes. Este é um mito de cinco unicórnios, mas apenas quatro lhe serão concedidos, porque a realidade é que os líderes são *seletivamente* desarrazoados e impiedosos. Eles talvez sejam razoáveis 90% das vezes, mas são desarrazoados nos momentos da verdade. Quatro unicórnios.

---

[44] DISCOVERY and Development of Penicillin. Disponível em: <https://goo.gl/uTGcQH>. Acesso em: 2 fev. 2018.

MITO 26

UM LÍDER EFICAZ É UM LÍDER COMPETENTE

*Os melhores líderes nem sempre
são os mais competentes.*

A natureza do mito

Este mito impregna os programas de desenvolvimento de líderes e os livros sobre liderança. Os inúmeros cursos disponíveis tratam com mais ênfase diferentes aspectos da liderança. No âmago da maioria dos programas de desenvolvimento de líderes, encontra-se a crença de que certas competências e capacidades podem ser descritas, ensinadas e compreendidas pelos novos líderes. A qualidade desses cursos varia drasticamente: alguns podem mudar a vida. Outros oferecem boas oportunidades para atualizar os e-mails acumulados.

Em geral, o líder competente tende a ser mais eficaz que o líder incompetente. Se, porém, você considerar os líderes com que já conheceu, é óbvio que todos têm suas deficiências e nem todos são os mais competentes. Essa constatação é consequência, em parte, do efeito "peixe de aquário": os líderes vivem num aquário, onde todas os méritos e todos os defeitos são vistos e comentados. A vida na retaguarda é mais discreta e as pequenas falhas não são tão óbvias.

Se os melhores líderes nem sempre são os mais competentes, eles devem ter algo mais que os projeta acima da multidão. Será que existe algum fator X que destaca os melhores líderes?

Por que este mito é importante

Para os líderes, as competências são necessárias, mas não suficientes. Com o propósito de descobrir os líderes do futuro e ajudá-los a emergir do anonimato, precisamos descobrir o que diferencia os líderes, além das competências.

As pesquisas mostram que os melhores líderes são diferentes porque eles pensam de maneira diferente.[45] Essa conclusão é bastante óbvia. O mais surpreendente é que a maneira como os melhores líderes pensam é compatível com a mentalidade empresarial comum, mas, ao mesmo tempo, é diferente do padrão. A melhor notícia é que essas mentalidades não são parte do seu DNA. São simplesmente hábitos mentais que todos podem aprender, da mesma maneira como qualquer pessoa pode aprender qualquer competência: a prática torna-o melhor, mesmo que você nunca se torne uma superestrela.

Lições para os líderes

Eis sete (mais uma) mentalidades que distinguem nossos melhores líderes.

Altas aspirações

A mentalidade empresarial interpreta altas aspirações como excelência. Continue melhorando e se transforme no melhor da classe. A excelência é ótima até certo ponto, e este não vai muito longe. Os líderes vão além da excelência para descobrir o que é possível mudar: será que eles podem alterar as regras do jogo ou encontrar uma maneira basicamente diferente de trabalhar? Isso é fazer diferença, o que implica assumir riscos muito maiores do que os admitidos pela mentalidade empresarial.

Os líderes profundamente comprometidos com a missão acreditam no desenvolvimento rápido de outras mentalidades. Eles têm

---

[45] Jo Owen (2015), *Mindset of Success*, Kogan Page.

coragem para assumir riscos, resiliência para superar obstáculos e aliados com quem colaboram para o sucesso. Eles continuam resolutamente positivos sobre fazer alguma coisa em que acreditam e estão preparados para tomar as decisões mais difíceis, mesmo que pareçam impiedosas.

Coragem

Para levar as pessoas aonde elas não iriam sozinhas, é preciso desafiar a ortodoxia, ousar conduzi-las para onde ninguém foi antes, e superar as resistências e os obstáculos. Também significa enfrentar riscos, enquanto a mentalidade empresarial se preocupa em gerenciar riscos. Os líderes assumirão riscos para começar as coisas e para mudar as coisas; para dar um passo à frente nas crises, quando outros dão um passo atrás; para desafiar e combater, sempre que e onde for necessário.

Resiliência

A natureza do risco é nem sempre ser bem-sucedido. Quem nunca fracassou nunca assumiu riscos: um risco que sempre dá certo não é risco. A maioria dos líderes alcança o sucesso às custas de reiterados fracassos e retrocessos. Daí resulta um efeito curioso: quanto mais você enfrenta retrocessos, melhor você os supera. Quem nunca fracassa não adquire experiência, nem resiliência para erguer-se da queda.

Responsabilidade

A responsabilidade nas empresas é assimétrica: fique com os elogios e distribua a culpa. Ela também se limita à fórmula "responsabilidade = atribuições". Os líderes interpretam a responsabilidade de maneira diferente, pelo menos sob três aspectos:

➤ Aceitam atribuições além dos limites estreitos da responsabilidade. Construa o poder pessoal por meio de influências e de redes de confiança e apoio, para que seu poder não se limite às atribuições formais do cargo.

➤ Distribua os elogios e blinde a culpa. Os efeitos sobre a motivação e a confiança da equipe serão revolucionários.

➤ Seja responsável por seus próprios sentimentos; use a máscara da liderança, não a máscara da raiva e da frustração.

Positividade

A mentalidade empresarial positiva se reduz, por vezes, a instruir a equipe a dizer "tenha um bom dia", enquanto pensa "tomara que caia morto". Ser positivo não consiste em dizer às pessoas para serem apaixonadas e, ao mesmo tempo, cortar níveis hierárquicos, reduzir o tamanho da organização e lançar programas de reengenharia e terceirização. Ser positivo vem de dentro: encontre significado no que faz; conte as bem-aventuranças; olhe para o futuro, não empaque no passado; veja oportunidades, não apenas problemas.

Colaboração

Na empresa, a retórica prega o trabalho em equipe, mas a realidade mostra que muitos gestores têm dificuldade em soltar as rédeas: delegar à equipe e confiar nos pares é difícil. Os melhores líderes têm as melhores equipes. São profundamente colaborativos, porque não poderiam deixar de ser: não podem fazer tudo sozinhos. Contar com uma ótima equipe cria condições para que cada líder foque o próprio tempo e energia onde fazem mais diferença. Todo o resto pode ser delegado.

Crescimento

Liderança é uma jornada em que o contexto muda incessantemente e em que as regras de sobrevivência e sucesso evoluem continuamente. Daí decorre que os líderes devem continuar aprendendo e se adaptando. Não se trata de ofícios manuais, como artesanato, nem de profissão liberal, como Direito, em que é preciso dominar um conjunto conhecido de saberes e competências (e, então, como que agregá-los, em atualização constante, no topo da carreira). É preciso sempre renovar o seu modelo de sucesso.

Impiedade

Essa é a mentalidade "incremental" associada ao lado negativo da liderança. Para fazer diferença é preciso ser "durão": tomar decisões árduas; ter conversas difíceis (mas construtivas); definir objetivos ambiciosos e estressantes; não aceitar desculpas; movimentar pessoas para dentro e para fora da equipe. A vida fácil evita esses momentos difíceis, mas a liderança não é para quem quer levar a vida na flauta. É para quem quer fazer diferença.

Conclusão

É verdade que os líderes precisam ser competentes (zero unicórnios), mas esse atributo não é suficiente. Os melhores líderes precisam ter a mentalidade certa. Se mentalidade significa "hábitos mentais", mentalidade, então, também pode ser tratada como qualidade sujeita a aprendizado, que pode ser aprendida, e o mito continuaria com zero unicórnios. Liderança, porém, envolve competências que vão além de "saber o quê". Também abrange competências "saber como" e mentalidade adequada. Dois unicórnios.

– PARTE QUATRO –
SABEMOS COMO OS LÍDERES ALCANÇAM O SUCESSO

MITO 27
OS LÍDERES VENCEM PELO MÉRITO

Os líderes fazem a própria sorte.

A natureza do mito

Historicamente, mérito tinha pouco a ver com liderança. O principal requisito para liderar era nascer na família certa. Ter os pais certos ainda desequilibra os dados a seu favor, como vimos no Mito 16. O *pool* de talentos, porém, é muito mais profundo hoje, e, portanto, a competição é muito mais intensa. Logo, o mérito parece estar levando a melhor. A maioria dos líderes apoia o critério do mérito: eles gostam de acreditar que alcançaram o sucesso por força do mérito, não pelo sopro da sorte.

Há, porém, outra perspectiva: a sorte importa. Essa não é só a visão dos fracassados, que quase chegaram lá, e culpam a má sorte pela falta de sucesso. Os líderes mais ponderados não raro dizem coisas como: "Evidentemente, tive muita sorte..., mas fiz a minha sorte". A diferença entre fracasso e sucesso geralmente é muito pequena. Um contrato ou uma promoção pode levar a rumos diferentes: o sucesso caminha no fio de navalha.

As carreiras são como os esportes, onde pessoas muito talentosas competem umas com as outras e a margem entre sucesso e fracasso é muito estreita. Geralmente, o lado derrotado amaldiçoa a sorte em qualquer competição. A solução é normalmente participar de muitos jogos em sucessivas temporadas, de modo que a sorte se nivele ao longo do tempo: a melhor equipe normalmente conquista o campeonato. Por isso é que as competições em que se vence por nocaute são tão vibrantes: o inesperado acontece, o azarão pode vencer e a sorte desempenha a sua parte.

A carreira profissional é mais como um torneio por nocaute do que como um campeonato. Não há como reiniciar a carreira numa sucessão infindável, como Bill Murray, no filme *Feitiço do tempo*. Você só tem um tiro na carreira. É até possível dar outro tiro, mudando de profissão ou criando um novo negócio, mas há um limite na quantidade de tentativas que se pode espremer na vida.

Isso dito, até que ponto o sucesso depende da sorte ou do mérito?

Por que este mito é importante

O mito do mérito é importante por duas razões.

Pagamento e recompensas

Acreditar que o sucesso depende do mérito é fundamental. Se o sucesso não se basear no mérito, não haverá razão para pagar aos líderes de alto nível salários desmesurados, além de opções sobre ações, bônus e remuneração diferida. Sem mérito, os líderes não passam de ganhadores da loteria.

Confiança

Caso se acredite que os líderes não chegaram aonde estão com base no mérito, os líderes não merecem confiança. Por que você acreditaria em alguém que alcançou o sucesso pela sorte ou por meios obscuros? As evidências demonstram que a confiança nas elites está evaporando a olhos vistos: apenas 35% da população confiam no que dizem os líderes empresariais e não mais que 22% acreditam no que afirmam as autoridades públicas.[46]

---

[46] Ipsos MORI Veracity Index 2016. Disponível em: <https://goo.gl/LcugMf>. Acesso em: 2 fev. 2018.

Sem a confiança dos seguidores, os líderes não têm condições de liderar. Mérito, confiança e liderança caminham de mãos dadas.

Lições para os líderes

A sorte é importante. A preferência de Napoleão por generais sortudos ficou famosa, até que ele conheceu Wellington. Ele estava certo. Napoleão compreendeu que a sorte na liderança não era fortuita. Os líderes fazem a própria sorte. Assim sendo, como você pode construir sua sorte? Eis como é possível tornar-se o líder vivo mais afortunado – tudo o que você precisa fazer é desenvolver os três Ps da liderança: persistência, prática e perspectiva.[47]

Persistência

Os líderes, como os empreendedores, acostumam-se ao sentimento de fracasso. Só que eles nunca o consideram fracasso; cada retrocesso é apenas mais um passo no caminho do sucesso. Eles nutrem uma crença irrestrita em si mesmos e na missão. Churchill sofreu uma série de fracassos políticos. Ele descreveu os 20 anos entre as duas guerras mundiais como os "anos de desolação". Vinte anos como pária esmagaria a maioria das pessoas, mas ele prosseguiu. Em 1940, tornou-se primeiro-ministro e viveu seus melhores momentos aos 66 anos de idade. Quase sempre, a diferença entre fracasso e sucesso é simplesmente não desistir.

FRACASSO PERSISTENTE... OU SUCESSO?

Um líder começou como vendedor itinerante, vendendo equipamentos de cozinha para construtores. Geralmente, a probabilidade de rejeição é de 98% em cada batida de porta. Como enfrentar rejeição em série dessa escala dia após dia? Eis o relato dele: "Sempre que uma porta se trancava à minha frente, eu pensava: 'Estou uma porta mais perto do sucesso'". Com esse tipo de perspectiva, não admira que ele acabasse alcançando o sucesso, embora em campo completamente diferente: construção e operação de centros de dados terceirizados.

---

[47] Esta seção se baseia em pesquisa de: WISEMAN, Richard. *The Luck Factor: The Scientific Study of The Lucky Mind*. Nova York: Random House, 2004.

Prática

Arnold Palmer, lendário campeão de golfe, um dia disse: "Quanto mais pratico, mais sorte tenho".[48] É verdade. Um amador talvez acerte uma tacada de cinco metros 20% das vezes; com a prática, a probabilidade de 20% pode aumentar para 40%; e, finalmente, o profissional com alta prática é capaz de acertar 90% das vezes. Com a prática, a tacada de sorte se transforma em tacada competente.

A prática é mais do que persistência. Persistência significa prosseguir. Prática significa aprender com a experiência, tanto boa quanto ruim. Não basta ter muita experiência; você também tem que aprender com a experiência.

Perspectiva

Experimente este exercício. Pense em todas as coisas ruins que aconteceram hoje: motoristas agressivos; sinais de trânsito sempre fechados; e-mails desagradáveis; reuniões monótonas. Isso é sorte? Agora pense em todas as coisas boas que aconteceram. Simplesmente acordar em uma casa confortável, com água corrente quente e fria, despreocupação com a iminência de guerras, doenças e fome; tudo isso nos deixa na condição de ganhadores da loteria na história da humanidade. Nossos ancestrais nos invejariam. Então, você é mesmo um azarado? Às vezes, sorte é simplesmente uma questão de escolha de como se sentir.

Perspectiva também tem a ver com oportunidades. A realidade é que estamos cercados de oportunidades, mas só as vemos se as procurarmos. Em experimento famoso, pediu-se aos espectadores para observar quantas vezes a bola era passada entre os jogadores na quadra. Durante o vídeo, alguém fantasiado de gorila entrou na quadra, dançou entre os jogadores e foi embora. Menos de um quarto dos espectadores viram o gorila: a maioria se recusou a acreditar que um gorila tinha invadido a quadra. Estavam ocupados demais contando os passes.[49]

---

[48] Essa frase também é atribuída a Gary Player e Jerry Barber, assim como a muitos outros. Independentemente de quem a tenha dito primeiro, ela continua sendo um comentário relevante.

[49] Há muitas versões deste exercício envolvendo gorilas, tropas nazistas e ursos caminhando na Lua, como em vídeo no YouTube. Disponível em: <https://www.youtube.com/watch?v=UfA3ivLK_tE>. Acesso em: 2 fev. 2018.

Em qualquer empresa, sempre há crises, novas oportunidades e momentos de certeza e ambiguidade. Se você estiver atento a essas ocorrências, procurando-as, você as encontrará. Para os empreendedores, o mundo é cheio de oportunidades, se você tiver a coragem de enfrentar o desafio.

Evidentemente, todos os líderes têm sorte, porque eles fazem a sorte.

Conclusão

Os líderes alcançam o sucesso, com base no mérito, não na sorte; mas eles criam a própria sorte, ou seja, a sorte é, acima de tudo, produto do mérito. Este mito é verdadeiro, mas, reconhecendo a necessidade de alguma sorte, ele merece dois unicórnios.

MITO 28
LIDERANÇA É A SOBREVIVÊNCIA DO MAIS APTO

*Para terminar primeiro,
primeiro você deve terminar.*

Sobrevivência do mais apto não é um mito, mas dois. Os dois mitos são:

> os líderes são os mais aptos;
> tornar-se líder é sobreviver.

Exploraremos um mito de cada vez.

A natureza do mito (1): você deve ser o que está mais apto para ser líder

Até certo ponto, isso é uma tautologia. Se a pessoa que se torna líder é a mais apta para a função, por definição o líder é a pessoa mais apta, a que tem mais aptidão. Essa, porém, não é a versão padrão do mito. A versão padrão do mito pode ser vista em perfis lisonjeiros de líderes, na mídia de negócios. Há um grupo de líderes, em geral homens, que gostam de retratar-se como super-heróis extremamente em forma; eles, em geral, acordam três horas mais cedo que os demais e completam o triatlo antes de partir para a transformação de suas empresas.

154

Por que este mito é importante

Este mito suscita uma questão importante: será que, para liderar, você precisa ser o mais apto? Será que os requisitos da liderança moderna são tão intensos, a ponto de mantê-lo de prontidão 24/7, que apenas o mais apto é capaz de sobreviver à maratona da liderança?

Há amplas evidências de que você não precisa ser triatleta para liderar. Winston Churchill tinha, sem dúvida, boa forma na juventude; ele participou de uma das últimas cargas de cavalaria pesada da história inglesa.[50] Quando se tornou primeiro-ministro, porém, em 1940, já tinha 66 anos, estava gordo, e, provavelmente, alcóolico e deprimido. A ele acabou se juntando o presidente Roosevelt. Em 1944, Roosevelt, que sofria de pólio, tinha pressão alta, aterosclerose, doença da artéria coronária que provoca angina pectoris, e insuficiência cardíaca.[51] Até as crianças prodígio de hoje talvez considerem muito difícil combater numa guerra mundial; no entanto, nem Churchill, nem Roosevelt seriam considerados modelos pelo setor de aptidão física.

Há, porém, uma área em que a aptidão física contribui para o desempenho do líder: o sono.

A visão tradicional sugere que o sono é como o almoço: coisa de fraco.[52] Os recém-formados, no início da carreira, em grandes bancos de investimentos e em empresas de consultoria, não raro enfrentam ritos de passagem em que passam a noite trabalhando no escritório, ou pelo menos gostam de ser vistos em turnos de 24 horas, deixando o paletó pendurado na cadeira.

É um erro grosseiro. As mesmas empresas que valorizam o comprometimento de funcionários que trabalham a noite inteira provavelmente demitiria quem chegasse de manhã embriagado. Mas as pesquisas mostram que bebida e falta de sono produzem o mesmo efeito sobre o desempenho: desaceleração das reações e embotamento do juízo.[53] Eis os efeitos da privação de sono sobre a probabilidade de sofrer um acidente de carro no dia seguinte:

---

[50] Carga dos 21° Lanceiros na Batalha de Omdurman, 2 de setembro de 1898: 400 homens da Cavalaria Britânica atacaram 2.500 homens da infantaria mahidista.

[51] FRANKLIN D. Roosevelt: declining health. Disponível em: <https://en.wikipedia.org/wiki/Franklin_D._Roosevelt#Declining_health>. Acesso em: 2 fev. 2018.

[52] "Almoço é para os fracos" é uma das frases clássicas de Gordon Gekko no filme *Wall Street: Poder e Cobiça*, de 1987 .

[53] AAA FOUNDATION for Traffic Safety. Acute Sleep Deprivation and Crash Risk.

➤ 6-7 horas de sono: 1,3 vezes o risco normal.

➤ 5-6 horas de sono: 1,9 vezes o risco normal.

➤ 4-5 horas de sono: 4,3 vezes o risco normal.

➤ Menos de 4 horas: 11 vezes o risco normal.

Não se iluda: você não pode atingir o pico do desempenho com pouco sono.

Lições para os líderes

A boa notícia é que você não precisa estar sempre em forma para alcançar o sucesso. Mas você precisa de boa saúde e de bom sono. O sono realmente ajuda a chegar ao topo.

A natureza do mito (2): liderança tem a ver com sobrevivência

Os líderes não precisam ser aqueles que estão mais aptos, mas precisam sobreviver. O mundo está cheio de pessoas notáveis que pifaram, piraram ou desistiram. O ditado do mundo das velas é pertinente: para terminar primeiro, primeiro você deve terminar. É inútil correr, cair e não chegar.

Para os líderes, a diferença entre fracasso e sucesso é tão simples quanto desistir.

Por que este mito é importante

Todos os líderes passam por períodos negativos na carreira. Esses tempos podem ser muito extenuantes e solitários. A tentação de procurar uma vida mais tranquila em outro lugar pode ser irresistível; o sonho da pousada vegana na serra começa a tomar forma. E se você quiser realizar esse sonho, vá em frente. A liderança é uma jornada vibrante e desafiadora, mas não é para todos. Se, porém, você quiser prosseguir na jornada da liderança, precisa demonstrar ou desenvolver a resiliência para impulsioná-lo nas intempéries e nas bonanças.

2016. Disponível em: <https://www.aaafoundation.org/acute-sleep-deprivation-and-crash-risk>. Acesso em: 2 fev. 2018.

Lições para os líderes

Felizmente, é amplo o conjunto de evidências sobre como desenvolver a resiliência. Grande parte do trabalho foi feito nas condições mais extremas, desde os campos de concentração nazistas[54] até os alojamentos de prisioneiros de guerra no Vietnã.[55] Quem consegue sobreviver nessas condições provavelmente sobrevive aos desafios da liderança.

Eis dez maneiras de construir a resiliência:

1. **Encontre significado no que faz.** Como líder, você deve fazer diferença. Esta é uma contribuição a celebrar.

2. **Assuma o controle.** A diferença entre pressão e estresse é controle. A maioria das pessoas reage melhor a certo grau de pressão do que à total ausência de pressão. Quando, porém, você está sob pressão mas não exerce o controle por depender de outras pessoas e eventos, o estresse dispara. Na prática, você nunca controla tudo o que gostaria de controlar. Portanto, descubra as coisas que você pode controlar na carreira e na vida e tire delas o máximo proveito.

3. **Mantenha-se positivo.** Foque no que você pode fazer e parta para a ação. Não faz sentido se preocupar com as muitas coisas que você não pode fazer. Se você só puder fazer uma coisa, faça-a.

4. **Seja adaptável.** O caminho mais curto entre dois pontos pode ser uma linha reta. Se, porém, você estiver velejando contra o vento, o caminho mais rápido e o único possível é navegar em zigue-zague. Isso significa que você sempre precisa de um plano B para quando as coisas derem errado. Como Mike Tyson disse com propriedade:"Todos têm um plano até levarem um murro na boca".[56] Qual é o seu plano B?

---

[54] A logoterapia foi desenvolvida por Viktor Frankl, depois de suas experiências num campo de concentração da Segunda Guerra Mundial, documentadas em: FRANKL, Viktor. *Man's Search for Meaning.* Boston, MA: Beacon Press, 1946.

[55] O paradoxo de Stockdale tem o nome do almirante Jim Stockdale, mantido em cativeiro por oito anos durante a Guerra do Vietnã. Ver: ROCHESTER, Stuart; KILEY, Frederick. *Honor Bound: American Prisoners of War in Southeast Asia, 1961–1973.* Annapolis, MD: Naval Institute Press, 2007.

[56] Mike Tyson explica uma de suas frases mais famosas. *Sun Sentinel*, 9 nov. 2012. <https://goo.gl/4o5Pmj>.

5. **Encontre apoio.** Não sofra sozinho.

6. **Conte suas bem-aventuranças.** Quando as coisas estão sombrias, é fácil achar que tudo está sempre sombrio. Não se deprima. Em termos pessoais e profissionais, você tem muitos pontos de apoio. Profissionalmente, você ainda tem competências e experiências que são valorizadas; pessoalmente, todos temos a sorte de não enfrentar flagelos como fome, guerra e doença, para começar.

7. **Use a perspectiva.** Todos falham no caminho do sucesso. Eis o que diz a lenda do basquete, Michael Jordan: "Errei mais de 9.000 arremessos em minha carreira. Perdi quase 300 jogos. Vinte e seis vezes fui incumbido de fazer o arremesso que ganharia o jogo e perdi. Fracassei em numerosas e sucessivas ocasiões. Por isso é que fui bem-sucedido".[57]

8. **Use o humor.** Os Comandos da Marinha Real compreendem a adversidade extrema, mesmo em treinamento. Eles não falam em sobreviver à adversidade. Um dos quatro valores centrais deles é alegria em face da adversidade: "Como resistir melhor do que com humor? Uma das quatro características do Espírito dos Comandos, alegria em face da adversidade, só é possível com humor, o que, embora não seja de pronto reconhecido como qualidade em qualquer outro lugar, é, de fato, fundamental para a maneira como o grupo opera".[58] Alegria é o melhor antídoto contra a adversidade.

9. **Aceite a adversidade.** A resiliência é como o cartão de crédito: quanto mais você o usa, mais você pode usá-lo. Como no caso da coragem, você pode melhorar sua resiliência expondo-se a situações que o testam e o distendem. Se você sempre viver a vida na zona de conforto, nunca desenvolverá a resiliência necessária para sustentar-se na adversidade. Exercite-se.

10. **Aproveite o que você faz.** Você só é excelente naquilo de que gosta. Ser ótimo em alguma coisa exige dedicação e comprometimento. Você precisa dedicar-se e sacrificar-se. Como

---

[57] Citado em: GOLDMAN, Robert; PAPSON, Stephen. *Nike Culture: The Sign of the Swoosh*. New Castle, RU: Sage, 1998. p. 49.

[58] ALPHA Company Royal Marines Cadets: Aims, Ethos and Corps Values Disponível em: <http://www.acoy.co.uk/page2.htm>. Acesso em: 2 fev. 2018.

profissionais, sempre podemos agir assim durante um mês ou dois, em circunstâncias de grande pressão no trabalho. Não é possível, porém, sustentar esse nível de esforço durante anos ou décadas se você não gosta do que faz. Você precisa encontrar felicidade e realização na vida profissional, do contrário você não será capaz de sustentar a jornada de liderança e sua vida não será muito divertida. Gostar do trabalho não é amenidade, é necessidade.

Conclusão

Esses mitos são só meias verdades. Você não precisa ser aquele que está mais apto para liderar, mas precisa estar apto e ser atento. E, embora você necessite de persistência para sobreviver, a sobrevivência lhe permite apenas chegar a uma posição de liderança. É uma condição necessária mas não suficiente para a liderança. Mitos que são meias verdades recebem três unicórnios.

MITO 29

O IMPORTANTE NÃO É O QUE VOCÊ CONHECE, É QUEM VOCÊ CONHECE

*Os líderes precisam de talento e de
redes em suas jornadas de liderança.*

A natureza do mito

Ao longo de toda a história, sempre houve teorias conspiratórias, segundo as quais o mundo é dirigido por cabalas obscuras: Illuminati, Opus Dei e Maçonaria, todas foram apontadas em algum momento. Se uma organização é fechada, ela atrai rumores. Um olhar superficial sobre os maçons os excluiria como mestres do nosso destino. Quem perambula pelas imediações de um café perto de seu Grand Temple, em Holborn, Londres, logo vê numerosos homens idosos, vestidos como velhos açougueiros, que entram no estabelecimento para um rápido café, a caminho do templo. Eles parecem servidores públicos aposentados em mais um dia de ócio, em vez de grandes mestres de alguma coisa. Os teóricos da conspiração diriam que aquela encenação simplesmente demonstra como os conspiradores sabem encobrir as tramas sinistras engendradas por maçons misteriosos do mais alto nível. Nunca se consegue desmentir uma boa teoria da conspiração.

Em negócios, há um tema recorrente de que os empregos vão para as redes fechadas. A natureza dessas redes varia; às vezes, elas são vistas como os velhos laços escolares e acadêmicos. Se você for para a escola ou para a faculdade certa, todos os egressos ajudarão

160

uns aos outros em busca dos melhores empregos; para outros, é tão simples quanto os clubes só para homens, quando se trama nos banheiros masculinos impedir que as mulheres assumam altos cargos. Outros apontam para as redes tentaculares de empresa poderosas, como Goldman Sachs e McKinsey,[59] capazes de lançar de paraquedas executivos de suas redes em funções de liderança nas empresas e nos governos. A presunção é que essas redes de egressos só cuidam de seus interesses próprios; os egressos dão negócios e cargos a seus ex-empregadores.

Há algumas evidências desse efeito de rede. Egressos da McKinsey proveem os CEOs para mais de 150 empresas, com faturamento anual de US\$ 1 bilhão ou mais. Correlação, porém, não é o mesmo que causalidade. A explicação inocente para o sucesso dos consultores da McKinsey é que eles são todos muito inteligentes, muito dinâmicos, e foram treinados para desenvolver boas competências em estratégia. Em outras palavras, eles são boas matérias-primas para se tornarem CEOs.

TALVEZ SEJA QUEM VOCÊ CONHECE: ENA E OS ENARQUES[60]

A École Nationale d'Administration foi criada na França para tornar mais aberta e mais democrática a entrada nos mais altos níveis do governo. A admissão na ENA depende de um assustador exame de duas partes, aberto a todos. No máximo 100 alunos de pós-graduação por ano; instituição de fato mais exclusiva do que Harvard, Oxford e Cambridge, que admitem milhares de estudantes por ano. Qualquer pessoa que se forme pela ENA é chamada Enarque, e é sem dúvida muito brilhante e privilegiada.

Desde que a ENA foi constituída, depois da Segunda Guerra Mundial, ela produziu dez presidentes ou primeiros-ministros da França, 64 ministros ou secretários de Estado, e os chefes de uma sopa de letras completa de organizações internacionais: UNESCO, FMI, Banco Central Europeu, Convenção

---

[59] MCDONALD, Duff. The Firm: The Story of McKinsey and Its Secret Influence on American Business. Nova York: Simon & Schuster, 2013.

[60] Com base em pesquisa original do autor. Um breve resumo foi publicado na CNN. *CNN*, 8 maio 2007. <http://edition.cnn.com/2007/BUSINESS/04/30/execed. anglofrench>

Europeia dos Direitos Humanos, Banco Europeu para a Reconstrução e o Desenvolvimento. Também forneceu os CEOs para pelo menos 20 das principais empresas da França.

Em pesquisa com os Enarques, foi impressionante a maneira como todos se conheciam uns aos outros e sabiam com que classificação concluíram o curso. É, realmente, uma comunidade fechada.

O resultado curioso é que, embora a ENA tenha sido criada para tornar mais aberta a entrada no alto escalão da administração francesa, ela produziu o efeito perverso de torná-la mais fechada. Quem se forma pela ENA avança para o topo na pista de alta velocidade; quem se forma por qualquer outra escola terá de trabalhar com muito mais afinco para ser bem-sucedido. Talvez os velhos laços escolares realmente sejam importantes.

Por que este mito é importante

Os líderes precisam de talento e de redes em suas jornadas de liderança. Não é uma escolha entre um e outro.

Lições para os líderes

Na prática, os líderes precisam tanto de talento quanto de redes. A maior parte deste livro foca no talento e no que é preciso para ser bem-sucedido. Esta seção focará não no que você sabe, mas em quem você conhece. Construa as suas redes.

Entre na rede de poder

Se você realmente acredita que o caminho para o topo passa pela McKinsey, então entre na McKinsey. Esse é o ponto em que você descobrirá que talento é necessário para ser admitido na rede. Talento e rede andam juntos; o que você conhece e quem você conhece, ambos, são importantes.

Se você acredita que Illuminati, Opus Dei e Maçonaria são o caminho para o topo, junte-se a eles. Prepare-se, porém, para se decepcionar, a não ser que usar vestes elegantes e seguir rituais bizantinos lhe deem prazer.

Na prática, essas redes não são mágicas. Os egressos da McKinsey podem ter indicado 150 CEOs de empresas bilionárias, mas há 1.922 empresas de capital aberto cujas ações são negociadas em bolsas de valores, com vendas anuais superiores a US$ 1 bilhão[61] e muitas outras que são de capital fechado. Se metade dos egressos da McKinsey ainda estão no cargo, significa que talvez 75 em 4.000 empresas de grande porte são dirigidas por egressos da McKinsey. Nessa proporção, você fica com os restantes 98% do mercado, onde a McKinsey não tem CEOs. Você ainda tem muitas oportunidades para ser bem-sucedido.

Construa sua rede

Sua rede é uma via expressa importante para seu próximo emprego. As estimativas variam, mas de 40% a 85% dos empregos são fornecidos pelas redes. Até as estimativas mais baixas indicam que a rede pessoal é uma ferramenta poderosa.

A rede mais importante é a da empresa em que você está trabalhando. Você sempre tem uma rede de colegas ou de membros da equipe ao seu redor. Esse é um recurso fundamental para ajudá-lo a fazer acontecer, aqui e agora, mas você também precisa de uma rede que o oriente para a próxima oportunidade. No mínimo, seja simpático com o pessoal de RH; eles conhecem as oportunidades em aberto e as que tendem a abrir-se. Isso lhe permite preparar-se adequadamente para a oportunidade, à frente dos concorrentes, o que lhe confere a vantagem do pioneiro.

Você também precisa de um ou dois patrocinadores poderosos na empresa. Trata-se de pessoas pelo menos dois níveis acima de você, que compreendem a política e são capazes de escoltá-lo; eles podem ajudá-lo a evitar missões suicidas e empurrá-lo para as melhores oportunidades. O pessoal de alto nível sempre gosta de lisonjas, sempre quer informações sobre o que realmente está acontecendo e sempre precisa de ajuda espontânea sobre novas ideias e desafios. Torne-se instrumental e relevante para essas pessoas.

Finalmente, preste atenção à rede e ao perfil setorial. Congressos, convenções e outros eventos setoriais e classistas são ótimas maneiras de saber o que os concorrentes, os fornecedores e os

---

[61] The World's Biggest Public Companies. *Forbes*, 2017. <http://www.forbes.com/global2000/list/#tab:overall>.

clientes estão pensando e fazendo. Também são canais eficazes para identificar possíveis oportunidades pessoais, para desenvolver o seu perfil e para expandir a sua rede. Sites como LinkedIn dizem ao mundo quem você é, mas você precisa relacionar-se com as pessoas face a face e desenvolver interações e interesses recíprocos, além da confiança mútua.

Conclusão

O mais relevante é o que você conhece ou quem você conhece? Como líder, você precisa de ambos os fatores; portanto, este é meio mito. Em vez de cinco metades de unicórnio, fiquemos com três unicórnios inteiros.

MITO 30

O PODER DECORRE DA POSIÇÃO

*O líder não pode fazer acontecer com base
apenas na autoridade formal.*

A natureza do mito

Tradicionalmente, as empresas se organizavam em moldes militares. Fazia sentido, porque antes da Revolução Industrial as únicas organizações de grande porte eram a Igreja e os exércitos. Os exércitos pareciam oferecer melhores *insights* que a Igreja sobre como organizar grande número de pessoas. Portanto, desde os primórdios da Era Industrial, as empresas copiam os modelos militares de gestão. Até hoje, ouvimos os ecos dessa herança militar, quando as empresas falam sobre guerra competitiva, combates em batalhas, defesa de posições e comandantes de empresas.

A herança militar sobrevive nas hierarquias de comando e controle. Até as empresas cuja estrutura organizacional se horizontaliza ainda aplicam esquemas muito claros de delegação. Diferentes tipos de autoridade são outorgados a diferentes espécies de funções. Algumas pessoas têm autoridade orçamentária; outras têm autoridade aprobatória. Conseguir aprovação numa grande empresa pode ser um exercício desgastante, ao se constatar que muita gente tem poder de dizer não e que ninguém quer correr o risco de dizer sim. Os sistemas de aprovação nas empresas são, na maioria, com efeito, sistemas de reprovação. O sucesso exige que se evite a reprovação.

Uma vez conquistado, o poder é preservado com todo o zelo. Quanto menor é o poder, mais se preserva o poder. Pedir a um guarda de segurança que use o bom senso, em vez de seguir as instruções ao pé da letra, pode ser um exercício de futilidade. Tudo o que ele tem são as regras. Prive-o dessa prerrogativa e você o priva do trabalho.

Por que este mito é importante

O mundo mudou desde a Revolução Industrial e a natureza da empresa também mudou. Grandes empresas eram como cidades cercadas por muralhas: eram autossuficientes. É famosa a história de que, entre 1928 e 1945, a Ford Motor Company chegou a ter a Fordlândia e plantações de seringueiras em Belterra, Pará, no Brasil, para garantir o fornecimento de borracha para os seus veículos automotores.[62]

As muralhas das empresas foram demolidas e as organizações se abriram para o mundo. As empresas estão se especializando cada vez mais em suas atividades, o que as torna dependentes de uma rede complexa de fornecedores, parceiros e clientes.

Dentro das empresas, as paredes entre funções e unidades de negócios também estão desabando. Os departamentos funcionais foram os símbolos das organizações de comando e controle; a matriz é o ícone de muitas empresas hoje.

Nesse novo mundo, o líder não pode fazer acontecer com base apenas na autoridade formal, porque nenhum líder tem autoridade formal suficiente. No passado, autoridade e atribuições eram equivalentes; agora, as atribuições de um líder excedem em muito sua autoridade formal.

A Revolução Industrial finalmente sucumbiu à revolução da liderança. No passado, os líderes faziam acontecer por meio das pessoas sob seu jugo. Hoje, os líderes precisam fazer acontecer por meio de pessoas que não estão sob seu controle, e isso muda tudo. Significa que os líderes precisam aprender a arte de liderar sem poder formal. Para tanto, é necessário um novo conjunto de competências que consistem em influenciar, sem comandar, pessoas, decisões e eventos.

---

[62] PLANTAÇÕES de borracha no Brasil. Disponível em: <https://goo.gl/eMBJCS>. Acesso em: 2 fev. 2018.

Lições para os líderes

Os líderes ainda extraem poder da posição, mas isso já não é suficiente. Os líderes precisam construir redes de confiança e influência, dentro e fora da empresa, e devem ser capazes de influenciar eventos e decisões.[63]

O tema "influência" é amplo demais para caber aqui; todos os líderes, porém, devem desenvolver as competências básicas para exercer influência:

1. **Construa confiança.** Sempre honre os compromissos. Descubra áreas em comum com os colegas: interesses, necessidades e prioridades comuns. Crie facilidades para os colegas: elimine riscos e obstáculos para que eles trabalhem com você.

2. **Crie seguidores leais.** Mostre que você está genuinamente interessado em cada membro da equipe e na carreira deles: compreenda as necessidades deles; gerencie as expectativas deles; desenvolva a confiança mútua mediante conversas difíceis, de maneira oportuna e positiva; sempre cumpra o prometido.

3. **Foque em resultados.** Adote objetivos claros, com visibilidade e impacto em toda a organização. Conquiste o seu direito à fama e finque o seu marco; certifique-se de que todos o conhecem.

4. **Assuma o controle.** Tenha um plano claro para sua área de atuação, defina o que será diferente como resultado do seu trabalho, construa a equipe certa, consiga recursos e apoio para o seu plano. Não aceite o plano, a equipe e os recursos legados como sacrossantos. Você deve deixar, em vez de herdar um legado.

5. **Escolha as suas batalhas.** Siga as três regras de guerra de Sun Tzu: só lute por um plano que justifique a luta; só lute quando você conhecer o que conquistará; só lute quando não houver outra maneira de conquistar o seu objetivo.[64] É melhor conseguir um amigo do que vencer uma discussão.

---

[63] O tema "influência" é tratado com amplitude em: OWEN, Jo. How to Influence and Persuade. Londres: Pearson, 2012.

[64] TZU, Sun. *The Art of War*. Nova York: Pax Librorum, 2009. Sun Tzu foi um filósofo chinês que escreveu no século V a.C.

6. **Gerencie as decisões.** Compreenda a decisão racional (Qual é o melhor custo, risco, benefício, *trade-off*?), gerencie a política (O que esperam o CEO e os corretores de poder?) e a decisão emocional (Em relação a que eu me sinto mais confiante e com o que minha equipe se sente comprometida?).

7. **Atue como parte.** Atue como qualquer outra pessoa influente em sua organização: seja positivo, confiante e assertivo; atue como par da equipe sênior, não como carregador de sacos.

8. **Seja seletivamente desarrazoado.** Ouse distender a si próprio, à equipe e a outros; faça diferença, indo além da rotina de negócios e saindo da zona de conforto. Isso o leva a aprender, a causar impacto e a exercer influência.

9. **Cultive a ambiguidade.** Crises e incertezas são oportunidades maravilhosas para deixar marcas, assumir o controle e preencher o vazio da incerteza e da dúvida deixadas por outros. A ambiguidade é solo fértil para os líderes.

10. **Use-o ou perca-o.** Controle o seu destino ou alguém o fará em seu lugar; você só continuará influente se usar a sua influência.

Conclusão

Nitidamente, o poder decorre da posição: o presidente dos Estados Unidos tem mais poder que o faxineiro de uma escola secundária. Para a maioria dos líderes, porém, o poder formal não é suficiente. Você precisa influenciar e manejar pessoas que você não controla. Até o presidente dos Estados Unidos precisa convencer ou persuadir outras pessoas e o público para ser bem-sucedido. Isso significa que a asserção "o poder decorre da posição" é verdadeira, mas incompleta e altamente enganosa: os líderes precisam de muito mais do que posição. Por ser tão enganoso e perigoso, este mito recebe quatro unicórnios.

MITO 31

OS LÍDERES PRECISAM DE EXPERIÊNCIA

*Ter experiência é diferente de aprender
com a experiência.*

A natureza do mito

Este mito lança a sabedoria e a disciplina da idade contra a energia e a criatividade da juventude. As evidências apontam para a idade vencendo a juventude. Em 2010, a idade média dos CEOs das empresas do índice S&P 500 na nomeação era 53 anos.[65] A idade média dos CEOs em exercício era mais alta. Os CEOs mais jovens eram Mark Zuckerberg e Larry Page, mas eles não foram nomeados para as posições. Eles as criaram, fundando o Facebook e o Google, respectivamente.

As pesquisas também sobrepõem a idade à juventude nas startups.[66] Uma análise de 500 startups de engenharia e tecnologia descobriu que a idade média dos fundadores era 39 anos, e que a probabilidade

---

[65] ANTE, Spencer E.; LUBLIN, Joann S. Young CEOs: Are They Up To The Job? *Wall Street Journal*, 7 fev. 2012. <https://goo.gl/VA4ntr>.

[66] WADHWA, Vivek; Kauffman Foundation. In: ANTE, Spencer E.; LUBLIN, Joann S. Young CEOs: Are They Up To The Job? *Wall Street Journal*, 7 fev. 2012. <https://goo.gl/VA4ntr>.

de os fundadores terem mais de 55 anos era duas vezes superior à de terem menos de 25 anos. Zuckerberg parece ser a exceção que comprova a regra.

A história fornece mensagens mais diversas sobre idade *versus* experiência. Henrique VI, da Inglaterra, subiu ao trono aos oito meses e seis dias. Essa idade foi considerada um pouco tenra demais mesmo para os padrões medievais, e nomeou-se um regente para governar até a maioridade do rei. Como a vida era mais curta, as sucessões geralmente significavam que os governantes começavam mais jovens. Para compensar, eram preparados para o exercício do poder desde o nascimento.

EXPERIÊNCIA OU IDADE: LIÇÕES DE PAPUA-NOVA GUINÉ

Planaltos de Papua-Nova Guiné adentro, o chefe estava explicando como ele governava a aldeia. Perguntei quem lhe sucederia no governo. Ele alisou a barba por um momento e disse:

Evidentemente, a aldeia votará. Toda a aldeia decidi-rá. E, então, eles elegerão meu filho para liderá-los. Ele é a única pessoa que eles podem eleger. Desde o nascimento, ele tem sido testemunha de todas as controvérsias que conciliamos na aldeia. Não temos papel, nem registros; portanto, ele é o nosso arquivo vivo do que foi acordado. E como ele assistiu a todo o meu trabalho ao longo desses anos, ele sabe o que fazer e como se comportar; ele sabe como manejar todos os personagens na aldeia e também como lidar com os chefes das aldeias vizinhas. Se alguém sabe como evitar outra guerra com as aldeias, ele é essa pessoa.

O chefe mostrou como os critérios de democracia e di-nastia podem coexistir. E mostrou como a experiência é mais importante do que a idade.

Por que este mito é importante

Este mito oculta três grandes armadilhas.

Perda do talento para liderança

Se acreditarmos na vantagem da idade em relação à juventude, excluímos do *pool* de talento para liderança o grosso da população. Também cometemos o erro fatal de pensar que se lidera apenas quando se chega ao topo da organização.

Na prática, quando se quer contar com bons líderes no topo da organização, é preciso desenvolver um bom fluxo de líderes de baixo para cima. Os líderes são necessários em todos os níveis. Sob esse prisma, não existe *trade-off* entre idade e experiência. É possível liderar, independentemente de idade e experiência.

Confusão de liderança e posição

A batalha entre idade e experiência se aplica à senioridade e à posição, mas não à liderança. Ser CEO não o torna líder; exercer função gerencial de nível mais baixo na hierarquia não o impede de liderar e fazer diferença. Liderança tem a ver com o que você faz, não com o título do seu cargo.

Confusão de experiência e aprendizado

Algumas pessoas na casa dos 50 anos trabalharam 30 anos mas só têm um ano de experiência, repetido 30 vezes. Isso pode ser útil para especialistas técnicos; um encanador ou um cirurgião que repetiu um procedimento inúmeras vezes deve ser bom na especialidade. Se os líderes, porém, realmente precisam de experiência, trata-se mais de diversidade que de iteratividade, ou seja:

➤ Expor-se a ampla variedade de experiências, para não repetir 30 vezes o mesmo ano de experiência.

➤ Aprender com a experiência; ter experiência é diferente de aprender com a experiência.

Lições para os líderes

Idade não é barreira para a liderança. Quanto mais cedo você começa, mais experiência adquire e mais proficiente você se torna. Portanto, o primeiro desafio para qualquer líder é passar pelas experiências certas. A experiência "certa" é analisada no Mito 22; você precisa de um misto de competências racionais, emocionais e políticas. O mosaico exato de competências depende da função e da senioridade, mas a competência mais importante é liderança. Aprende-se liderança exercendo-a em qualquer nível e, mais ou menos, em qualquer função. O líder é alguém que leva as pessoas aonde elas não iriam sozinhas; adote esse critério como desafio e você cultivará com rapidez suas competências de liderança.

O segundo desafio para os líderes é aprender com a experiência. É fácil repetir continuamente um exercício sem nunca realmente aprender ou melhorar. Muitas pessoas aprendem a nadar precariamente e nunca aprimoram o estilo; elas se contentam com o que atende às suas necessidades, mesmo que não seja o ótimo. O líder precisa continuar crescendo e evoluindo. Para os líderes não existe "bom o suficiente", pois o aprimoramento é sempre possível.

Existe um método muito simples de aprender com a experiência cotidiana. Depois de cada evento, que pode ser uma reunião, uma apresentação ou uma conversa, faça-se duas perguntas: WWW e EBI.

WWW

What Went Well? (O que deu certo?) A maioria das pessoas é muito ruim em aprender com o sucesso. Aprendemos muito com o fracasso dos outros e de nós mesmos, mas damos o sucesso como certo. O sucesso, porém, não é natural, nem fácil. Os eventos sempre conspiram para piorar as situações. Os colegas nos abandonam, a competição complica a vida, os governos se intrometem, o pessoal-chave deixa a equipe e acidentes acontecem. Quando alguma coisa funciona bem, pare um momento e pergunte-se o que você fez para chegar a esse resultado. Conscientize-se dos sucessos e converta-os em hábito. Mesmo quando as coisas não dão certo, você talvez tenha evitado um retrocesso ainda maior. Perguntar o que deu certo não serve apenas para fazer com que você se sinta bem, embora isso seja importante. Também é útil para descobrir a fórmula do sucesso de sua liderança, para depois aplicá-la com regularidade.

EBI

Evite a versão perversa de WWW: What Went Wrong? (O que deu errado?). Essa é a receita para a desgraça. Faça uma pergunta mais produtiva: Even Better If... (Ainda melhor se...).

Por melhor ou pior que tenha sido um resultado, sempre há algo que você poderia ter feito melhor.

Os questionamentos WWW e EBI podem ser formulados em alguns segundos, quando se caminha pelo corredor; você pode recorrer a esses questionamentos para analisar o dia ou a semana, ao voltar para casa. Também é um recurso muito útil a ser explorado com a equipe, para rever os acontecimentos de um período qualquer. Cria o hábito de aprender com a experiência e acelera o aprimoramento grupal e pessoal.

Conclusão

A capacidade de aprender é mais importante do que o tempo de serviço numa posição. Isso torna este mito importante e perigoso, porque muitos líderes têm uma primeira experiência bem-sucedida e se tornam reféns desse sucesso isolado. Eles não evoluem. Os líderes malsucedidos não aprendem com a experiência. Portanto, você precisa de experiência, mas também precisa aprender com a experiência. Três unicórnios.

MITO 32

OS PRIMEIROS 90 DIAS

*Começar uma revolução é arriscado, e muitas
revoluções comem os próprios filhos.*

A natureza do mito

O mito afirma que os primeiros 90 dias na função são decisivos
para um novo líder. Ao fim dos primeiros 90 dias (ou 100 dias, se você
preferir), todos já o terão avaliado como líder. Em sua expressão mais
simples, é uma convocação para a ação. O desafio é que cada consultor
tem uma ideia diferente sobre o que fazer nesses primeiros 90 dias.
Os dois extremos podem ser caracterizados nos termos seguintes:

Comece a revolução

Os primeiros 90 dias são a lua de mel em que você tem mais
liberdade de ação. A oposição a você ainda não se cristalizou e a maioria
das pessoas quer causar boa impressão ao novo chefe. Portanto, este
é o momento de agir.

A revolução deve ter dois componentes principais:

▸ **Reorganize.** Na teoria, as organizações se destinam a melhorar a organização. No entanto, à medida que você observa

174

o giro do carrossel, de foco no cliente, para funções, para geografia, e de volta para o ponto de partida, você percebe que as mudanças não estão avançando, só estão dando voltas. A reorganização, porém, ajuda de duas maneiras, sobretudo para um novo gestor. Primeiro, é uma maneira de exercer controle. Depois de demitir ou transferir alguns suspeitos e admitir ou promover outras pessoas de sua confiança, você montou a equipe dos sonhos e mostrou que sabe usar o poder. Os criadores de caso pensarão duas vezes antes de criar caso. Segundo, você enviou uma mensagem para a organização sobre o que será importante. Essa mensagem deve sustentar a segunda parte da revolução: uma nova estratégia ou visão.

➤ **Uma nova visão ou estratégia.** A ideia dos primeiros 90 dias é que quanto mais tempo você deixar que as coisas continuem como estão, mais difícil será mudá-las depois. Nos primeiros 90 dias, as pessoas estão esperando mudanças, e essa é a sua oportunidade de ouro para definir os novos rumos. Isso funciona bem se você já estiver conhecendo bem a equipe e a empresa; se, porém, você estiver atuando com base no instinto e na experiência passada, é bem possível que você esteja errado. O que funcionou no passado, em outro contexto, pode não funcionar hoje, em novo contexto. É bom estar preparado.

Ganhe aceitação

Essa versão mais modesta dos primeiros 90 dias consiste em implantar-se na empresa e lançar as raízes do sucesso futuro. Os principais componentes deste extremo são:

➤ Reunir todos os principais *stakeholders* de dentro e de fora da empresa e compreender suas motivações e agendas.

➤ Congregar a equipe e os clientes para sentir melhor o que realmente está acontecendo nas operações e nos mercados da empresa.

➤ Analisar e compreender em profundidade a estratégia, as finanças e as capacidades da empresa: pessoas, tecnologia e operações.

Há boas razões para seguir a agenda mais modesta desses primeiros 90 dias. Começar a revolução é arriscado e muitas revoluções comem os próprios filhos. Sua revolução pode levar à Terra Prometida, mas também pode extraviar-se no deserto. Ou talvez nem mesmo decolar, se você não tiver compreendido adequadamente os interesses políticos e as relações de poder da organização. Isso significa que faz sentido preparar-se para a revolução antes de lançá-la.

Você pode integrar as duas abordagens extremas. Eis como: passe os primeiros 89 dias ganhando aceitação, compreendendo o negócio e lançando os fundamentos da revolução. Deflagre a revolução no 90º dia, quando você estiver confiante no sucesso.

Por que este mito é importante

Obviamente, os primeiros 90 dias são importantes. Isso, porém, é como dizer que liderança é importante: não nos dá pistas sobre o que fazer.

Na prática, muitos líderes se sentem sobrecarregados. Estão como que submersos por uma enxurrada de demandas a enfrentar: crises, reuniões, e-mails, análises, relatórios, além da rotina administrativa. Descobrir e memorizar quem é quem e compreender a situação das receitas e despesas exige tempo e dispersa o esforço. E essa é a verdadeira mensagem do mito dos primeiros 90 dias: não se deixe ensurdecer pelo alarido do dia a dia. Você deve manter a cabeça acima da superfície e definir o rumo a seguir, com exatidão. Se você ficar ao sabor da torrente, você estará, quando muito, gerenciando, mas não liderando. Você não estará levando as pessoas aonde elas não iriam sozinhas.

A mensagem deste mito é clara: erga-se acima da agitação. Não afunde no pântano do dia a dia e construa a sua visão do futuro.

Lições para os líderes

Aqui estão três diferentes perspectivas para o desafio dos primeiros 90 dias.

Os primeiros 90 dias ou os 90 dias anteriores

A maioria dos generais acredita que a maioria das batalhas é vencida ou perdida antes do primeiro tiro ser disparado. Um lado está mais bem preparado, com mais recursos e na posição certa. A mesma constatação se aplica aos novos líderes: seu destino pode estar selado antes da sua chegada.

Essas constatações significam que você deve ter a certeza de estar preparado para o sucesso antes de assumir a nova função. Antes de aceitar desafio, o seu poder de negociação está no ponto máximo. Depois de investir-se no cargo, todo o seu poder de barganha evapora. Os 90 dias anteriores à sua posse na empresa são vitais. E algumas das chaves para o sucesso consistem em perguntar:

➤ Será que a empresa será bem-sucedida? O sucesso é muito mais fácil numa empresa na ofensiva do que numa empresa na defensiva. Será que a empresa atua num mercado promissor, em boas condições competitivas? Faça o dever de casa. Seja diligente.

➤ Será que a função é compatível com os meus atributos? Será que este é o tipo de desafio que sou capaz de enfrentar e será que esta é a cultura em que terei condições de prosperar? Será que a empresa cultiva os tipos de valores que são importantes para mim?

➤ Será que terei os recursos necessários? Quais são as competências da equipe? Terei verbas suficientes? Contarei com algum patrocinador capaz de me ajudar e de me apoiar?

Os primeiros 90 dias ou os primeiros 90 milissegundos?

As primeiras impressões são importantes. As pesquisas revelam que avaliamos as pessoas em menos de um segundo.[67] As mesmas pesquisas mostram que quanto mais convivemos com alguém, mais confiamos em nossas percepções sobre a pessoa, embora o viés da confirmação tenda a reforçar nossa primeira impressão.

Os líderes podem explorar essas tendências em proveito próprio. Se as pessoas vão julgá-lo pela maneira como você se apresenta e se comporta, projete, então, a imagem que você quer que elas vejam. Liderança é, sob muitos aspectos, a arte da encenação ao vivo, em que

---

[67] WILLIS, J.; TODOROV, A. First Impressions: Making Up Your Mind After a 100 ms Exposure to a Face. *Psychological Science*, v. 17, p. 592-598, 2006.

você representa o seu papel tão bem quanto possível, com o máximo de autenticidade e espontaneidade. Isso exige prática contínua e esforço constante.

Ponha a máscara e encarne o personagem.

De volta ao básico: a arte de assumir o controle

Como líder, você precisa assumir o controle. Você sabe que está exercendo o controle quando preenche três condições:

➤ **Ideia.** Você precisa de uma ideia clara sobre como fazer diferença. Essa é a sua visão ou estratégia. Você está impondo a sua agenda ou simplesmente seguindo a agenda herdada, com algumas pinceladas?

➤ **Pessoas.** Você precisa da equipe certa para executar a sua ideia. A equipe que você herdou pode ou não ser a equipe certa para o futuro. Você também precisa da rede de apoio certa, na empresa e fora da empresa.

➤ **Dinheiro.** Qualquer visão precisa de recursos financeiros. O ideal é ter a certeza de que você conta com as verbas necessárias antes de aceitar a missão. Quanto mais tempo você continuar no exercício da função, mais forte será a implicação de ter aceitado a verba, a agenda e a equipe.

Os primeiros 90 dias sem dúvida são fundamentais para o líder. Para o bom líder, porém, todo dia e todo minuto são importantes.

Conclusão

Não há nada mágico nos primeiros 90 dias. Evidentemente, os primeiros 90 dias são importantes (portanto, nenhum mito e nenhum unicórnio), mas todos os dias, todos os minutos, e os 90 dias anteriores também são relevantes. Em consequência, os primeiros 90 dias voltam para a terra do mito, ou, mais exatamente, para o brejo dos modismos que enriquecem os gurus, os consultores e os coaches. Três unicórnios.

MITO 33
VOCÊ PRECISA GERENCIAR
ANTES DE LIDERAR

*A hierarquia, em muitas empresas,
parece um esquema Ponzi.*

A natureza do mito

A maioria das empresas opera como pirâmide. No topo, acomo-dam-se alguns altos executivos, que podem ou não exercer a liderança. Na base, comprime-se a massa dos trabalhadores, que efetivamente fazem acontecer. No meio, aboletam-se gestores com vários níveis de autoridade. Não mais é necessário começar na portaria para chegar à cobertura. A jornada da sala de correspondências para a sala do Conselho raramente é percorrida de cabo a rabo, inclusive porque a carreira vitalícia está ficando mais rara do que chifre em cabeça de cavalo.

O modelo da pirâmide é exemplificado pelas empresas de ser-viços profissionais, que geralmente operam à base de peões, capatazes e prospectores. Você começa na empresa como jovem peão, que faz o trabalho pesado. Caso você se saia bem nessa ralação inicial, você se torna capataz. Sua função será tocar o trabalho dos peões, garantindo a qualidade, a pontualidade e os custos. Se também aqui seus resultados forem bons, você é promovido a prospector; seu trabalho será cuidar do relacionamento com os clientes e gerar novas receitas. Em outras palavras, o ápice da carreira de serviços profissionais, em geral, consiste em tornar-se vendedor, embora esses prospectores quase sempre se denominem sócios.

Enraizado no modelo da pirâmide está a ideia de que só pode ser líder quem já tiver sido gestor. A lógica é que só quem já atuou na linha de frente, como peão ou capataz, realmente terá condições de compreender a natureza do negócio e será capaz de atender aos clientes.

Quando se observa a carreira empresarial clássica, constata-se que isso é realidade, não é mito; é preciso gerenciar antes de liderar.

Quando se observa qualquer empreendedor, fica claro que isso é mito, não é realidade; você pode liderar muito antes de gerenciar. Muitos dos maiores bilionários do mundo não tiveram experiência gerencial, mas isso não os impediu de mudar o mundo e de fazer fortuna. Mark Zuckerberg, Bill Gates e Sergey Brin não foram gestores, porque, como empreendedores, podiam contratar os melhores talentos gerenciais que suas fortunas podiam comprar.

Você não precisa gerenciar antes de liderar, porque liderança e gestão são competências diferentes. Sucesso em um nível não significa sucesso no nível seguinte. Em serviços profissionais, capatazear (gerenciar projetos) é fundamentalmente diferente de prospectar (gerenciar relacionamentos com clientes e vender trabalho).

Nem liderança tem a ver com título; você pode gerenciar em qualquer nível hierárquico da empresa.

Por que este mito é importante

Este mito é uma maneira útil de manter os principiantes no lugar certo. A promessa implícita é que, se você trabalhar duro e cumprir seus deveres, você talvez seja admitido no clube dos privilegiados, no topo da organização. Inevitavelmente, essa promessa só será cumprida para os poucos mais capazes, não para a massa dos medíocres. Por isso, o mito "gerencie depois lidere" é perigoso, por ser enganoso.

Perda de talento

Nem todos os líderes são bons gestores; trata-se de funções muito diferentes. Não há razões para que alguém profundamente capaz em gestão da cadeia de fornecimento, ou em relacionamento com os clientes, ou em supervisão de projetos de TI seja capaz de atuar como líder que muda os rumos de toda a empresa. Em serviços profissionais, não há lógica em que alguém que seja bom em gerenciar projetos também seja bom em gerenciar relacionamentos com os clientes. O resultado é que pessoas que talvez fossem muito eficazes em funções de liderança nunca chegam lá por não terem sido bastante eficazes como gestores.

Promoção das pessoas erradas

Além de alguns bons líderes nunca serem descobertos, nem todos os bons gestores se tornam bons líderes. Em serviços profissionais, nem todos os capatazes (gerentes) podem tornar-se bons prospectores (vendas e relações com clientes). As competências necessárias são simplesmente diferentes.

Valorizar as coisas erradas: incentivos errados

A hierarquia, em muitas empresas, parece um esquema Ponzi, ou seja, parcela desproporcional das recompensas vai para as pessoas no topo da pirâmide. Só que senioridade não é o mesmo que valor. Ótimos vendedores e operadores podem gerar enorme valor para a empresa. Essas pessoas se dão bem porque suas contribuições são visíveis e quantificáveis. Outros especialistas técnicos, em pesquisa, logística, TI ou operações, são menos felizes. Também podem entregar enorme valor, mas, nesse caso, é mais difícil isolar as contribuições individuais e lhes atribuir valor monetário. A mensagem da hierarquia, porém, é muito clara: competências técnicas são menos valorizadas do que competências gerenciais.

Lições para os líderes

Liderança e gestão da carreira são diferentes. É preciso escolher entre as duas.

Gestão da carreira

Ela exige que você siga os estágios de desenvolvimento da maioria das empresas. Você precisa continuar aprendendo novos conjuntos de competências em cada nível. Você não precisa liderar; você precisa gerenciar muito bem. É trabalho difícil de sustentar ao longo das décadas de uma carreira, e significa que sobrevivência já é sucesso. As pessoas que atingem o topo são as que tiveram resiliência para manter o curso e a capacidade para evitar grandes desastres. Assumir grandes riscos raramente é bom para a sobrevivência na carreira.

Liderança

Aqui se trata de levar as pessoas aonde elas não iriam sozinhas. Esse conceito significa que você pode liderar desde o começo da carreira. É até possível que você já comece como líder informal de uma pequena área, onde pela primeira vez revela os seus pendores e já faz diferença. Por definição, os líderes precisam assumir riscos e desafiar o convencional, se pretendem levar as pessoas aonde elas não iriam sozinhas. Se você nunca fracassou, você nunca assumiu riscos suficientes. Por definição, nem todos os riscos resultam em sucesso. Em consequência, os líderes, ao exercerem a liderança, aceleram suas carreiras: eles logo vencem ou logo perdem. Na prática, todos os líderes enfrentam sucessivos fracassos, mas eles têm resiliência para levantar, sacudir a poeira e tentar novamente.

Na realidade, não se trata de opção binária entre liderança e gestão de carreira. Até o gestor de carreira mais dedicado vez por outra dará um passo à frente e assumirá a liderança; e até o líder mais ambicioso vez por outra terá de estabilizar a carreira e a empresa. Para os gestores de carreira, carreira é substantivo; para os líderes, carreira é verbo. Ambas as escolhas são legítimas. Você decide.

Conclusão

O mito é, ao mesmo tempo, difuso e danoso. À primeira vista, merece cinco unicórnios, mas dois unicórnios se perdem no caminho. Um se extravia porque o mito (e o unicórnio) é completamente ignorado pelos empreendedores que começam a exercer a liderança. O outro se desvia porque, embora danoso, o mito não é fatal para as empresas. Estas podem perder futuros líderes que, no presente, não são bons gestores, mas isso não importa. Não faltam bons gestores que podem tornar-se líderes, o que significa que as empresas podem guardar e comer o bolo, em termos de liderança e gestão. Três unicórnios.

MITO 34

OS HERÓIS DOS ESPORTES NOS MOSTRAM COMO LIDERAR

*Ao contrário do que acontece no atletismo,
a corrida pela liderança nunca chega ao fim.*

A natureza do mito

O ponto central da maioria dos eventos sobre liderança é o discurso principal. Com muita frequência, é proferido por importante personalidade dos esportes, ou, talvez, por um explorador, com muitas histórias a contar. A implicação clara é que podemos aprender sobre liderança com pessoas que já ganharam muitas medalhas.

Mas será que os heróis dos esportes são bons modelos de liderança? A Tabela 34.1 mostra uma comparação do que é necessário para vencer num esporte individual e o que é preciso para liderar bem.

Tabela 34.1: O que é necessário para vencer como indivíduo e o que é preciso para vencer como líder

SUCESSO EM ESPORTES INDIVIDUAIS	SUCESSO NA LIDERANÇA
Trabalha para o próprio sucesso; sem seguidores	Lidera outras pessoas para o sucesso
Objetivo definido com clareza	Objetivos múltiplos conflitantes: ambiguidade

183

SUCESSO EM ESPORTES INDIVIDUAIS	SUCESSO NA LIDERANÇA
Regras do jogo inequívocas	Faz as próprias regras
Compete para o próprio benefício	Lidera para o benefício dos outros
A competição é conhecida	Vários *stakeholders*; *trade-offs*
99% treinando; 1% competindo	99% fazendo; 1% treinando

Sucesso nos esportes e sucesso na liderança são coisas completamente diferentes, como mostra a tabela. No nível mais simples, a maioria dos esportistas não lidera, pois não tem seguidores.

Um dos argumentos para ouvir esses palestrantes é que eles são motivacionais. É claro que você deve estar muito motivado para conquistar uma medalha de ouro nas Olimpíadas. Não se trata, porém, da mesma motivação necessária para ser líder. Os atletas trabalham para si próprios, em busca de um objetivo nítido e definido: se vencerem, conquistam a medalha de ouro e a glória. O vencedor leva tudo, o que é muito diferente da experiência da vida empresarial. Os líderes não trabalham apenas para si mesmos e seus objetivos raramente são claros e definidos. Normalmente, eles atuam com uma organização e não há medalha de ouro; o sucesso é compartilhado e é meramente uma das peças no caminho das pedras para o objetivo seguinte. Raramente o líder declara vitória e termina a corrida para a liderança. Ao contrário do que acontece no atletismo, a corrida pela liderança nunca chega ao fim.

Parece que os líderes têm muito pouco a aprender de prático com os esportistas. Quando se pergunta a alguém que participou dessas palestras o que lembra do evento vários meses depois, a resposta geralmente é vaga. Em geral, o discurso é bem recebido, mas o que geralmente fica na memória é um caso marcante, um fato espantoso ou uma frase de efeito. A exemplo do cão que não ladra, observe o que está faltando: algum *insight* ou ajuda prática sobre como ser melhor líder se caracteriza principalmente pela ausência.

Por que este mito é importante

Elliot Carver, o magnata da mídia, no filme *O amanhã nunca morre*, de James Bond, faz uma breve narrativa contando o que aprendeu quando começou na mídia: "A chave de uma grande história não é *quem*, *o que*, ou *quando*, mas *por que*".[68] Essa é uma lição extraordinária para os líderes: de longe, a pergunta mais interessante é *por que*. Quando o inesperado acontece ou alguém diz algo estranho, sempre se lembre de perguntar por que aconteceu ou por que disseram aquilo.

A pergunta a ser feita sobre os heróis dos esportes que fazem um discurso principal não é "O que aprender com eles?". Devemos perguntar "*Por que* será que eles são tão procurados, principalmente quando parecem ser maus modelos de liderança?".

Muitas são as razões convincentes para recorrer a um palestrante aliciante, de preferência famoso, para fazer o discurso principal em sua conferência anual sobre liderança.

A maioria desses eventos é enfadonha. Os heróis dos esportes dão um toque de *glamour* à conferência e contribuem para que os participantes apreciem o evento e se engajem nele. É preferível ter um público engajado a ter um público bocejante.

É possível aprender com qualquer pessoa. Os heróis dos esportes podem não ser líderes, mas os líderes podem aprender com os heróis dos esportes, se quiserem. Para ouvir, é preciso praticar a escuta crítica. As lições que você extrai talvez não sejam as que o palestrante pretende transmitir; mas isso não importa, pois o desafio é aproveitar todas as oportunidades para aprender. Ao abrir outra janela para a realidade, os esportistas lhe oferecem uma perspectiva alternativa. O que você opta por aprender é de sua exclusiva competência.

Os heróis dos esportes fornecem um *insight* valioso. Esse *insight* não tem a ver com liderança, mas sim com você e com a natureza do sucesso. Os esportistas são altamente motivados e fazem sacrifícios desmedidos para alcançar o sucesso. Também fazem uma escolha clara: sucesso é trabalho intenso, e se você quiser uma vida equilibrada, há outras maneiras de viver.

Os heróis dos esportes, ou outras celebridades, são recursos muito bons para deixar o chefe feliz. Se o chefe se encontrar com a celebridade, não lhe faltará tema para animar muitas conversas em jantares com amigos, durante algumas semanas: a cada nova narrativa, eles se sentirão mais íntimos com a celebridade. Se você quer um chefe feliz, contrate uma celebridade para fazer o discurso de abertura do seu próximo evento.

---

[68] IMDB, Quotes for Elliot Carver [online] http://www.imdb.com/character/ ch0000305/quotes.

Lições para os líderes

Sucesso é trabalho intenso

Essa lição transborda dos esportes para a liderança. Os esportistas são exímios em contar as histórias dos sacrifícios que fizeram e dos retrocessos que enfrentaram a caminho do sucesso. Também é assim com os líderes. Todos queremos vencer, mas entre querer e fazer a distância a ser transposta é muito grande. O desafio que os esportistas lhe impõem implicitamente é o seguinte: "Será que você está disposto a fazer os sacrifícios necessários para liderar e vencer?". A resposta sincera é procurar uma vida de realizações que não se resuma em correr atrás da definição de sucesso de alguém. Tome uma decisão consciente, em vez de seguir um padrão fortuito.

Você pode aprender com qualquer pessoa e com qualquer situação

É fácil tratar os heróis dos esportes como puro entretenimento. Se isso é o que você quer, é o que você conseguirá. Os líderes, porém, podem aprender com qualquer situação, mesmo quando veem um filme de James Bond. A chance de aprender está sempre presente, sobretudo se soubermos o que estamos procurando.

Escuta crítica

A maioria de nós é mau ouvinte, mesmo quando aprendemos a ficar calados: podemos ouvir, mas não compreendemos. Se quisermos compreender, temos que dominar a arte da escuta crítica. Uma maneira fácil de praticar essa arte é pensar sobre o que você espera ouvir antes do início da apresentação. Essa atitude o levará a aceitar ou a rejeitar as ideias expostas de maneira mais crítica do que se você simplesmente ouvir despreparado, mesmo com a mente aberta.

ESCUTA CRÍTICA: A ARTE DE PARECER INTELIGENTE

Cinco sócios dividiam uma sala. Significava que todos sabiam o que estava acontecendo na empresa o tempo todo. Quatro deles eram brilhantes. O quinto, Mark, engasgava como uma lâmpada de 10 watts. Mas todos na empresa o adoravam e

---

o consideravam o sócio mais inteligente, para o desespero dos outros quatro.

Um dia, um sócio viu Mark fazendo anotações furiosamente, para ele mesmo. Ao perguntar-lhe o que ele estava fazendo, Mark respondeu:

Minha equipe vai fazer uma apresentação. É um teste deles para saber se eu sou bom. Antes de uma apresentação, sempre anoto três coisas:

➤ Meu ponto de vista sobre o assunto: isso significa que não fico ofuscado pelo brilho da exposição e que sou capaz de questioná-los sobre os aspectos que eu achar discutíveis.

➤ O que espero que eles abordem: isso permite que eu perceba o invisível. Posso verificar se eles não falaram sobre algum ponto importante.

➤ Pelo menos um tópico sobre o qual eu possa oferecer alguma orientação e ajuda: isso os leva a valorizar as minhas contribuições, em vez de encará-las apenas como questionamento.

O outro sócio pareceu aturdido. Ele percebeu por que Mark sempre parecia tão inteligente. Ouvir com abertura é bom para um discurso social, que é uma jornada para a descoberta. Escuta crítica, porém, significa ouvir com predisposição, com ideias próprias e com uma agenda.

Uma boa maneira de cultivar o pensamento crítico é seguir o conselho de Mark: anotar suas opiniões acerca do tema e suas expectativas a respeito da exposição ou documento. Isso o tornará leitor ou ouvinte mais questionador e mais imaginoso.

Conclusão

Os esportistas não são modelos de líderes. O mito, porém, não recebe cinco unicórnios plenos porque os esportistas podem ser inspiradores e, na prática, é possível aprender com qualquer pessoa e em qualquer situação: até com esportistas. O que você escolhe para aprender e o que eles tentam ensinar podem ser coisas completamente diferentes. Quatro unicórnios.

MITO 35
VOCÊ PODE ENSINAR LIDERANÇA

Liderança não pode ser ensinada,
mas pode ser aprendida.

A natureza do mito

Se todos podemos aprender a liderar, deve ser possível ensinar a liderar. Inúmeros são os cursos e livros sobre liderança que se dizem capazes de ensinar a liderar. O fato de se oferecerem e se comprarem esses cursos e livros indica que se acredita ser possível ensinar liderança. Portanto, à primeira vista, ensinar liderança parece ser realidade, não mito.

Devemos fazer uma pausa, porém, antes de descartar o mito.

É evidente que você não pode ler um livro sobre liderança e se tornar líder na página 278. Do mesmo modo, o curso de liderança de dois dias não o tornará líder ao conceder-lhe o certificado de presença. Caso seja possível ensinar liderança, não se trata de tarefa fácil, nem instantânea.

Como exercício, perguntei a um grupo como eles tinham aprendido a liderar. Deixei-os escolher duas principais maneiras de aprender entre seis alternativas. Você também pode fazer o exercício. Das fontes de aprendizado relacionadas a seguir, escolha duas que foram as mais importantes para você:

➤ livros;

➤ cursos;

> colegas (dentro e fora do trabalho);

> modelos (dentro e fora do trabalho);

> chefes (bons e maus ensinamentos);

> experiência pessoal.

Praticamente ninguém escolheu livros ou cursos. Essa talvez seja má notícia para um autor que dirige cursos sobre liderança. Todos os participantes preferiram alguma combinação de experiência pessoal e observada. Faz todo o sentido. Vemos alguém fazer bem alguma coisa e tentamos copiá-la. Observamos outra pessoa implodir espetacularmente e tomamos nota para não repetir erro tão desastroso. Constatamos o que funciona na prática e em nosso contexto. Criamos nossa fórmula de sucesso exclusiva, com base em como e onde trabalhamos.

O problema de descobrir a liderança dessa maneira é ser um passeio aleatório ou fortuito: tenha bons chefes e boas experiências e você acelera sua carreira. Já os maus chefes e as más experiências o levam direto para um beco sem saída. Você precisa converter seu passeio aleatório de experiência em jornada estruturada de descoberta. É aqui que os livros e os cursos podem auxiliar: eles o ajudam a compreender os disparates com que depara e a programar sua jornada de sucesso.

Por que este mito é importante

Este mito é importante, por duas razões, ao mostrar:

> como as organizações devem desenvolver líderes;

> por que grande parte do treinamento de líderes fracassa.

Como as organizações devem desenvolver líderes

As melhores organizações em liderança constroem os seus programas de liderança em torno de como as pessoas efetivamente aprendem: com a experiência. Isso significa que estruturarão a jornada de liderança especificamente para cada líder. Os Comandos da Marinha Real submetem os oficiais aspirantes a programas de liderança exaustivos; as melhores empresas desenvolvem os recém-formados por meio de uma série de experiências e processos didáticos.

Como não poderia deixar de ser, as melhores empresas também são muito rigorosas na seleção de pessoal, mas cada uma seleciona com base em critérios diferentes. Os fatores que levam ao sucesso na Marinha Real, em comparação com o serviço público, bancos de investimentos, ou belas artes, são completamente diferentes: atitudes perante o risco, coragem, cumprimento da lei e criatividade têm características específicas em cada caso. Embora na seleção sigam critérios diferentes, todas essas organizações reconhecem que gerenciar a jornada de liderança envolve desenvolver e testar pessoas por meio de um espectro de experiências relevantes.

Por que grande parte do treinamento de líderes fracassa

Consulte novamente as fontes de aprendizado sobre liderança: muito poucas pessoas dizem ter aprendido liderança em cursos de treinamento. Sintoma disso é a frequência com que as pessoas alegam não poderem participar de cursos de treinamento (a não ser que seja em local agradável, longe do escritório) e com que as empresas excluem cursos de treinamento do orçamento anual em situações de aperto. Três são as razões pelas quais o treinamento de liderança não é valorizado:

➤ Participar de algum tipo de treinamento de liderança geralmente é percebido como sinal de fraqueza. Fazer um curso para aprender alguma competência técnica, como TI ou finanças, não sugere deficiências. Inscrever-se num curso para aprender a motivar pessoas implica que você não é bom em motivar pessoas.

➤ Os cursos de liderança sugerem soluções genéricas para problemas específicos. As competências de que você precisa e como aplicá-las depende do seu contexto. Adaptar soluções universais a necessidades específicas é difícil na teoria e ainda mais árduo na prática.

➤ Existe um hiato temporal entre aprender e fazer. Os gestores, com razão, querem aprender o que os ajuda agora; eles precisam experimentar novas ideias enquanto elas ainda estão frescas na cabeça deles. A vida útil de qualquer aprendizado é muito breve, a não ser que o aprendizado seja testado e aplicado constantemente.

Nenhum desses desafios tem a ver com a qualidade do curso. Alguns cursos são excelentes, outros nem tanto. Todos esses desafios são estruturais, inerentes à natureza de todos os cursos formais. Os melhores programas tentam superar esses desafios, mas é uma tarefa ingrata, como levar água montanha acima.

Lições para os líderes

Liderança não pode ser ensinada, mas pode ser aprendida. E é assim porque o seu caminho para a liderança é uma jornada de descobertas. Você precisa descobrir o que funciona para você, no seu contexto: não existe fórmula universal para o sucesso. E, como o seu contexto continuará mudando, você deve continuar aprendendo durante toda a carreira. Quem para de aprender é quem fica perdido na carreira.

No final das contas, a única pessoa capaz de empreender a própria jornada de liderança é você mesmo. Você precisa empenhar-se em passar pelas experiências, pelos projetos, pelas atribuições e pelos chefes certos na construção da sua carreira.

Seu desafio é certificar-se de que sua jornada não é um caminho aleatório e de que você não se perde em meio a todo o ruído e disparate com que depara no dia a dia. É aqui que entram os livros e os cursos: eles podem ajudá-lo a dar um passo atrás e ver com mais clareza aonde você precisa ir e o que você precisa fazer. Espero que este livro seja o seu mapa. Ele lhe mostra quais são as suas opções, onde estão algumas armadilhas e deixa que você decida aonde quer ir em sua jornada de liderança.

Conclusão

No sentido estrito, este mito merece cinco unicórnios. Não há como ler um livro-texto e tornar-se líder. Mas é possível aprender a liderar, e as empresas podem estruturar experiências e ajudá-lo a aprender. Considerando que não há como ensinar liderança mas que é possível aprender liderança, este mito merece três unicórnios um tanto confusos.

MITO 36
OS LÍDERES SABEM QUANDO SE AFASTAR

Os líderes vivem numa gaiola de ouro em que poucas pessoas ousam desafiá-los e muitas pessoas preferem lisonjeá-los.

A natureza do mito

A maioria das empresas atenta para o planejamento da sucessão. As empresas precisam de um fluxo de talentos em todos os níveis para fornecer os líderes do futuro e para dar cobertura ao presente. Um grande reservatório de talentos é seguro contra a perda repentina de executivos-chave.

Os líderes falam muito na ideia de planejamento da sucessão. No entanto, embora saibam que isso é bom para a empresa, encaram com menos paixão a ideia de que eles próprios devem tornar-se redundantes. O que é bom para as organizações nem sempre é bom para os indivíduos.

Se você realmente quiser aborrecer e assustar um CEO, pergunte-lhe o que ele fará quando se aposentar. Para muitos CEOs, a aposentadoria é um tipo de morte em vida. Como CEOs, eles estão acostumados a ser os senhores do universo: o mundo gira ao redor deles e eles têm forte senso de propósito e relevância. Eles podem trabalhar intensamente, mas o trabalho estrutura a vida deles, e a empresa é um contexto social para eles. Ao se aposentarem, eles perdem tudo: perdem a estrutura da vida, o contexto social da empresa, o propósito e o significado do trabalho, e deixam de ser o centro do mundo.

Racionalmente, os líderes podem compreender a necessidade do planejamento da sucessão. Emocionalmente, eles querem evitá-la tanto quanto possível. Para evitar a desgraça da morte por aposentadoria, eles em geral procuram meias saídas que lhes permitam pontificar em comitês, comissões e Conselhos. Essas soluções são chamadas, pejorativamente, de "tornar-se reativo": você não mais impõe a sua agenda, você reage à dos outros.

Os líderes têm razão em suspeitar dos rebaixamentos. As evidências mostram que aposentadoria faz mal à saúde. Um relatório de maio de 2013 publicado pelo Institute of Economic Affairs, com sede em Londres, descobriu que a aposentadoria aumenta as chances de depressão em 40% e a probabilidade de ter pelo menos um diagnóstico de mazela física em 60%.[69] O padrão é familiar. No primeiro ano de aposentadoria, a saúde melhora, na medida em que se elimina o estresse do cargo; a nova liberdade é usada para realizar os sonhos da vida, como viagens. A novidade mantém o aposentado ativo. Em breve, porém, a saúde se deteriora. O impacto de perder a estrutura ocupacional e social finalmente se manifesta com toda a intensidade. Ver televisão à toa, dias a fio, não é bom para a saúde. Depressão e doenças graves geralmente começam a atacar seis anos depois da aposentadoria.[70]

Por fim, muitos líderes insistem em manter-se no posto porque passam a achar que são realmente indispensáveis para o destino da empresa. Os líderes vivem numa gaiola de ouro em que poucas pessoas ousam desafiá-los e muitas pessoas preferem lisonjeá-los. Se tudo corre bem, isso lhes mostra que estão fazendo um ótimo trabalho. Quando alguma coisa não dá certo, é prova ainda mais forte de que o chefe é indispensável: retrocessos são evidências claras de que o resto da equipe não está à altura de suas atuais posições, muito menos de um cargo no topo.

Discretamente, muitos líderes ficam felizes com a má sucessão. Se a empresa enfrenta dificuldade depois da saída do CEO, essa é a

---

[69] GSAHLGREN, Gabriel H. IEA Discussion Paper n. 46: Work Longer, Live Healthier. *Institute of Economic Affairs*, 2013. <https://goo.gl/yG3SSB>.

[70] CAN retirement kill you? *Defense Forum India*, 31 dez. 2013. <https://goo.gl/X2DDMo/>.

prova inequívoca, pelo menos para o ex-CEO, de que realmente ele é a chave do sucesso e que dificilmente alguma outra pessoa será capaz de alcançar os seus resultados. Na verdade, o fracasso do novo CEO é consequência do fracasso do antigo CEO em não orientar a sucessão da maneira correta.

Por que este mito é importante

É muito difícil se livrar de um CEO, principalmente nos países em que a governança permite a concentração de poderes nas mãos do CEO. Quando o CEO também é presidente da empresa e do Conselho de Administração, tem-se um problema real. Não há ninguém para desafiar o CEO, sobretudo se o CEO for capaz de encher o Conselho com amigos e aliados. Esses amigos geralmente são outros CEOs ou presidentes de Conselhos de Administração, que indicam uns aos outros para os Conselhos uns dos outros. Eles criam uma sociedade de preservação de CEOs que é boa para eles, mas não para as empresas.

Mesmo sob governança adequada, a maioria dos Conselhos de Administração é profundamente avessa ao risco. Descartar um CEO e encontrar outro é uma das iniciativas mais arriscadas de um Conselho de Administração, e é fonte de muito trabalho. Os conselheiros não executivos têm pouco apetite por trabalho ou risco. Isso significa que eles só entram em ação em situações de crise reais e quando o CEO obviamente está fracassando, ou seja, quando já é tarde demais.

Lições para os líderes

Eis cinco iniciativas para lidar com o problema. Todos os bons atores e atrizes sabem quando entrar e sair de cena. Os líderes precisam desenvolver a mesma sensibilidade.

Visite um cemitério

Lá está cheio de executivos que se consideravam indispensáveis. Os tempos idos eram mais contundentes sobre a morte. *Memento mori* eram pinturas ou artefatos que continham uma mensagem simples: "Lembre-se da morte". Esses lembretes foram populares desde a Idade Média até a Era Vitoriana. São mementos de como a vida é preciosa e efêmera: temos de extrair o máximo de todos os momentos.

Prepare-se para a próxima manobra

A liderança é uma jornada, mesmo quando você é o CEO. Resolva como manter ou transferir o que você valoriza no que faz hoje: a rede social, a estrutura do dia, o senso de significado e propósito. Essas coisas são muito mais valiosas do que seu próximo pagamento de bônus a longo prazo. Se você é um CEO, provavelmente terá dinheiro suficiente para pagar o aluguel. O dinheiro, porém, não pode comprar as coisas que, para você, são cada vez mais importantes: redes, estrutura e significado. Essas coisas não podem ser desenvolvidas da noite para o dia. Você precisa começar a construí-las com pelo menos alguns anos de antecipação.

Preste atenção à governança

A maioria dos CEOs considera o Conselho de Administração sem poderes executivos uma tolice: eles são um mal necessário que deve ser gerenciado. A estrutura de governança, contudo, existe por uma boa razão. Ela é um sistema de freios e contrapesos vital para a empresa e para os acionistas. Ela deve ser fonte de desafios construtivos para o CEO. Um Conselho fraco facilita a vida para o CEO; um Conselho forte pode ajudá-lo a ter bom desempenho. O CEO deve preferir desempenho notável a vida fácil.

Limite seu mandato

A morte pode ser obsessiva, assim como a aposentadoria ou a perspectiva de mudar de função. Se você sabe que seu prazo de validade está carimbado na testa, essa consciência o obriga a refletir sobre como fazer diferença no tempo disponível. Daí resulta forte senso de urgência e propósito que o impede de ficar à deriva. A presidência dos Estados Unidos estava limitada informalmente pela regra dos dois mandatos desde os tempos de George Washington, e foi reconhecida formalmente pela 22ª Emenda à Constituição, depois do longo mandato de Roosevelt como presidente. O contraste com outros países, onde os ditadores e demagogos se aferram ao poder durante toda a vida, mostra a sabedoria dessa nítida limitação de mandatos.

Planeje sua sucessão

Ao ser aclamado entusiasticamente por suas realizações, Isaac Newton, com modéstia, respondeu: "Se vi mais longe, foi por erguer-me sobre os ombros de gigantes".[71] Ele sabia que seu sucesso se alicerçava no trabalho de todos os cientistas que o precederam. Esta é a sua oportunidade de ser o gigante sobre cujos ombros o próximo líder se erguerá e, talvez, realizará façanhas ainda maiores que as suas. O sucesso do seu sucessor é também o seu sucesso. Ajude-o no caminho para a grandeza.

Conclusão

Este mito é difuso e perigoso. É difuso porque os líderes não sabem quando desligar-se. Eles, normalmente, devem ser empurrados ou chutados. E é perigoso porque os líderes que se mantêm no poder durante muito tempo causam danos à empresa e, por fim, a si mesmos, por não saberem o que farão em seguida. Cinco unicórnios.

---

[71] SIR Isaac Newton. Disponível em: <https://en.wikiquote.org/wiki/Isaac_Newton>. Acesso em: 2 fev. 2018

– PARTE CINCO –
TEMOS UMA TEORIA SOBRE LIDERANÇA

MITO 37
A TEORIA DO GRANDE HOMEM COMO LÍDER

O mundo muda tão rapidamente que a maioria das empresas não sobrevive muito além de uma geração.

A natureza do mito

A teoria tem suas origens na crença do século XIX de que "a história do mundo nada mais é que a biografia de grandes homens".[72] Daí resultava uma história arrebatadora: era uma história de heróis realizando grandes proezas e mudando o curso da humanidade. Era o tipo de narrativa que inspirava gerações de crianças em idade escolar.

A teoria do Grande Homem como motor da história foi recepcionada pela filosofia. A solução de Thomas Hobbes para o problema da vida, como existência "solitária, miserável, sórdida, brutal e breve", era que a sociedade precisava de um Leviatã[73]: um líder poderoso, capaz de criar uma sociedade ordeira. A proposta foi reiterada mais tarde por Nietzsche, que convocou um Übermensch[74] (super-homem – grande líder), que arriscaria tudo para salvar a humanidade. Foi uma filosofia admirada por Adolf Hitler.

---

[72] CARLYLE, Thomas. The Hero as Divinity. In: _____. *On Heroes, Hero-Worship, and the Heroic in History*. Várias edições. [1840]

[73] HOBBES, Thomas. *Leviathan*. Oxford: Oxford University Press, 1651

[74] NIETZSCHE, F. *Also sprach Zarathustra*. Várias edições. [1885]

Havia apenas um pequeno problema nessa abordagem à história: ela estava errada. O contra-argumento, apresentado por Herbert Spencer, era de que os grandes homens não fazem a sociedade; a sociedade faz o homem: "Antes de o Grande Homem ser capaz de refazer a sociedade, a sociedade deve fazê-lo".[75] E, assim, introduziu-se no âmago da história o primado da economia, da sociedade e da tecnologia. Karl Marx já havia tentado explicar a história por meio das forças da economia e da sociedade. Desde então, passou-se a estudar a história com mais profissionalismo e a compreender melhor, embora ainda de maneira imperfeita, os movimentos profundos da economia e da sociedade.

A teoria do Grande Homem como motor da história sobrevive na teoria do Grande Homem como líder. A ideia é que o líder muda o destino de uma organização mediante a pura força de vontade no exercício da liderança. Como evidência da teoria da liderança do Grande Homem, temos os empreendedores bilionários de hoje: devemos aos gigantes como Microsoft, Apple, Google e Facebook, além de outras empresas revolucionárias, a força impulsora de seus fundadores. E a maioria das grandes empresas de hoje, como Ford, Sony ou Toyota, foram fundadas por grandes visionários, que construíram seus grandes empreendimentos nos píncaros rarefeitos da imaginação e da coragem.

A contestação é que as organizações são moldadas pela época. A prova é a taxa de sobrevivência das grandes empresas. Pesquisas do World Economic Forum mostram que as empresas não moldam o seu destino com sucesso durante muito tempo.[76] A expectativa de vida de uma empresa da Fortune 500 é de 40 a 50 anos. Em apenas 15 anos, a contar de 1999, mais de 50% das empresas da Fortune 500 saíram da lista. Essas empresas não mudaram o mundo. O mundo as mudou.

Ainda restam os empreendedores, que são as celebridades da mídia de negócios. Eles parecem ter mudado o mundo. Mas será que mudaram mesmo?

A Microsoft teve sua grande chance quando Bill Gates foi convidado a desenvolver o sistema operacional para o novo PC da IBM, na

---

[75] SPENCER, Herbert. *The Study of Sociology.* New York: Appleton, 1896. p. 31.

[76] GOODBURN, Mark. What is the Life Expectancy of Your Company? *World Economic Forum*, 24 jan. 2015. <https://goo.gl/7tfrUR>.

década de 1980.[77] A IBM, por certo, não compreendeu que o dinheiro estava no software, não no hardware. O que teria acontecido, porém, se a IBM tivesse chegado a um acordo com a Digital Research, que foi o seu primeiro alvo como parceiro? Gates continuaria sendo um programador brilhante, mas pouca gente teria ouvido o nome dele. Em vez disso, estaríamos contando a história de como a Digital Research tornou-se a proprietária dos sistemas operacionais para computadores desktop.

Do mesmo modo, muita gente tentou desenvolver motores de busca bem-sucedidos. Alguém, em algum lugar, teria de encontrar a fórmula vencedora: entram em cena Larry Page e Sergey Brin. Seria errado sugerir que eles não são diferentes dos ganhadores de loteria. Ao contrário dos ganhadores de loteria, esses grandes empreendedores dedicaram muitas horas de trabalho, demonstraram enorme talento e assumiram grandes riscos.

Nessas condições, será que os grandes empreendedores moldam o mundo ou será que eles são apenas produtos da época?

Em caso de dúvida, recorra a Shakespeare. Ele, em geral, tem as respostas, e sabe muito bem como expressá-las. Hamlet diz: "Existe uma divindade que lavra nossos desígnios, por mais mal planejados que sejam por nós...".[78] Isso sugere que o destino, na forma de economia, sociedade e tecnologia, molda a natureza dos negócios em ascensão e queda. Os líderes atuam no ramo de "planejar" esses desígnios, para que seus negócios sejam os que mais aproveitam o destino.

Por que este mito é importante

A teoria é muito importante, porque formula uma questão fundamental: até que ponto os líderes são capazes de mudar o curso dos acontecimentos?

Se você acredita que os líderes efetivamente reformulam o futuro, faz sentido pagar-lhes enormes quantias. Se você acredita que os líderes navegam ao sabor da história e que metade das empresas da Fortune 500 desaparecem da lista a cada 15 anos, não faz muito sentido pagar fortunas aos líderes.

---

[77] Essa história é narrada em vários lugares, inclusive nesse site: http://thisdayintechhistory.com/11/06/ibm-signs-a-deal-with-the-devil/.

[78] SHAKESPEARE, William. *Hamlet: Ato V, Cena II.* Tradução Carlos de Almeida Cunha Medeiros e Oscar Mendes. São Paulo: Abril S.A. Cultural e Industrial, 1978.

A teoria do Grande Homem também se alimenta dos estereótipos de gênero. Numa escola para meninas, pedi às alunas para imaginar um piloto de avião, um cirurgião e um CEO. Quando perguntei qual era o gênero das pessoas que elas haviam imaginado, todas elas tinham pensado em homens nessas funções. Nenhuma delas viu a própria imagem nesses tipos de papéis.

Lições para os líderes

Molde o futuro

A teoria do Grande Homem como líder é útil na medida em que representa uma convocação para a ação. Ela desafia os líderes a moldar os acontecimentos, em vez de serem moldados por eles. Você não pode mudar os desígnios do mundo, mas pode mudar os desígnios da sua equipe. Os líderes acreditam que podem controlar ou, pelo menos, influenciar os eventos; as vítimas acreditam que são controladas pelos eventos.

Construa a sua equipe

A teoria do Grande Homem é perigosa porque leva à crença no líder todo poderoso e onisciente, que faz tudo e sabe tudo. O mundo moderno é tão complexo e tão interligado, e está mudando tão rápido, que nenhum líder é capaz de saber tudo e de mudar tudo. Liderança é esporte coletivo, de equipe. Daí resulta que formar a equipe é tarefa fundamental para qualquer líder.

Seja paranoico

Andy Grove, fundador da Intel, escreveu um livro intitulado *Só os paranoicos sobrevivem*.[79] É um desses grandes livros que você não precisa ler, porque a mensagem está no título. Também é um antídoto contra a teoria do Grande Homem. O mundo muda tão rapidamente que a maioria das empresas não sobrevive muito além de uma geração. Você precisa ser paranoico: compreender as forças capazes de moldar e destruir a sua empresa e, então, conscientizar-se e adaptar-se com

---

[79] GROVE, Andrew. *Only the Paranoid Survive*. Londres: Profile Books, 1998.

rapidez. Se você não pode mudar o mundo, você precisa mudar a si próprio e adaptar-se ao mundo.

Liderança não é coisa só de homem

No século XIX, só os homens eram vistos como líderes; a pobreza, a fome e a doença eram desenfreadas e devastadoras; crianças pequenas subiam chaminés adentro para limpá-las da fuligem, envenenando-se; o ano de trabalho tinha 3.000 horas.[80] Felizmente, progredimos desde então.

Conclusão

A teoria do Grande Homem como líder está em grande parte desacreditada e é perigosa para a prática da liderança: você não precisa ser grande ou macho para liderar, e os países ou empresas enfrentam problemas quando recorrem a heróis como salvadores. Isso nos daria cinco unicórnios a pisotear os livros de História. Mas apenas quatro aparecem, porque ainda resta um cerne de verdade no mito. Algumas pessoas têm "força de vontade" suficiente para mudar o futuro. Elas podem ser a exceção que comprova a regra, mas elas, em geral, são exceções vitais. Quatro unicórnios.

---

[80] HUBERMAN, Michael; MINNS, Chris. The Times They Are Not Changin': Days and Hours of Work in Old and New Worlds, 1870-2000. *Explorations in Economic History*, v. 44, n. 4, p. 538-67, 2007.

MITO 38
A LIDERANÇA SERVIDORA

Esse modismo gerencial esteve tão em voga quanto ver o seu pai (ou CEO) arriscar alguns passos na pista de dança.

A natureza do mito

A liderança tradicional consiste no líder acumulando e exercendo poder sobre pessoas e outros recursos. A ideia do líder servidor muda as posições. O líder servidor não é condutor, mas provedor. O líder servidor serve de duas maneiras:

➤ serve à missão;
➤ serve à organização.

A ideia do líder servidor tem raízes profundas:

➤ *Servus servorum Dei* é o título em latim do papa: servidor dos servidores de Deus.
➤ "Ich Dien" é o lema implausível, em alemão, do Príncipe de Gales, e significa "Eu sirvo".
➤ "Servir para Liderar" é o lema de Sandhurst, centro de treinamento de oficiais do Exército Britânico.

O mito esteve na moda nos círculos de negócios no começo deste milênio. Tornou-se lugar comum em palestras para empresas, e os

CEOs gostavam de se apresentar como líderes servidores, invertendo a pirâmide organizacional. A pirâmide organizacional tradicional é algo como a da Figura 38.1: representa uma pessoa no topo que lidera muitas pessoas na base, através de várias camadas de gestores. Essa é uma representação convencional de fácil compreensão.

Figura 38.1: Pirâmide organizacional convencional

O líder servidor virou a pirâmide de cabeça para baixo. A ideia era mostrar que as pessoas mais importantes na organização são os trabalhadores de linha de frente, que fazem, movimentam, vendem e lidam com os clientes. O trabalho da gerência e da liderança consistia simplesmente em apoiar o pessoal de linha de frente. Para tornar a situação ainda mais clara, às vezes a pirâmide incluía os clientes no cume. A versão simplificada da pirâmide invertida é apresentada na Figura 38.2.

Figura 38.2: Pirâmide organizacional invertida

Por que este mito é importante

A liderança servidora envolve dois mitos distintos, mas interligados:

➤ o líder serve à organização;
➤ o líder serve à missão.

Trataremos cada um desses mitos separadamente.

O líder serve à organização

A pirâmide invertida tenta transmitir duas mensagens importantes: o pessoal de linha de frente é chave para o sucesso e a missão é importante. Essas ideias tornam-se mais importantes na medida em que muda a força de trabalho. O pessoal de linha de frente está ficando mais profissional e mais bem informado, e esperam ser mais bem tratados. Tratá-los como se fossem escravos, ralando na base da pirâmide, não é motivacional. Virar a pirâmide de cabeça para baixo tinha a ver com as tentativas de mudar a mentalidade em todos os níveis da organização:

➤ mostrar ao pessoal de linha de frente que eles são importantes e tratá-los com respeito;
➤ mostrar aos gerentes que a função deles é apoiar e não só controlar;
➤ mostrar à alta administração que ela precisa servir à missão e não só a si própria;
➤ mostrar a todos que eles precisam focar mais no cliente.

Ocorre que esse modismo gerencial esteve tão em voga quanto ver o seu pai (ou CEO) arriscar alguns passos na pista de dança. Não era inspirador: era constrangedor. Não deu certo porque o que o CEO dizia era diferente do que o público ouvia.

O CEO talvez tenha ou não tenha acreditado no próprio discurso sobre ser menos importante do que o pessoal de linha de frente. Mas o que o pessoal ouvia e via era o seguinte:

➤ A pirâmide invertida parecia um pião fora de controle: essa era uma metáfora adequada para muitas empresas.
➤ Todo o pião dependia de uma única pessoa na ponta inferior, que sustentava e equilibrava todo o conjunto: o CEO. Essa pretensão parecia mais arrogância do que humildade.

> Se o CEO era realmente tão desimportante, por que ele recebia tanto dinheiro e por que ele retinha tanto poder, em termos de decisões, orçamentos, recursos, recompensas e reconhecimento?

O líder serve à missão

As organizações orientadas pela missão incluem algumas das mais transformadoras e duradouras. Elas são longevas, em comparação com a maioria das empresas: apenas 27 das 100 empresas que compunham o FTSE 100, criado em 1984, ainda estão no índice.[81] As demais foram retiradas por extinção ou irrelevância ou foram incorporadas por outras. A empresa mais antiga do mundo é um hotel de fontes termais, no Japão, chamado Nishiyama Onsen Keiunkan, que existe desde o ano 705.[82] Mas a Igreja Católica já está entrando no terceiro milênio com cerca de 2.000 anos. Isso é longevidade. E algumas das organizações mais transformacionais têm forte senso de missão: elas não estão aí só para ganhar dinheiro. Liderar organizações sem fins lucrativos, como Oxfam e Médicos Sem Fronteiras, faz enorme diferença. Empresas orientadas pela missão, como o Google, em seus primórdios, podem ser disruptivas e transformacionais. Unidades de elite das Forças Armadas realizam feitos extraordinários, em circunstâncias excepcionais: como característica comum, elas têm forte senso de missão. Todas essas organizações orientadas pela missão também compartilham forte senso de valores.

Sem dúvida, se a missão é tão importante, faz sentido ter um líder que serve à missão. Os líderes com senso de missão podem ser visionários e inspiradores. Também podem ser força poderosa para o bem ou para o mal. Nem todas as missões, porém, são boas missões, como demonstraram os ditadores do século XX.

Sustentar o senso de missão por parte da organização e do líder é difícil, sobretudo no mundo de hoje. Se o tempo de serviço médio das pessoas com o mesmo empregador é de cinco anos ou menos (ver Mito 9), os empregados focarão na própria missão e na construção da carreira.

---

[81] FTSE 100 Index Original Share Constituents. *The Harriman Stock Market Almanac*, 24 fev. 2015. <https://goo.gl/W7mBCb>.

[82] OLDEST Hotel. *Guinness World Records*, 2015. <http://www.guinnessworldrecords. com/world-records/oldest-hotel/>.

Pedir paixão e lealdade à linha de frente e depois lançar programas de *downsizing*, com demissão de pessoal, a pretexto de reduzir o tamanho da empresa, é incoerência entre palavras e ações: a linha de frente acreditará em suas ações, não em suas palavras. Com o passar do tempo, muitos líderes orientados pela missão também passarão por transformações: começam servindo à missão e, aos poucos, a missão passa a servir aos líderes. A missão torna-se veículo para promovê-los e para reforçar seu perfil e seu prestígio. Eles continuam apaixonados pela missão, mas só porque ela lhes presta bons serviços. Embora a mudança seja sutil, o pessoal de linha de frente a percebe com nitidez, o que leva à arrogância e, depois, à destruição. Meus advogados me recomendaram não mencionar casos concretos.

Lições para os líderes

Sempre cumpra o prometido

Significa ser muito cuidadoso com o que diz. O modismo gerencial mais recente (como pirâmides invertidas) talvez pareça e soe ótimo, mas verifique se ele reflete uma realidade que você está disposto a criar e se transmite uma mensagem confiável à organização.

Evite modismos

Eles não impressionam ninguém.

Trate bem o pessoal da linha de frente

Essa é a mensagem central da liderança servidora, e é válida. Há, porém, outras maneiras de respeitar e apoiar o pessoal da linha de frente, além de mostrar-lhes pirâmides invertidas.

A missão é poderosa, mas...

Zele pela consistência entre o que você diz e o que você faz. Comprometimento é um processo de mão dupla. Se você exige comprometimento do pessoal de linha de frente, você precisa mostrar-lhes que também está comprometido com eles. Você pode ter um acordo com eles pelo qual eles servem à missão durante alguns anos, ganham muita experiência e, então, se afastam: se esse é o contrato, seja explícito a esse respeito.

Seja honesto consigo mesmo

Certifique-se de que realmente você está servindo à missão e que a missão não se destina apenas a servir a você. Até que ponto você está preparado para se sacrificar pela missão, em termos pessoais e profissionais? Será que você estaria disposto a abrir mão de salários, bônus e promoções a bem da missão, ou a missão não passa de meio para otimizar seus salários, bônus e promoções?

Conclusão

Os principais modismos e mitos são montanhas de tolices, erguidas sobre um núcleo de verdade. A liderança servidora é um clássico. Embora os verdadeiros líderes servidores sejam notáveis, honrados e vencedores, eles são a exceção que comprova a regra. Esse foi um modismo que mereceu desaparecer na história. Ele não é tão letal e prejudicial quanto outros modismos, por isso se qualifica para apenas quatro unicórnios em vez de cinco.

MITO 39

O LÍDER HUMILDE

A maioria das pessoas se considera acima da média, o que é estatisticamente impossível, mas emocionalmente inevitável.

A natureza do mito

Já não basta que os líderes sejam visionários, carismáticos, inspiradores, decididos e motivadores. Você também precisa ser humilde. É pedir muito. O Super-Homem talvez seja o modelo do líder humilde; ele tinha tudo, mas era humilde. Sem dúvida, talvez seja hora de os líderes imitarem o Super-Homem: comece usando a cueca por cima da calça.

A ideia do líder humilde é reação à teoria do Grande Homem como líder. Um olhar casual do seu escritório e da vida real mostra que os líderes, na maioria, não são grandes homens ou mulheres, nem carismáticos, nem inspiradores. O mais provável é que se encaixem no estereótipo de pessoas comuns, que realizam coisas extraordinárias. A questão é se comum de fato significa humilde, e o que realmente significa humilde.

Não existe definição convencional, nem consensual de líder humilde. Diferentes pessoas atribuem diferentes qualidades a líderes humildes, conforme suas necessidades e opiniões. Em meio a essa diversidade, parece que três temas distintos referentes a humildade se destacam:

1. humilde consigo próprio;
2. humilde com os outros;
3. humilde quanto à ambição.

Por que este mito é importante

Se a teoria do Grande Homem como líder está tão desacreditada, é preciso ter uma alternativa. A humildade desponta como boa alternativa, por ser praticamente o oposto de Grande Homem. Como no caso de todas as teorias sobre liderança, poucos são os líderes que se encaixam na teoria. A partir desse ponto, basta um pequeno salto, embora tremendamente errado, para que você reivindique ter descoberto o segredo da liderança. Tudo o que você demonstrou é que alguma forma de humildade funciona bem para alguns líderes, em certos contextos. Infelizmente, essa mensagem matizada não vende livros, nem inspira grandes palestras; é preciso ser ousado e oferecer *A Resposta*, preferencialmente em três passos fáceis.

Nenhuma teoria de liderança resiste a qualquer modalidade de teste científico durante muito tempo, pois todas as teorias estão sujeitas a falsificações rápidas. Não existe fórmula universal para a liderança, como $E = mc^2$. Toda teoria de liderança, porém, tem seu valor; cada uma delas abre uma janela para a realidade e o convida a refletir sobre o que realmente funciona e não funciona. Nessa linha, vale a pena pesquisar a teoria de liderança com base na humildade, para ver o que é possível aprender.

Lições para os líderes

Humilde consigo próprio

Uma pesquisa de *feedback* 360 graus abrangendo 69.000 gestores mostrou que os líderes sobrestimam ou subestimam suas capacidades. Até aqui, nenhuma surpresa.[83] Mas os líderes que subestimam suas capacidades parecem ser vistos como melhores líderes pelas equipes. As equipes parecem engajar-se melhor com líderes humildes do que

---

[83] ZENGER, Jack; FOLKMAN, Joseph. We Like Leaders Who Underrate Themselves. *Harvard Business Review*, 10 nov. 2015. <https://hbr.org/2015/11/we-like-leaders--who-underrate-themselves>.

com líderes arrogantes. E também consideram os líderes humildes mais eficazes. E, agora, uma avaliação subjetiva: as equipes atribuem avaliação mais alta aos líderes de que gostam.

Na prática, é difícil cultivar esse tipo de humildade. A maioria das pessoas apresenta algum tipo de complexo de superioridade. Eis alguns exemplos:

> Oitenta e sete por cento dos alunos de MBA de Stanford se consideram acima da média.[84]

> De um milhão de alunos que se submeteram a exames SAT, 85% também se avaliaram acima da média em capacidade de relacionamento com outras pessoas; 25% se incluíram no 1% superior.[85]

> Noventa e três por cento dos motoristas se julgam com competências acima da média como condutores de veículos automotores; mesmo entre os modestos suecos, 69% se supõem acima da média.[86]

Agora, submeta-se a um teste: você se considera abaixo ou acima da média em termos de honestidade, credibilidade, dedicação ao trabalho, integridade e habilidades como motorista? A maioria das pessoas se considera acima da média, o que é estatisticamente impossível, mas emocionalmente inevitável.

Esse aspecto da humildade pode ser interpretado no sentido de que os líderes precisam admitir suas falhas, fraquezas, dúvidas e deficiências em público. Isso é considerado liderança autêntica (ver Mito 42), que valoriza os líderes e os torna mais acessíveis. Talvez, porém, seja levar a humildade longe demais. Os líderes são mercadores de esperança: é preciso conceber uma visão positiva do futuro para a equipe. Se, em vez disso, você está sempre choramingando seus medos, dúvidas e fraquezas, você não convencerá a equipe de que pode liderá-la para um futuro mais radiante. Eles talvez até duvidem que você seja capaz de liderá-los para qualquer lugar.

O benefício de ser humilde em relação às suas capacidades é encorajá-lo a aprender e a crescer. Também o estimula a respeitar as

---

[84] ZUCKERMAN, E. W.; JOST, J. What Makes You Think You're So Popular? Self-Evaluation Maintenance and the Subjective Side of the "Friendship Paradox". *Social Psychology Quarterly*, v. 64, n. 3, p. 207-23, 2001.

[85] ALICKE, Mark; DUNNING, David; KRUEGER, Joachim. The Self in Social Judgement. *Psychology Press*, p. 85-106, 2005.

[86] SVENSON, Ola. Are We All Less Risky and More Skillful Than Our Fellow Drivers? *Acta Psychologica*, v. 47, n. 2, p. 143-48, 1981.

visões e os talentos alheios. E ainda o torna mais inclusivo nas decisões e mais disposto a delegar. Todos esses traços são positivos para o líder.

Humilde com os outros

Os líderes humildes são melhores em empoderar as equipes. Até na China, que é vista, tradicionalmente, como sociedade muito hierárquica, os CEOs mais humildes promovem mais engajamento e empoderamento do que os mais arrogantes.[87]

Como sempre, nesses estudos, engajamento e eficácia tendem a misturar-se. Humildade claramente propicia equipes mais engajadas, até certo ponto. Todas as outras coisas sendo iguais, equipes mais engajadas apresentam melhor desempenho que equipes menos engajadas. As outras coisas, porém, nunca são iguais. A humildade tem um lado negativo, que é a falta de ambição.

Humilde quanto à ambição

Esse é o lado negativo da humildade. Os líderes humildes são menos propensos a desafiar o sistema, a forçar mudanças ou a construir uma visão cativante. Se você deprecia os próprios talentos e enaltece as competências e as capacidades alheias, você dificilmente será um líder revolucionário que leva as pessoas aonde elas não iriam sozinhas. Em outras palavras, você não está liderando. O líder humilde não pode ser líder de modo algum, mas pode ser excelente gestor.

Conclusão

Como todos os mitos, este é fantasia construída sobre um fiapo de realidade. Há, sem dúvida, casos reais de líderes humildes bem-sucedidos. As evidências esmagadoras, porém, apontam na direção oposta. Se você quer liderar, ter ambições quanto à sua missão; a maioria das pessoas sofre de complexo de superioridade, o que não é compatível com humildade. Quatro unicórnios para este mito; o unicórnio ausente é deferência ao fiapo de realidade por trás do mito.

---

[87] OU, Amy Y. et al. Humble Chief Executive Officers' Connections to Top Management Team Integration and Middle Managers' Responses. *Administrative Science Quarterly*, v. 59, n. 1, p. 34-72, 2014.

MITO 40
LIDERANÇA DISTRIBUÍDA

*Delegação é uma questão
de confiança.*

A natureza do mito

A liderança distribuída é uma nova reinvenção de uma ideia muito antiga que trata de um problema eterno: como liderar em um sistema complexo e disperso? Em seu atual formato, a ideia começou em educação e de lá se espalhou para outros campos.[88] O desafio existe há milênios. O Império Romano era vasto, complexo e altamente disperso. Eles não tinham e-mail, nem telefone, ou seja, Roma não tinha como monitorar as pequenas variações na receita tributária oriunda da distante Bretanha. Além disso, se o representante de Roma na Judeia por acaso crucificasse a pessoa errada, bem... nem pensar. Eles não tinham escolha: os romanos precisavam distribuir a liderança para dirigir todos os rincões do seu vasto e disperso império.

O âmago da ideia é compartilhar a liderança entre um grupo, em vez de confiar em uma única pessoa. É uma maneira de engajar com eficácia toda a equipe e otimizar o desempenho. É uma ideia oportuna e atual, no sentido de que repudia a tradição do líder como

---

[88] BOLDEN, Richard. Distributed Leadership in Organizations: A Review of Theory and Research. *International Journal of Management Reviews*, v. 13, n. 3, p. 251-69, 2011.

Grande Homem ou Grande Mulher. Também é altamente relevante no contexto global, onde é enorme a tensão entre manter o controle central e distribuir o poder entre equipes descentralizadas mundo afora. Constituir equipes globais eficazes mostra como é desafiadora na prática a ideia de distribuir a liderança.[89]

A natureza exata da teoria depende do interlocutor. A implementação prática é vaga: como o conceito está na moda no meio universitário, qualquer líder acadêmico que delega qualquer coisa diz que adota a liderança distribuída.

Por que este mito é importante

Este mito envolve dois aspectos vitais da liderança: controle e delegação. Distribuir a liderança exige delegação; quanto mais você delega, porém, mais enfrenta o desafio do controle. No sentido oposto, quem controla com inteligência pode delegar com mais confiança. Compreender a *trade-off* entre controle e delegação oferece-lhe mais *insights* sobre a natureza da liderança distribuída.

Alavancas de controle

Historicamente, quatro são as maneiras pelas quais as empresas exercem controle:

> ➤ **Padrões e competências**. As guildas medievais eram um triunfo da padronização. Significavam que, não importa onde você estivesse, você sabia o que estava comprando quando comprava um pão: o peso e os ingredientes eram consistentes e previsíveis. Essa tradição sobrevive nos ofícios modernos de contabilidade, magistério, odontologia, instalações hidráulicas e medicina, nas quais entidades independentes verificam se os indivíduos estão qualificados para o exercício da profissão.

> ➤ **Valores**. A Companhia das Índias Orientais foi uma das primeiras empresas realmente globais.[90] Ela fez fortuna ao tornar-se o maior traficante de drogas do mundo, exportando ópio da

---

[89] OWEN, 2016.

[90] LANDOW, George P. The British East India Company: the Company that Owned a Nation. Disponível em: <http://www.victorianweb.org/history/empire/india/eic.html>. Acesso em: 2 fev. 2018.

Índia para a China. Ela podia confiar em seus representantes em todo o mundo por uma razão: todos tinham o mesmo padrão de educação, em escolas públicas britânicas, que haviam sido concebidas e funcionavam para formar pessoas capazes de dirigir um império. Todas tinham os mesmos valores e perspectivas. Essa é uma tradição que ainda prevalece em muitas empresas globais. Algumas mostram forte viés nacionalista: todos os principais cargos são exercidos por cidadãos natos do país. Outras constroem um conjunto de valores singular: você pode ser de qualquer raça, fé ou gênero, mas é preciso incorporar a ideia de "uma só empresa". Não se tolera a diversidade de valores.

➤ **Informação**. Os grandes conglomerados do passado gerenciavam portfólios de negócios extremamente diversificados, em que não tinham experiência notória. O que elas faziam muito bem era usar informações para monitorar a administração e, então, oferecer aos gestores incentivos poderosos para que trabalhassem bem. A explosão de dados disponíveis para os líderes hoje significa que é possível ter mais informações, com mais rapidez, do que nunca antes. Informação e confiança são, em geral, inversamente proporcionais: alto nível de prestação de contas reflete baixo nível de confiança. Alto nível de informação possibilita ao líder o microgerenciamento. Também permite que o líder delegue mais: você pode ficar seguro de que os dados lhe mostrarão quando dar um passo atrás e intervir.

➤ **Processos**. O controle do processo é óbvio numa linha de produção de automóveis. Se o fluxo de dados em tempo real for excelente, será possível para os operadores de linha de frente assumir o controle, na medida em que cada um deles tiver condições de paralisar toda a linha de produção, se e quando necessário. O controle do processo também se aplica à administração. Walter Lingue é um herói anônimo da globalização. Ele globalizou a Procter & Gamble e seu sistema de gestão de marcas com um *insight* simples: se todos os processos e procedimentos bem-sucedidos da sede, em Cincinnati, forem replicados corrente abaixo para especificar a extensão e formato do relatório de marca mensal, será possível permitir que cada gestor de país gerencie com sucesso suas próprias marcas. E, assim, os controles foram introduzidos nos sistemas, com o apoio de uns poucos executivos internacionais, para garantir a observância correta dos padrões. Nos dias anteriores à internet, foi uma solução altamente prática e eficaz.[91]

Na prática, as empresas e os líderes adotam uma mistura de todos os métodos de controle.

Delegação

Os líderes geralmente têm dificuldade em delegar. A Tabela 40.1 mostra algumas razões abertas e reais para não delegar.

Em última análise, delegação é uma questão de confiança. Ao delegar uma tarefa, você gera dependência: você passa a depender de outra pessoa que lhe entrega alguma coisa. A maioria dos líderes prefere manter o controle a ser dependente. Esse é o ponto em que é preciso confiar em sistemas de controle eficazes para acreditar na possibilidade de delegação.

Tabela 40.1: Razões alegadas e razões verdadeiras para não delegar

RAZÕES ALEGADAS PARA NÃO DELEGAR	RAZÕES VERDADEIRAS PARA NÃO DELEGAR
Isso não é importante	Não confio na minha equipe para fazer isso
Para mim, é mais rápido fazer	Não confio na minha equipe para fazer isso também
Só eu tenho as competências necessárias	Não acho que a minha equipe tem talento para fazer isso
Sou responsável por isso	Confiar na minha equipe? Você está brincando!
Minha equipe está ocupada demais	Nunca confiarei na minha equipe

Lições para os líderes

Para não ser o líder heroico solitário, você precisa distribuir suas atribuições como líder entre os membros da equipe. No nível mais básico, essa é uma ótima maneira de dizer que você precisa delegar.

---

[91] OWEN, 2016.

Desenvolver confiança suficiente para delegar requer, em parte, desenvolver confiança pessoal em cada membro da equipe. Você terá consciência do que eles podem e não podem fazer. Delegar, porém, também exige criar mecanismos de controle que lhe propiciem confiança suficiente para delegar mais. Se você contar com as informações e com os processos certos e a equipe dispuser dos padrões, das competências e dos valores certos, será fácil delegar. Se a dificuldade em delegar persistir, você tem dois recursos:

> Olhe-se ao espelho e veja se você tem alta necessidade de controle.

> Veja como você pode melhorar as alavancas de controle: valores, competências e padrões, informações e processos.

Conclusão

A necessidade de liderança distribuída está aí há milhares de anos. Não se trata bem de uma teoria de liderança: é uma realidade da liderança a que muitos líderes resistem e com que muitos líderes têm dificuldade. Zero unicórnios.

MITO 41

LIDERANÇA TRANSACIONAL E TRANSFORMACIONAL

O seu trabalho é exercer a liderança, não é dominar a teoria da liderança.

A natureza do mito

Trata-se, aqui, de dois mitos interligados, ou seja, você leva dois mitos pelo preço de um. Boa pechincha! Para melhorar a pechincha, este mito também se refere a outros cinco mitos e teorias de liderança. Há um motivo para isso: as teorias de liderança transacional e transformacional refletem um diálogo muito mais amplo sobre a natureza da liderança.

Estes mitos surgiram na década de 1970. Gente importante, em grandes eventos, discutia sobre os méritos de duas abordagens à liderança. Esse debate seguiu a verdadeira tradição dialética de Marx e Hegel,[92] em que uma tese (liderança transformacional) gerava uma antítese (liderança transacional), que levava a uma síntese: é preciso um pouco de ambas. Questiona-se se os líderes do mundo capitalista seguiram uma tradição marxista.

Embora o debate sobre liderança tenha evoluído, a controvérsia original ilustra alguns desafios e verdades sobre a natureza da liderança.

---

[92] Marx argumentou que essa forma de materialismo dialético contradiz a dialética de Hegel. Nunca se meta no meio de uma discussão entre dois filósofos.

Por que este mito é importante

A liderança transacional e a liderança transformacional seguiam duas abordagens radicalmente diferentes. Adotar a abordagem certa é importante. Eis a essência da questão: qual será a sua escolha?

Liderança transformacional

> ➤ **Tarefas.** Foco em desenvolver a confiança da equipe em você. Engaje-os e imbua-os de mais motivação, moralidade e propósito. Inspire-lhes forte senso de identidade e missão.

> ➤ **Natureza do líder.** Você será carismático e inspirador, com alta capacidade de motivar, influenciar e persuadir. Você desafiará o *status quo* e promoverá a mudança.

> ➤ **Crenças orientadoras.** As pessoas querem trabalhar bem e você pode confiar nelas. A equipe se impregnará do senso de propósito ao perseguir uma visão ousada e estará preparada para pôr a visão e o grupo adiante de si mesma.

Liderança transacional

> ➤ **Tarefas.** Construir um tipo de máquina organizacional que funcione. Definir metas, recompensas e sansões claras. Apelar para o interesse próprio de cada membro da equipe.

> ➤ **Natureza do líder.** Você será organizado, analítico, objetivo e justo, e manterá o *status quo*.

> ➤ **Crenças orientadoras.** As equipes cuidam de seus interesses próprios e são utilitárias: procuram maximizar o prazer e minimizar a dor.

Este mito é produto de um debate infindável sobre liderança, que se manifesta sob diferentes formas. A controvérsia se expressa de três maneiras, em três outras teorias clássicas sobre administração:

> ➤ **Hierarquia das necessidades, de Maslow.** Maslow argumentava que todos somos viciados em necessidades.[93] Depois de atendermos às nossas necessidades básicas por alimento, água

---

[93] MASLOW, A. H. A Theory of Human Motivation. *Psychological Review*, v. 50, n. 4, p. 370-96, 1943.

e segurança, simplesmente progredimos para necessidades de ordem superior, até aspirarmos à imortalidade, deixando um legado para uma universidade. De uma maneira ou de outra, sempre queremos mais. A liderança transacional assume que as equipes estão na ponta inferior da hierarquia de Maslow; a liderança transformacional assume que as equipes já satisfizeram a suas necessidades básicas e agora estão buscando significado no trabalho.

➤ **Teoria X e Teoria Y.**[94] Trata-se de diferentes visões das pessoas. A Teoria X é pessimista e pressupõe que as pessoas só trabalham por interesse próprio e são motivadas por recompensas e punições expressas. A Teoria Y é mais otimista: as pessoas se automotivam para trabalhar bem; elas procuram melhorar e encontrar significado no trabalho. A maneira como você gerencia, controla e recompensa as pessoas depende da sua crença na Teoria X ou na Teoria Y. A Teoria X é consistente com a liderança transacional; a Teoria Y é consistente com a liderança transformacional.

➤ **Liderança focada na tarefa** *versus* **liderança focada na pessoa (ou no relacionamento).** Essa *trade-off* é a base de muitos sistemas de avaliação. Você foca nos objetivos, nos resultados, nas tarefas e nas estruturas, ou foca na comunicação, nos relacionamentos, no bem-estar da equipe e na eficácia? A resposta, evidentemente, é que você precisa de ambas as abordagens. A maioria dos líderes, porém, tem um viés forte para um ou para outro lado da disjunção.

Se você ainda não votou pela liderança transacional ou transformacional, eis mais uma teoria que talvez lhe permita votar em ambas as formas de liderança.

➤ **Teoria da Contingência.**[95] Faz o que diz o nome: você precisa de diferentes tipos de liderança em diferentes tipos de contexto. Muitas são as variações sobre o mesmo tema, mas a mensagem básica é simples: é necessário se adaptar às circunstâncias. Por exemplo:

---

[94] MCGREGOR, Douglas. *The Human Side of Enterprise*. Nova York: McGraw-Hill, 1960.
[95] FIEDLER, F. E. A Theory of Leadership Effectiveness. Nova York: McGraw-Hill, 19671.

A liderança transacional funciona bem nas crises, em que o foco é na sobrevivência: incêndios e outras catástrofes não são o momento de inspirar visões para o futuro. Também funciona bem quando as pessoas estão pouco engajadas no trabalho e só querem saber o que precisam fazer. É o que ocorre na tendência moderna para a administração por algoritmo: motoristas, almoxarifes e congêneres recebem instruções de um computador, que lhes diz o que fazer e como fazer. O algoritmo é altamente eficiente e aprende rápido: se seu chefe é um algoritmo, seu chefe é um tirano que sempre exige de você cada vez mais.

A liderança transformacional funciona bem com profissionais que resistem ao microgerenciamento e querem encontrar significado e propósito no trabalho. Como teoria, porém, ela exige muito dos líderes. Poucos líderes conseguem ser inspiradores e carismáticos; motivar a equipe para um patamar moral mais elevado é ótimo, mas não é necessário, nem muito factível.

Lições para os líderes

Evite muita teoria

Se você se aventurar a nadar no oceano das teorias de liderança, é provável que se afogue. Seu trabalho é exercer a liderança, não é dominar as teorias de liderança.

Os líderes precisam ser transformacionais

Isso é essencial, se quiserem fazer diferença. Mas você não precisa ser carismático para fazer diferença.

A liderança transacional tem mais a ver com administração

É como construir um tipo de máquina em que você pode confiar. Os líderes precisam da máquina (administração transacional), mas eles também precisam do engajamento da equipe (liderança transformacional). A dialética marxista entre liderança transacional e liderança transformacional produziu a síntese: para liderar você precisa de um pouco de ambas as teorias.

Conclusão

Mito e realidade abrem caminho em meio a ambas as teorias. Os líderes devem ser transformacionais e transacionais; eles precisam gerenciar pessoas e tarefas; eles têm que motivar e controlar. Não é isto *ou* aquilo. É isto *e* aquilo. Como ambas as teorias são verdadeiras, deveria ser zero unicórnio, mas como o debate foi formulado como escolha, devem ser cinco unicórnios. Isso leva a uma conciliação insatisfatória: três unicórnios.

MITO 42
LIDERANÇA AUTÊNTICA

*Você não será bem-sucedido tentando ser outra pessoa,
e você não será bem-sucedido sendo só você mesmo.*

A natureza do mito

Liderança autêntica é um mito escorregadio porque não existe uma versão consensual do que seja isso. Significa coisas diferentes para pessoas diferentes.

Duas características aparecem reiteradamente em análises sobre liderança autêntica:

> ➤ o líder deve transparecer o que realmente é;
> ➤ o líder autêntico é aberto em relação às suas ideias e crenças.

Sobre esses dois pilares, adiciona-se qualquer atributo à ideia de liderança autêntica: o líder autêntico pede *feedback*, é justo e honesto, tem fortes fundamentos éticos. Em outras palavras, autêntico é senha para "ideal". Quanto mais ampla for a definição, menos útil ela será.

Por que este mito é importante

A bem do mito, focaremos nos dois traços identificados acima.

O líder deve transparecer o que realmente é

Em um nível, essa afirmação é um truísmo que desafia grande parte da literatura sobre liderança. Veem-se muitos livros por aí que pretendem revelar os segredos da liderança de todos os líderes que se destacam, de Genghis Kahn a Steve Jobs. Mas há uma falha em todos esses livros: você não será bem-sucedido tentando ser outra pessoa. Se você tentar ser uma combinação de Nelson Mandela e almirante Lord Nelson, você se perderá na confusão.

Da mesma maneira, porém, se você sempre insistir em ser você mesmo, fracassará. Se você ficar por aí como um adolescente, em plena angústia hormonal, esperando que o mundo reconheça seu verdadeiro gênio, sua espera será longa.

Temos, então, um paradoxo: você não será bem-sucedido tentando ser outra pessoa, e você não será bem-sucedido sendo só você mesmo (autêntico). A esta altura, parece que talvez seja melhor desistirmos. Há, contudo, uma solução a ser descoberta.

Os líderes autênticos são abertos em relação a seus pensamentos e crenças

Essa crença parece ser incontroversa. Para merecer confiança, você deve ser honesto. Isso significa ser honesto em relação às próprias ideias. Ao se referir à sua vida pessoal e profissional, porém, há muitas situações em que ser honesto pode causar problemas. A discrição pode ser melhor que a honestidade.

A tensão entre honestidade e discrição foi salientada por um CEO que estava refletindo sobre sua jornada de liderança:

> Quando eu era jovem, se eu me sentisse zangado e frustrado, eu o demonstrava. Isso sempre me deixou em apuros. Ainda fico zangado e frustrado, mas aprendi a usar a máscara da liderança. Minha equipe capta a minha disposição e a reflete. Se quero que sejam profissionais e positivos, essa é a máscara que devo usar o tempo todo. Minha máscara faz toda a diferença.

Mas será que você sempre deve ser honesto em relação a seus pensamentos e crenças?

Lições para os líderes

O líder deve transparecer o que realmente é

A solução do paradoxo da liderança é simples: os líderes devem ser o melhor de si mesmos.

Você não pode fingir ser alguém que não é. Nem você precisa ser outra pessoa. Felizmente, liderança é esporte de equipe. Você pode e deve construir sua equipe de modo que ela alcance uma posição de equilíbrio de competências, estilos e forças. Ao compor a equipe, procure indivíduos capazes de preencher as lacunas das suas deficiências. Se você detesta contabilidade, aprenda a amar contadores: eles podem poupá-lo do inferno da escrituração contábil.

Mas não basta ser apenas quem você é. Todos os líderes têm um ou dois atributos singulares. Compreenda quais são as suas forças e erga-se sobre elas; encontre funções e empresas onde as suas forças sejam importantes, pois é aí que você progredirá. Para tornar-se o melhor de si mesmo, é preciso comprometer-se com uma vida de aprendizado e desenvolvimento. Nenhum líder é produto acabado; sempre há novos desafios a serem enfrentados e novas competências a serem aprendidas.

O líder autêntico é aberto em relação às suas ideias e crenças

Se seus pensamentos são sempre positivos e construtivos, você é feliz e tem fundamentos para ser excelente líder. Quase sempre, podemos ser positivos e construtivos, mas quase sempre não conta. Não queremos ter um coração que funciona quase sempre. O momento da verdade é quando as coisas dão errado: como reagir à situação?

Nessas situações é que ser aberto e honesto é perigoso. Você precisa ser aberto e honesto sobre a situação porque as pessoas querem saber o que está acontecendo e onde estão. Se, porém, você estiver sentindo raiva, frustração e desejo de vingança, ser aberto e honesto em relação a esses sentimentos é destrutivo. Suas manifestações nesse sentido levarão a equipe a implodir numa mistura de medo e de recriminação. Nessas ocasiões é que você precisa usar a máscara da liderança: projete o estilo a ser seguido pela equipe.

Você precisa ser cuidadoso até com seus pensamentos. Às vezes, você talvez pense que algum membro da equipe tem sido indolente, descuidado, desonesto e ingênuo. Se você revelar esses pensamentos à pessoa, e a outros, você acendeu o pavio do conflito. E é até possível que o seu julgamento inicial esteja errado; sempre há muitas explicações inocentes para os infortúnios. Em vez de ser autêntico, vale a pena ser discreto. Reserve suas visões para você mesmo; conceda-se algum tempo para descobrir o que realmente está acontecendo.

Sumário

1. Intensifique suas forças e atenue suas deficiências. Liderança é esporte de equipe (embora haja quem argumente que isso também é mito; ver Mito 43). Portanto, descubra pessoas cujas forças se concentram onde você não é tão forte.

2. Prepare-se para usar a máscara da liderança e dar o exemplo a ser seguido pela equipe.

Conclusão

Este mito é verdadeiro, mas pode ser muito enganoso. Você precisa ser autêntico, porque não pode ser outra pessoa. Mas isso não é suficiente. Você deve ser o melhor de si mesmo. Portanto, este mito pode extraviá-lo, levando-o a ser só quem você é. Daí resulta que, embora o mito seja verdadeiro (zero unicórnios), seu potencial de desorientação rende-lhe dois unicórnios.

MITO 43
LIDERANÇA É ESPORTE DE EQUIPE

Você enfrenta uma trade-off *entre criar uma equipe coesa e criar um grupo de indivíduos.*

A natureza do mito

Este é um mito perigoso, porque ele se situa no âmago de *Mitos sobre Liderança*.

Os mitos surgem porque a natureza da liderança mudou. Liderança não mais tem a ver com o grande homem ou com o herói solitário, que conduz a multidão para um futuro ensolarado. Os negócios são complicados demais e mudam rápido demais para que qualquer pessoa os domine. E "a multidão" já não são as massas pouco informadas, com poucas escolhas na vida. É mais provável que sejam profissionais altamente escolarizados, que esperam participar da formação de seu futuro. Nesse novo contexto, liderança tem que ser um esporte coletivo, de equipe, em vez de um esporte individual.

A essência deste livro, porém, e, de resto, de todos os bons líderes, é estar pronto para questionar tudo. As presunções ou premissas quase sempre são atalhos mentais úteis. Também podem ser perigosas, se não forem totalmente compreendidas. Sob essa perspectiva, faz sentido desafiar a ideia de que liderança é um esporte de equipe.

Por que este mito é importante

É enorme a diferença entre os conceitos de líder como herói solitário e liderança como esporte de equipe. Faz sentido inquirir sobre que tipo de liderança é mais eficaz.

Na teoria, liderança em equipe faz mais sentido, na medida em que possibilita a liberação de toda a criatividade e poder da equipe, que impulsiona o florescimento de diferentes talentos e estilo, e que reduz o risco de depender de uma única pessoa.

Na prática, a liderança não segue a teoria. Esse é o problema da realidade: ela nunca corresponde à teoria. Para ver a diferença entre teoria e prática, observe uma reunião do Conselho de Administração ou uma reunião do comitê executivo. Na teoria, é onde a equipe de liderança se reúne para liderar e gerenciar o negócio. Na prática, a equipe de liderança não age como equipe. A reunião se desenrola mais como uma série de partidas de pingue-pongue em mesas separadas entre o presidente do Conselho e cada pessoa sentada ao redor da mesa. Os responsáveis por cada unidade de negócios ou por cada unidade funcional dá o saque e o presidente do Conselho rebate com algumas perguntas e desafios. Ao fim dessa primeira partida, passa-se para a seguinte, entre o presidente do Conselho e o executivo de outra unidade de negócios ou funcional. Durante cada partida, todos os demais contendores ficam calados e observam, na tentativa de captar dicas sobre como jogar com o presidente do conselho, sobre como está o humor dele no dia e que tipo de táticas ele está usando.

Na realidade, a equipe de liderança geralmente atua como um grupo de indivíduos, não como uma equipe coesa. Há razões racionais, políticas e emocionais para isso:

> ▶ **Racionais.** As atribuições ou incumbências e a autoridade ou poderes para executá-las podem ser delegadas, mas as responsabilidades ou prestações de contas perante o superior hierárquico são intransferíveis ou indelegáveis. Clareza na definição das responsabilidades significa que cada unidade de negócios ou cada unidade funcional tem que responder ou prestar contas pelo próprio desempenho. Isso leva às diferentes mesas e partidas de pingue-pongue com o presidente do Conselho de Administração.

➤ **Políticas.** No nível do Conselho de Administração predomina uma regra de sobrevivência: não meta o nariz no negócio alheio. Mesmo que pareça tentador expressar opiniões sobre as falhas dos colegas, atitudes desse tipo são consideradas provocações que merecem retaliação em escala nuclear. Para sobreviver, mantenha-se firme em seu próprio território.

➤ **Emocionais.** Os chefes gostam de chefiar. As reuniões do Conselho são as oportunidades em que eles são a autoridade. É relativamente fácil lidar com os membros do Conselho, um a um. Ao promover uma discussão aberta, em que todos contribuem, fica difícil controlar o resultado. O presidente do Conselho, numa discussão aberta, é apenas uma voz entre muitas; numa discussão um a um, o chefe é o chefe, que destila sabedoria, justiça e sentenças.

A ideia de liderança em equipe é escorregadia. Os membros das equipes podem ser altamente interdependentes, como no nado sincronizado ou no futebol americano. No futebol americano, cada jogador precisa jogar bem, mas é completamente dependente do resto da equipe para ser eficaz. Em contraste, nos eventos com equipes de golfe, o desempenho de cada golfista não depende do desempenho dos demais golfistas da equipe: um golfista pode ter um bom dia, mesmo que a equipe perca.

Lições para os líderes

Este mito tem uma lição geral e uma lição específica para os líderes.

A lição geral é estar preparado para questionar todas as suposições, até as suas premissas mais básicas. Mesmo que você ache que a sua premissa estava certa desde o início, você confirmará que ela estava correta e como usá-la com eficácia.

A lição específica é como construir a equipe de liderança. Você enfrenta uma *trade-off* entre criar uma equipe coesa e criar um grupo de indivíduos. Para tanto, é necessário equilibrar responsabilidade ou prestação de contas, de um lado, e atribuições ou incumbências, de outro.

Para impulsionar o desempenho, é necessário definir as responsabilidades com clareza: todos precisam saber com exatidão quem responde ou presta contas pelo quê. Isso leva a equipe a tornar-se um grupo de indivíduos, em vez de uma equipe. É compatível com o estilo de liderança tradicional de comando e controle.

Em algumas áreas, porém, as atribuições ou tarefas serão coletivas. Nessas situações, é preciso atuar como equipe coesa, não como grupo de indivíduos. Geralmente, cinco são as áreas em que a equipe precisa agir como equipe integrada, não como grupo de indivíduos:

1. **Estratégia.** Você precisa do *insight* da equipe para chegar à melhor estratégia e também necessita do comprometimento da equipe para fazer acontecer. Qualquer estratégia resultará em "vencedores" e "perdedores" dentro da equipe, e algumas partes da empresa terão mais recursos que outras. O bom processo de estratégia exige que a equipe cultive o valor certo de pôr a equipe antes do indivíduo.

2. **Valores.** A equipe dá o tom para o resto da empresa; por isso é importante que a equipe apresente um conjunto de valores consistente. Um dos valores centrais deve ser o trabalho em equipe. Se a equipe de liderança não atua como equipe, não há como esperar muita colaboração em níveis mais baixos da organização.

3. **Orçamentos.** A alocação de recursos é dever central da liderança. A tentação dos altos executivos é agir como representantes sindicais, procurando o melhor negócio para os seus representados, em vez de cuidar dos interesses da empresa como um todo. É aqui que os valores são importantes: será que as pessoas acreditam que devem jogar para a empresa ou para si próprios?

4. **Pessoas.** Pessoas são os recursos mais valiosos da organização, sobretudo em negócios de serviços. Toda a equipe de liderança precisa estar alinhada e empenhada em descobrir, atrair, desenvolver e reter os talentos certos para o futuro.

5. **Principais iniciativas.** A maioria das empresas desenvolve uma ou duas iniciativas com o propósito de impulsionar o negócio para a frente. As iniciativas mais poderosas exigem o envolvimento de todos os aspectos do negócio. Por exemplo, pôr o cliente em primeiro lugar não é apenas função de

vendas: mesmo finanças e TI desempenham papéis vitais para a realização desse objetivo.

Conclusão

Esse é o tipo de mito que é verdadeiro na teoria (nenhum unicórnio) mas que geralmente é falso na realidade (cinco unicórnios). A realidade tem o péssimo hábito de não corresponder à teoria. Neste caso, contudo, a maioria dos líderes pelo menos tenta exercer a liderança como um esporte de equipe. Um unicórnio.

MITO 44

LIDERANÇA E DINHEIRO: O CÃO QUE NÃO LADRA

Grande riqueza não é sinal de grande liderança.

A natureza do mito

Sherlock Holmes chamou a atenção do policial para o "caso estranho do cachorro morto". O policial protestou que o cachorro não tinha feito nada durante a noite. "Esse é que foi o caso estranho", respondeu Holmes.[96]

Vez por outra, o que não ouvimos nem vemos é tão importante quanto o que ouvimos e vemos. Mas, como mostra a história de Holmes, é muito difícil perceber o que não está presente? Então, o que está faltando nas teorias sobre liderança?

A omissão evidente é dinheiro. Ninguém fala sobre dinheiro. Nos grandes eventos, dinheiro, além de sexo, morte e religião, geralmente é evitado como tema controverso demais. Sem dúvida, há muito a escrever sobre sexo e liderança, mas focaremos em dinheiro. Será que o dinheiro é muito sujo para os especialistas em liderança?

Duas são as razões da importância do dinheiro para a liderança:

---

[96] Se você quiser saber por que o cão não ladra, leia o conto "Silver Blaze", de Sir Arthur Conan Doyle, em *The Memoirs of Sherlock Holmes* (1892).

1. em geral, para liderar é preciso dinheiro;
2. muitos líderes fazem grandes fortunas. Isso suscita uma questão básica que ainda não foi respondida: o que motiva as pessoas a liderar?

Exploraremos esses enigmas, um de cada vez.

Por que este mito é importante

A necessidade de dinheiro

Às vezes, os líderes lideram e não precisam de dinheiro. William Rodriguez é considerado a última pessoa a sair do World Trade Center, em 11/9. A razão de ter sido o último a sair é que ele tinha voltado para retirar pessoas do prédio, com segurança. Naquelas circunstâncias, ele estava liderando na acepção literal do termo: "levar as pessoas aonde elas não iriam sozinhas". Esse tipo de liderança exigiu bravura, não dinheiro.

Quase sempre, porém, os líderes descobrem que é impossível mudar o mundo sem dinheiro. Mesmo os líderes que renunciam ao dinheiro e atacam o capitalismo precisam de financiamentos para realizarem seus objetivos:

➤ Mahatma Gandhi, como se sabe, vivia na pobreza. Seu grande amigo e poeta Sarojini Naidu se queixou a ele: "Você sabe quanto custa mantê-lo na pobreza? Uma fortuna".[97] Isso significa que ele dependia de patrocinadores ricos, como Ghanshyam Das Birla, para financiar a campanha dele.[98]

➤ Karl Marx dependia do capitalista rico Friedrich Engels[99] para sustentá-lo enquanto escrevia *Das Kapital*, preparando o caminho para a revolução comunista. Ele precisava de capitalistas para destruir o capitalismo.

---

[97] KEEPING an Old Man in Poverty. *Aviott*, 2013. <https://aviott.org/2013/12/20/keeping-an-old-man-in-poverty>.

[98] RUSHDIE, Salman. Mahatma Gandhi. *Time*, 14 ago. 2007. <http://content.time.com/time/world/article/0,8599,1653029,00.html>.

[99] A fortuna de Engels foi em grande parte herdada: ele era o filho mais velho de um rico industrial têxtil.

➤ A maioria dos grandes exploradores que enfrentam grandes provações em suas aventuras não dedicam grande parte da vida a explorações. Em estilo mais prosaico, eles passam a maior parte da vida levantando dinheiro de investidores, que também lucram com os seus empreendimentos, além de auferirem receita com atividades paralelas, como palestras e livros. Viver em extrema dificuldade pode ser extremamente dispendioso.

Dinheiro é o combustível da ambição. Grandes ideias sem fontes de financiamento são devaneios.

Para converter as ideias em realidade, os líderes precisam de dinheiro. Essa afirmação é sempre verdadeira, não importa que você esteja liderando um país ou uma equipe de serviços. Na prática, dinheiro é um dos três pilares da liderança bem-sucedida:

1. Ideia. Você precisa de uma ideia sobre como fará diferença.

2. Pessoas. Você precisa de uma ótima equipe para converter sonhos em realidade.

3. Dinheiro. É o combustível das ideias e das pessoas.

A importância do dinheiro reflete-se em quem se torna CEO. Das 100 maiores empresas de capital aberto do Reino Unido, metade dos CEOs tem formação financeira e um quarto são contadores credenciados.[100] Um quarto dos CEOs das empresas da Fortune 500 foram CFOs (diretores financeiros) até serem promovidos a CEOs.[101] A função financeira está assumindo o controle. E, então, dinheiro não é importante para a liderança?

Líderes e riqueza

Nem todos os líderes são movidos a dinheiro. Seria difícil acusar o papa de ser obcecado por dinheiro. José Mujica, que foi presidente do Uruguai de 2010 a 2015, ficou famoso ao doar 90% do seu salário para atividades filantrópicas; ele dirige um fusca

---

[100] CRUMP, Richard. Quarter of FTSE 100 Bosses Are Qualified Accountants. *Financial Director*, 19 maio 2015. <https://goo.gl/NjkkWZ>.

[101] KARAIAN, Jason. Rise of the Number Crunchers: How CFOs Took Over the Boardroom. *Quartz*, 21 fev. 2014. <http://qz.com/179301/how-cfos-took-overthe--boardroom/>.

1987 e vive numa casa muito humilde.[102] Essas são as exceções que comprovam a regra.

A maioria dos líderes demonstra grande afeição ao dinheiro, mais dinheiro do que qualquer pessoa razoável realmente precisaria. A remuneração média total das 350 maiores empresas dos Estados Unidos chegou a US$ 16,4 milhões em 2014. Isso é mais do que você precisa para toda a champanhe que você puder beber durante toda a vida. Também é mais do que 300 vezes a remuneração média do trabalhador. Em 1965, a remuneração média do CEO correspondia a 20 vezes a remuneração média do trabalhador.[103] Não se sabe ao certo quanto desses CEOs realmente são líderes além de gestores, e quantos estão apenas gerenciando um legado mas não são líderes.

Historicamente, dinheiro e poder sempre caminharam de mãos dadas. Luís XIV, da França, teria declarado ao Parlamento: "L'état c'est moi"[104] ("Eu sou o Estado"). Ele repetiu a crença dos governantes ao longo das eras: a riqueza do Estado pertence ao soberano. O mesmo se aplica aos empreendedores de hoje: "Eu sou a empresa".

A pergunta suscitada por tanta usura é se realmente precisa-se de tanto dinheiro para motivar as pessoas a exercer a liderança. Não há razão para que a resposta seja afirmativa. As pessoas normalmente querem liderar para fazer diferença, em qualquer âmbito, mais amplo ou menos amplo. Fazer diferença e fazer dinheiro são conceitos diferentes. Grande riqueza não é sinal de grande liderança, nem se precisa de grande fortuna para motivar as pessoas a liderar.

Lições para os líderes

O dinheiro é importante

Se você quer mudar o mundo, o dinheiro é o combustível necessário para suas ideias e para sua equipe.

---

[102]HERNANDEZ, Vladimir. Jose Mujica: the World's Poorest President. *BBC*, 15 nov. 2012. <http://www.bbc.co.uk/news/magazine-20243493>.

[103]MISHEL, Lawrence; DAVIS, Alyssa. Top CEOs Make 300 Times More Than Typical Workers. *Economic Policy Institute*, 2015. <https://goo.gl/TQSkXS>.

[104]Discurso ao Parlamento de Paris, provavelmente apócrifo, atribuído a: WEATARD-ANTOINE, G. *Histoire de Paris*, v. 6, p. 298, 1834.

Alfabetize-se em finanças

Não se quer dizer que você deva ser financista ou contador. Significa que você precisa saber como levantar dinheiro, distribuir recursos e elaborar orçamentos.

Conheça suas motivações

O valor pessoal não se mede pelo patrimônio líquido. A riqueza simplesmente prova que você é rico. Quando perguntaram ao ladrão de bancos "Slick Willie" Sutton por que ele roubava bancos, a resposta foi: "Por que é onde está o dinheiro".[105] Se você quer dinheiro, vá aonde o dinheiro está; se você quer poder, vá aonde o poder está; se você quer fama, vá aonde está a fama; se você quer ser líder, faça diferença. Saiba o que você quer.

Dinheiro não prova que você é bom líder

Se você quer ser visto como líder, a medida do seu sucesso é "A que distância se encontram os lugares a que você leva as pessoas, aos quais elas não iriam sozinhas?" E "de que maneira você é lembrado como modelo a ser seguido?".

Conclusão

O dinheiro importa na liderança. Importa porque é difícil fazer diferença sem dinheiro, e importa porque os líderes (ou pelo menos os CEOs) hoje recebem remunerações sem precedentes, o que ajuda a reforçar a insatisfação popular com as elites. Este é um mito tácito, silencioso e altamente perigoso; cinco unicórnios.

---

[105] Willie Sutton. Disponível em: <https://en.wikipedia.org/wiki/Willie_Sutton>. Acesso em: 2 fev. 2018.

MITO 45

OS LÍDERES SÃO COMO SACHÊS DE CHÁ

*Se queremos aprender, podemos aprender com
qualquer coisa, até com sachês de chá.*

A teoria "sachê de chá" sobre liderança diz que os líderes
são como sachês de chá: você só sabe o quanto são bons depois de
mergulhá-los em água quente.[106]

Mais diretamente, os líderes revelam-se em momentos cruciais,
que quase sempre são crises. Só nas crises é que se descobre quão
bom é o líder.

Por que este mito é importante

Este mito é importante porque muitos líderes gostam de retratar-
se como pessoas bem-sucedidas e, em geral, expurgam da memória os
retrocessos. Isso cria uma impressão falsa de sua jornada de liderança.
A vasta maioria dos líderes enfrenta retrocessos e crises em algum
ponto da carreira. As pessoas que nunca enfrentaram fracassos são in-
seguras e quebradiças; parecem resistentes, mas, ao primeiro estrondo
de tiros, elas se despedaçam. Parafraseando Nietzsche: "O que não

---

[106]Sou um pouco grato a Dame Julia Cleverdon por me lembrar dessa teoria. Sou profundamente grato a ela por todo o apoio que me ofereceu ao longo dos anos.

quebra fortalece".[107] As crises distinguem os cordeiros arrebanhados dos bodes afogueados: os seguidores dão um passo atrás, os líderes dão um passo à frente.

As crises não são obstáculos no caminho para a liderança. Elas são a autoestrada para a liderança. Abrace-as; não as rechace.

Lições para os líderes

Se as crises podem quebrá-lo ou reforçá-lo, é bom saber como tirar delas o máximo proveito. Os passos abaixo são como uma folha de cola para você, mas a melhor maneira de aprender sobre o manejo de crises é enfrentar algumas crises. O ideal é que você, no começo, observe outras pessoas a manejar ou a agravar crises; de preferência, suas primeiras crises deverão ser brandas, pouco mais que contratempos, que o deixarão aprender e crescer. Aprender a manejar crises é como aprender qualquer outro aspecto da liderança: é, acima de tudo, uma questão de reconhecimento de padrões. Depois de ver o filme algumas vezes, você sabe o que acontecerá em seguida e poderá ajustar-se em conformidade. Como, porém, aprender o reconhecimento de padrões com a experiência pode ser doloroso, eis um guia rápido sobre como agir quando você mergulha na água quente da crise.

1. Reconheça logo o problema. Os problemas raramente se resolvem por si próprios; eles geralmente pioram. Quanto mais cedo atacá-lo, melhor.

2. Assuma o controle. Dê um passo à frente, ofereça soluções. Incumba-se de resolver a crise, independentemente de quem a deflagrou. Deixe o jogo da culpa para outra ocasião: para outra vida.

3. Foque no que for possível fazer, e faça rápido. Olhe para a frente, não para trás; parta para a ação, não para análises; foque no possível, não no impossível.

4. Busque apoio. Não seja um herói solitário, porque os heróis solitários geralmente se tornam heróis defuntos. Um problema compartilhado é um problema minorado.

---

[107] NIETZSCHE, Friedrich. *Twilight of the Idols and the Anti-Christ*. Tradução R. J. Hollingdale. Londres: Penguin, 1977. [1889-1895] A tradução da citação original é: "Na escola de guerra da vida, o que não me mata me torna mais forte".

5. Transborde a comunicação. Controle a fábrica de fofocas e certifique-se de que as mensagens positivas e construtivas que você quer que sejam ouvidas de fato serão ouvidas.

6. Mantenha-se positivo. As pessoas se lembrarão de como você *foi* muito além do que *fez*. Se você projetar confiança e propósito, suas chances de sucesso são muito maiores do que se você transmitir medo e confusão.

Finalmente, lembre-se de que as crises são oportunidades de aprendizado muito valiosas. Não importa se você se saiu bem ou mal da crise, você terá acertado em algumas coisas e poderá melhorar em outras áreas. Aprenda com o que deu certo e com o que deu errado. Reforce sua capacidade de gerenciar crises.

Teoria alternativa do "sachê de chá" sobre liderança

A outra teoria do "sachê de chá" sobre liderança é a de que tudo o que os líderes precisam para o sucesso é de um grande suprimento de sachês de chá. Essa teoria é demonstrada pela história de Helen, abaixo.

HISTÓRIA DE HELEN

Helen foi nomeada para liderar uma empresa de aluguel de equipamentos de âmbito nacional. Aluguel de equipamentos é território de Bob, o Construtor; é, principalmente, um Clube do Bolinha, onde meninas não entram, cheio de escavadeiras e guindastes. Helen não era menino. E ainda não é. Essa intromissão provocou consternação entre os meninos, que duvidavam que a menina realmente conseguisse tornar-se Bob, o Construtor.

Helen, contudo, tinha uma arma secreta: sachês de chá. Ela visitou cada depósito em todo o país e sentou-se para tomar chá com os meninos. Perguntou-lhes, então, o que eles mudariam. Quase sempre eram coisas simples. Em uma cidade, os meninos não estavam satisfeitos com a velha e suja bandeira nacional; eles se sentiam envergonhados ao hastear a bandeira todas as manhãs. Na manhã seguinte, eles já estavam com uma bandeira nova em folha. Em outro depósito, os meninos não estavam felizes por não terem onde guardar seus pertences pessoais. Em uma semana, todos os membros da equipe tinham armários pessoais no depósito.

Ao fim da excursão, Helen já se tornara lenda. Mesmo os mais machões admitiam que ela poderia ser muito boa... até os que ainda duvidavam de que ela fosse capaz de operar uma escavadeira como os meninos.

Desde então, sempre que visitava os depósitos, ela fazia questão de levar um bom suprimento de sachês de chá, porque falar é bom, mas ouvir é ainda melhor.

Por que este mito é importante

Essa teoria do sachê de chá é o oposto da primeira. A anterior foca em momentos da verdade decisivos; esta foca nas pequenas coisas que fazem grande diferença.

O Mito 10 mostrou que há uma grande lacuna de motivação entre líderes e seguidores. Esta teoria do sachê de chá mostra uma das maneiras de os líderes darem a resposta certa à pergunta crucial sobre motivação: "Meu chefe se importa comigo e com minha carreira (concordo/discordo)". Mostrar que você se importa demanda tempo e provavelmente muito chá. Não existe receita simples, de quatro passos, com caixas de verificação a serem ticadas, para você confirmar que motivou a equipe. Um obrigado rápido, um bate-papo curto junto ao bebedouro, ou uma xícara de chá no depósito: todos esses exemplos, e muitos outros, são oportunidades para mostrar que você se importa. Descubra-as e improvise.

Lições para os líderes

Liderança é tema cheio de teorias elegantes e, às vezes, bizarras. A realidade é que é possível aprender a liderar em qualquer lugar, com qualquer pessoa e com qualquer coisa. A chave é abrir os olhos e escancarar a mente. Se queremos aprender, tudo é fonte de aprendizado, até sachês de chá.

Conclusão

Só porque alguma coisa parece bizarra não significa que seja falsa. A ideia de que a Terra é redonda pareceu totalmente estranha na Idade Média. Em termos mais modestos, os líderes podem aprender com sachês de chá. Esta é uma área sem unicórnios, porque os mitos são verdadeiros.

- PARTE SEIS -
TEMOS CRENÇAS SOBRE A LIDERANÇA

MITO 46

É SOLITÁRIO NO TOPO

O poder cria distância.

A natureza do mito

À primeira vista, o mito é... um mito.

Olhe para a agenda da maioria dos líderes: ela estará apinhada de reuniões o dia inteiro, e você verá que o dia de trabalho do líder é geralmente longo. O verdadeiro problema dos líderes parece ser a falta de privacidade; eles não têm bastante tempo sozinhos para analisar e refletir.

A literatura sobre liderança parece dividir-se entre os operadores hiperativos, que alardeiam a capacidade de trabalhar cem horas por semana, e os pensadores hipermeditativos, que se gabam da profundidade com que estudam as questões. Warren Buffett, o lendário investidor, tem a fama de passar 80% do tempo lendo ou pensando.[108] Buffett, porém, é fora de série sob quase todos os aspectos. Como gestor de fundos, ele precisa ler, analisar e pensar: esse é o trabalho dele. Entre os líderes, os operadores são muito mais numerosos que os

---

[108] Pensar ou fazer? Um bom exemplo dessa *trade-off* encontra-se em no site: https://goo.gl/XGh6Lg.

pensadores. Os líderes gostam de ser vistos como dinâmicos e ativos, e é assim que gerenciam e agem no dia a dia.

Olhe, porém, mais uma vez, e você verá que este mito talvez não seja mito. Ele reflete com exatidão a experiência da maioria dos líderes. Como os líderes poderiam ser solitários se eles passam o dia em reuniões?

Eis a origem dessa ideia de solidão. Como gerente de nível médio, suas ideias são contestadas com frequência: os chefes lhe dizem o que acham do seu desempenho; suas falhas são criticadas. Quando você atinge o topo, no entanto, tudo muda:

1. Todos riem das suas piadas, que logo são esquecidas.

2. Seus esboços de ideias não são descartados; alguém os desenvolve e os transforma em propostas.

3. A toda hora você depara com novidades na empresa, porque isso é o que você queria, mesmo quando você não expressou sua opinião sobre o assunto.

4. Todos o procuram com uma ideia, e todos querem uma fatia do seu tempo, do seu apoio e dos seus recursos.

5. Todos os projetos de sua iniciativa são bem-sucedidos, mesmo quando não deram certo.

Por que este mito é importante

O cerne do problema é o poder: o poder cria distância. É a distância que desperta o sentimento de solidão no líder. No final das contas, o líder começa a duvidar se há alguém em quem possa confiar. A falta de confiança toma duas formas.

Será que posso confiar em que alguém me diga a verdade?

Os líderes mais reflexivos concluem que lhes estão dizendo o que eles querem ouvir. Eles sabem que, quando estavam em ascensão, descobriram a importância da lealdade: não davam ao chefe remédios amargos e o apoiavam o tempo todo. A lealdade, entretanto, compromete a honestidade, e é por isso que tantos líderes valorizam a arte de "MBWA: Management By Walking Around", ou "GI: Gestão Itinerante". Eles querem ver e ouvir com os próprios olhos e ouvidos o que realmente está acontecendo nas operações internas, nas casas dos clientes e no mercado em geral. Eles confiam nas próprias percepções e conclusões mais do que nos relatórios que aterrissam em sua mesa. Eles levam a sério a mensagem de John Le Carré: "A escrivaninha é um lugar perigoso de onde observar o mundo".[109] Essa recomendação se aplica tanto a líderes quanto a espiões.

Será que posso confiar em alguém quanto a decisões vitais?

Alguns líderes interpretam ao pé da letra as reações da equipe. Eles começam a acreditar que realmente são inteligentes e que a equipe agora depende de sua argúcia e criatividade. É assim que o poder corrompe. Os líderes passam a acreditar que são indispensáveis. Tomam todas as decisões e quando as coisas dão errado, passam a culpar a equipe por má implementação. Essa é a prática operacional comum de ditadores em todo o mundo. Passar de líder a ditador traz sofrimento para todos, exceto para o ditador e para alguns cupinchas.

Quando você descobre que não pode confiar em ninguém, você começa a se sentir muito solitário.

Lições para os líderes

Quanto mais poderoso você é como líder, mais todos querem algo de você: pedem tempo, apoio e recursos. Isso significa que o bajularão, o apoiarão e o elogiarão. Cada vez menos pessoas o questionarão e o criticarão face a face.

Seja objetivo

Você precisa descobrir a verdade, por mais estranha que pareça. Converse com clientes, fornecedores, concorrentes e com a equipe; contorne os canais de comunicação formais. Dentro da empresa, reconheça a lisonja pelo que é: bajulação e servilismo. Foque no que está sendo dito, não na maneira como está sendo dito. Como os líderes recebem pouco questionamento e *feedback*, seja seu crítico mais feroz. Questione-se constantemente e teste-se a si próprio e a seus pressupostos.

---

[109]LE CARRÉ, John *The Honourable Schoolboy.* Nova York: Scribner Book Company, 2002. [1977]

Ouça mais e fale menos

Um *slogan* famoso da Segunda Guerra Mundial advertia as pessoas sobre o perigo dos espiões: "Conversa fiada custa vidas". Os líderes logo aprendem que a conversa fiada é muito dispendiosa: suas observações espontâneas e descomprometidas serão interpretadas como aprovação ou reprovação de uma ideia, o que, por seu turno, levará a ações ou omissões. E não adianta alegar depois: "O que eu disse foi que...". Os danos já ocorreram e são irreversíveis. Os melhores líderes têm duas orelhas e uma boca, e as usam nessa proporção: ouvem pelo menos duas vezes mais do que falam. Observe os líderes durante as reuniões; os mais eficazes são os que falam menos, mas fazem perguntas inteligentes, nos momentos certos. Se você fizer as perguntas certas, pode confiar em que a equipe dará respostas adequadas.

Confie na equipe

Fazer perguntas é uma boa maneira de delegar atribuições; dar respostas é uma boa maneira de assumir atribuições pessoalmente. Como líder, você não precisa provar o seu heroísmo fazendo tudo sozinho. Você será julgado pelo que a equipe realiza, não pelo que você faz. Mesmo que você não confie em que a equipe lhe dirá toda a verdade o tempo todo, é preciso acreditar que eles tomarão as decisões e partirão para a ação. Se você tentar ser herói, será esmagado.

Encontre alguém que o mantenha honesto

Júlio Cesar, em sua marcha triunfal, sempre tinha um escravo que lhe repetia o tempo todo *memento homo*: lembre-se, você é humano. Como líder, você não tem escravo, mas precisa de alguém que o questione, o critique e o apoie pessoalmente. Você deve acreditar que essa pessoa lhe dirá a verdade, para manter-se à frente e para avançar ainda mais. Sem desafios, é maior a tendência de errar. Sem desafios, você só descobrirá a verdade sobre seu desempenho quando o presidente do Conselho, com elegância, deslizar a faca em seu pescoço. O seu "grilo falante" pode ser um coach ou sua cara-metade; pode ser um membro da equipe prestes a se aposentar, que não tem nada a temer, nada a ganhar e nada a perder, dizendo-lhe a verdade. Encontre alguém em cuja verdade você possa confiar.

Conclusão

No sentido literal, é óbvio que os líderes nunca estão sozinhos. Portanto, este mito merece cinco unicórnios. O mito, porém, é verdadeiro no nível psicológico: o líder conta com poucas pessoas a quem recorrer e em quem confiar completamente. Para salientar o aspecto de que o poder é solitário e perigoso, este mito não recebe nenhum unicórnio.

MITO 47

EU SEGURO A PETECA

*Compartilhar o crédito é uma boa
maneira de reivindicar o mérito.*

A natureza do mito

O presidente Truman mantinha um aviso em sua mesa, dizendo: "The Buck Stops Here", algo equivalente a "Eu seguro a peteca". É um aviso que tem sido copiado muitas vezes e ostentado em muitas mesas, pelo menos na época em que os líderes ainda tinham mesa para chamar de sua.

O aviso atinge o âmago de duas ideias sobre liderança, que frequentemente são objetos de confusão: (1) responsabilidade, ou prestação de contas, e (2) atribuições ou incumbências. A diferença essencial entre os dois conceitos é que só uma pessoa é responsável e presta contas, mas muitas pessoas podem compartilhar atribuições ou incumbências. Do ponto de vista do líder, significa que você nunca delega responsabilidade, ou prestação de contas, mas deve delegar, ou transferir para outras pessoas, tantas atribuições ou incumbências quanto possível. Ao delegar atribuições ou incumbências, você pede a alguém para executar a tarefa: Essa é a essência da liderança e da administração. Mas você continua responsável pelos resultados alcançados pela execução da tarefa, por melhores ou piores que tenham sido, deles devendo prestar contas.

Por que este mito é importante

O mito é importante porque ele, frequentemente, é mal entendido e mal usado. Dois exemplos salientarão esse aspecto.

A armadilha da responsabilidade

Todos os líderes e gestores subscrevem a ideia de que são responsáveis, até o momento em que devem prestar contas. É da natureza humana querer assumir responsabilidade pelos bons resultados, mas evadir-se de responsabilidade pelos maus resultados.

Até os CEOs caem na armadilha da responsabilidade. Ler as demonstrações financeiras anuais nos tempos de vacas gordas é descobrir que a empresa é liderada por pessoas capazes de aumentar a riqueza da companhia e de seus acionistas, graças a seu brilhantismo e dedicação. Nos tempos de vacas magras, quando os resultados não são bons, descobrimos os fatores insidiosos que sabotaram o trabalho da administração: o governo foi intrusivo ou omisso; o mercado cedeu demais aos clientes; o clima foi atipicamente adverso; a competição selvagem foi destrutiva. Os resultados só não foram piores porque o CEO foi proativo e agiu com presteza e eficácia, fazendo jus, portanto, a bônus à altura de seu desempenho.

A armadilha das atribuições

Para o líder, é pequena a distância entre acreditar que segura a peteca e se considerar o líder heroico que sabe tudo e que faz tudo. É uma pequena distância que muitos líderes e equipes percorrem com satisfação.

Os líderes que seguram a peteca geralmente relutam em delegar. Eles até podem delegar o feijão com arroz e delegar a culpa pelo que deu errado. Essa é a paródia da delegação. Mas eles não delegam as tarefas mais desafiadoras. Os líderes recorrem à única pessoa em quem realmente confiam nesses momentos: eles próprios. Quanto maior for o desafio, porém, maior será a necessidade de que toda a equipe se erga à altura da missão.

Muitas equipes ficam aliviadas ao deixar que o líder segure a peteca. Isso lhes dá a chance de delegar para cima as atribuições ou tarefas mais difíceis. Ao delegar para cima certas decisões, a equipe deixa de ser responsável pelas consequências das escolhas erradas.

Delegar para cima é a maneira segura e indolente de ser membro de equipe. Os líderes precisam intervir, confiando na equipe e desafiando a equipe a cumprir suas obrigações.

Lições paras os líderes

Seja responsável nos bons e nos maus momentos

Os melhores líderes adotam uma abordagem admirável em relação à responsabilidade, nos bons e nos maus tempos.

Nos bons tempos, os melhores líderes não reivindicam toda a glória. Eles são generosos em compartilhar os méritos. Daí resultam vários efeitos positivos. Primeiro, desenvolvem enorme predisposição positiva entre as pessoas que dividem os louros: a maioria das pessoas se considera injustiçada; portanto, um pouco de reconhecimento vai longe. Segundo, reforçam o papel do líder: só a pessoa que se situa no coração do sucesso sabe a quem elogiar. Com efeito, compartilhar o crédito é uma boa maneira de reivindicar o mérito.

Nos maus tempos, os líderes eficazes assumem toda a responsabilidade. Eles admitem a culpa. Essa atitude gera efeitos transformadores. Significa que a equipe pode superar as atitudes de recriminação e de evasão, culpando os outros e passando a peteca. Em vez de fazer politicagem e de remoer o passado, eles podem olhar para o futuro e criar soluções. Também gera uma atmosfera positiva, produtiva e de confiança recíproca. Como líder, você não quer desculpas, você quer resultados. Aceitar a culpa significa que você deixa o palco das desculpas e passa para o palco das ações e dos resultados.

Você é responsável pelos próprios sentimentos

Esta talvez seja a lição mais difícil sobre responsabilidade. Imagine que você tenha tido um dia longo, difícil e frustrante; você está fazendo o possível para manter a calma, mas tudo parece conspirar contra você. Até que alguém entra em cena e decide provocá-lo. A pessoa sabe exatamente que botão apertar para fazê-lo reagir. A essa altura, você tem todo o direito de se sentir zangado, aborrecido e irritado. Nada o obriga, porém, a se sentir zangado, aborrecido e irritado: a decisão é sua.

Reconhecer que você é responsável por seus próprios sentimentos é tarefa assustadora e liberadora. Ao se conscientizar de que você pode escolher como se sentir, você não mais fica ao sabor de acontecimentos externos que determinam o seu humor. Também é uma técnica de liderança vital. Você não será lembrado por superar a meta do ano em 6,4%; mas será lembrado por suas atitudes. Em especial, você será lembrado pela maneira como se comportou nos momentos da verdade, de crises e de incertezas. Você só será capaz de exibir uma face positiva e profissional para o mundo se a máscara da liderança realmente corresponder aos seus sentimentos. Seja qual for a sua escolha, escolha os sentimentos certos.

Você não pode compartilhar responsabilidades, mas deve compartilhar atribuições

Aqui é onde o aviso do presidente Truman soa verdadeiro: o líder segura a peteca. Você pode delegar tudo, exceto responsabilidade. Em última instância, você é responsável pelos resultados. Se você delega atribuições a alguém que não cumpre o seu dever, você ainda é responsável pelo que delegou: você optou por delegar, e deve prestar contas pelos resultados.

Em contraste com a responsabilidade, os líderes eficazes devem delegar atribuições. Você não pode fazer tudo sozinho, por mais brilhante e heroico que você seja. Se você achar difícil delegar, é sinal de que você não confia na equipe. Significa que há algo errado com você ou com a equipe. Tarefa importante de qualquer líder é construir a equipe certa. Você saberá que formou a equipe certa quando tiver confiança em delegar as atribuições mais desafiadoras.

Conclusão

Este mito é realidade, o que não lhe renderia nenhum unicórnio. A natureza do mote "Eu seguro a peteca", porém, é facilmente mal compreendida. Não significa microgerenciamento. Significa compartilhar atribuições, repartir o sucesso e ser responsável por si mesmo, por sua carreira e por seus sentimentos. Em reconhecimento do potencial de mal-entendidos, este mito recebo dois unicórnios.

MITO 48
É ÁRDUO NO TOPO

*Se você quiser descobrir o verdadeiro estresse,
não vá para o topo da empresa, vá para o meio.*

A natureza do mito

Quantos líderes dizem que a vida é fácil no topo? Provavelmente tantos quantos os gurus de equilíbrio trabalho-vida que aconselham mais trabalho. E, se é tão difícil no topo, por que será que tantos querem chegar lá?

Se acreditarmos que a vida é fácil no topo, estaremos destruindo grande parte do mito da liderança. Não seria necessário pagar tanto aos líderes para fazer algo fácil e agradável. A ideia do líder como herói ficaria para trás e comeria poeira.

Os líderes estão felizes da vida com a ideia de que é difícil no topo, mesmo que as evidências apontem na direção oposta. Três são os principais elementos deste mito:

1. as condições são estressantes no topo;

2. o trabalho é árduo no topo;

3. competências incomuns são requisitos no topo.

Como sempre, este mito parte da premissa de que as pessoas no topo estão de fato liderando. Muitas pessoas no topo, porém, não passam no teste de liderança de levar as pessoas aonde elas não iriam sozinhas.

É hora de testar cada componente deste mito.

Por que este mito é importante

"É árduo no topo" é o cerne da mitologia sobre liderança. Eis o que as evidências mostram sobre cada parte do mito.

As condições são estressantes no topo

Se você quiser descobrir o verdadeiro estresse, não vá para o topo da empresa, vá para o meio. Essa é a zona da paranoia, onde o estresse é mais intenso. Os dois principais indutores de estresse são controle e ambiguidade. As pessoas, em geral, melhoram o desempenho sob pressão, desde que saibam quais são as suas atribuições e exerçam controle sobre a situação. Sob as mesmas condições de pressão sobre o desempenho mas com objetivos ambíguos e contraditórios, os níveis de estresse disparam: não está claro onde você deve investir tempo e esforço. Nesse caso, se você ainda perde o controle sobre os resultados, os níveis de estresse atingem a zona vermelha. Essa perda de controle é comum se você depende de colegas e/ou de fornecedores para entregar parte de seus resultados, ou para lhe dar permissão ou para lhe fornecer informações ou recursos. De repente, você se torna dependente.

Veja agora como os níveis de ambiguidade e de controle variam nos diferentes escalões da organização. No início da carreira, nas camadas mais baixas da organização, você exerce pouco controle, mas está sujeito a pouca ambiguidade. Suas tarefas são muito claras. O trabalho pode ser monótono e árduo, mas, pelo menos, não há dúvida sobre o que você deve fazer para ser bem-sucedido. No topo da organização, a equação é invertida. Você, como CEO, está na cabine de comando e, nessas condições, exerce muito controle. Você é o senhor de seu próprio destino. Você também convive com muita ambiguidade: várias são as alternativas para atingir seus objetivos. O alto nível de controle que você exerce, no entanto, efetivamente converte a diversidade de soluções em liberdade de ação, como você quiser. O estresse deve ser baixo.

Os líderes no meio da pirâmide não vivem no melhor dos mundos. Estão sujeitos às piores condições em termos de controle e ambiguidade. Os líderes de nível médio enfrentam prioridades concorrentes de toda a organização. Eles também competem com as demandas alheias para garantir que suas próprias prioridades recebam o apoio e os recursos necessários. O meio é onde a ambiguidade é alta e o controle é baixo: é realmente a zona de maior estresse da empresa.

Liderança é trabalho árduo

Até certo nível hierárquico, a liderança é trabalho árduo. No topo, porém, os líderes determinam a intensidade do próprio trabalho. Ronald Reagan foi um dos presidentes dos Estados Unidos mais bem-sucedidos: ele contribuiu para o colapso da União Soviética e para o fim da Guerra Fria, apresentou ao mundo a *reaganomics* (ou reaganomia), e negociou um tratado revolucionário para eliminar toda uma classe de armas nucleares. Nada mau para alguém que era considerado preguiçoso: ele tinha a fama de, às 20 horas, todas as noites, já estar jantando diante da TV.

Os líderes de negócios gostam de gabar-se de suas realizações; mas, sob esse aspecto, poucos serão páreo para Reagan, por mais que tenham trabalhado. Eles poderiam aprender com os métodos de liderança de Reagan:

1. Ele sabia o que queria realizar e focava intensamente nesse objetivo.

2. Ele sabia em que era bom e concentrava energias nessas competências; apesar de todas as suas falhas, ele era visto como o grande comunicador, e usava esse talento para cativar a população e o Congresso.

3. Ele era excelente em delegação. Na época, o termo da moda era MBWA: Management By Walking Around (GI – Gestão Itinerante). Ele praticou uma versão alternativa de MBWA: Management By Walking Away (GA – Gestão Ausente). Ele confiava na equipe e a deixava executar o trabalho difícil para ele.

Você precisa de competências incomuns no topo

Isso é verdade, mas é irrelevante. Você precisa de competências incomuns em qualquer função. A verdadeira questão é se as competências de liderança são abundantes ou escassas. Parece não haver escassez de talentos buscando cargos de alto escalão.

Lições para os líderes

Um de meus professores na universidade resolveu me oferecer alguns conselhos não solicitados para a minha carreira: "Não entre numa empresa como estagiário. Sempre entre como sócio". O professor compreendeu, com razão, que a vida é muito melhor no topo da organização do que na base ou no meio. Foi, evidentemente, um conselho completamente inútil: como começar no topo, a não ser que você constitua o seu próprio negócio?

Os líderes no topo podem seguir o exemplo de Reagan, se quiserem ser mais eficazes e trabalhar menos:

1. foque em questões importantes, em que você fará diferença;

2. foque em fazer o que você faz melhor;

3. delegue tudo o mais.

Seguindo as pegadas de Reagan, um dos melhores chefes que já tive também foi um dos mais ociosos. Ele fazia três coisas muito bem:

1. Conquistava a confiança dos principais clientes, que abriam a carteira para ele.

2. Negociava orçamentos inteligentes, partindo da premissa de que é melhor trabalhar muito durante um mês por ano negociando um bom orçamento, do que trabalhar duro durante 11 meses, como macho, tentando fechar um orçamento "desafiador".

3. Delegava tudo o mais, o que significava que as equipes o adoravam. A delegação mostrava que ele confiava nas equipes, e as equipes respondiam trabalhando para ele e no lugar dele.

Essas escolhas são encontradas com mais facilidade no topo do que no meio da organização. O meio é onde o trabalho é mais árduo.

Na prática, os líderes no topo preferem o trabalho árduo, na medida em que reforça o seu senso de propósito e importância. Essa escolha, contudo, não o torna bom líder.

Conclusão

É difícil solidarizar-se com líderes que se queixam de que é árduo no topo da empresa. Todos têm uma vida dura, e os líderes vivem uma vida dourada em comparação com a maioria. Os líderes optam por liderar e são felizes em comparação com a maioria das pessoas. Os líderes devem gostar do que fazem, em vez de se queixar da vida. Cinco unicórnios.

MITO 49

O LÍDER FAZ DIFERENÇA

Atividade não é o mesmo que realização.

A natureza do mito

Este mito pode ser redundante. Se os líderes levam as pessoas aonde elas não iriam sozinhas, se você não faz diferença, você não está liderando. Vamos, então, ampliar a definição de liderança, admitindo que líder seja supervisor ou chefe. Então, será que o chefe faz diferença?

Subjetivamente, é óbvio que todos os chefes fazem algum tipo de diferença, para melhor ou para pior. O bom chefe energiza a equipe e o mau chefe a desmotiva. Mas o teste de "fazer diferença" é mais rigoroso do que o efeito que o líder exerce sobre a equipe. O teste é se você mudou o futuro da equipe e a levou aonde ela não iria sozinha.

Mesmo sob o crivo desse critério mais rigoroso, muitos líderes ainda argumentariam que fazem diferença. Todas as empresas apontariam para as iniciativas que estão tomando para aumentar a participação no mercado, abrir novos mercados, cortar custos, atrair e reter clientes, simplificar suas operações e fortalecer o *pool* de talentos. As empresas são um turbilhão reluzente de movimentação e transformação. Os líderes são os motores desse redemoinho de movimentação e transformação. As evidências, portanto, mostram que os líderes fazem diferença.

Por que este mito é importante

Este mito é fundamental para a liderança. Se os líderes não estão fazendo diferença, é melhor que empacotem a tralha e vão para casa. Este mito, porém, oculta duas armadilhas de urso para os líderes.

O mito da base estável

Este mito é assassino nos negócios. Todo o seu trabalho para melhorar a empresa geralmente produz pouco efeito positivo, por duas razões:

1. **A entropia da organização.** Tudo descamba inexoravelmente para o caos. Equipes experientes se afastam e são substituídas por equipes mais jovens; as exigências dos clientes evoluem; a regulação muda, mas nunca ameniza; o fisco sempre quer arrecadar mais; os fornecedores não cumprem os prazos; ocorrências fortuitas geram crises, mesmo antes de os concorrentes tentarem estragar o seu dia. Neste mundo frenético, simplesmente manter o atual nível de desempenho já requer trabalho árduo.

2. **Competição**, que é a maldição do capitalismo. Os benefícios de todas as suas iniciativas tendem a ser igualados ou superados pelos concorrentes, para a vantagem final dos clientes, que são de fato os únicos vencedores na corrida das empresas, denominada "melhor, mais rápida, mais barata". Se você reduzir os custos em 10%, as chances são de que os concorrentes também os reduzam tanto ou mais. A não ser que você esteja num oligopólio, as reduções de custos não aparecerão no resultado final da empresa, mas no preço de varejo para o cliente. Sua equipe de liderança pode ser brilhante, criativa e diligente, mas a probabilidade é que as equipes de liderança dos concorrentes sejam igualmente brilhantes, criativas e inteligentes. É difícil superá-las.

Competição e entropia significam que muitos líderes se veem seguindo o conselho da Rainha Vermelha, em *Alice através do espelho e o que ela encontrou lá*, de Lewis Carroll, continuação de *Alice no País das Maravilhas*: "Se você quiser chegar a algum outro lugar, você deve correr pelo menos duas vezes tão rápido quanto isso!". Como veremos, esta é a segunda armadilha de ursos para líderes.

Atividade não é o mesmo que realização

A resposta padrão para o problema do declínio da base é trabalhar mais horas, com mais afinco. Quantos gestores se queixam de que não há iniciativas suficientes na empresa? Sabemos que na maioria das empresas as pessoas trabalham duro e lançam numerosas iniciativas. Poucas dessas iniciativas, porém, efetivamente mudam o futuro. Observamos no Mito 37 que metade das empresas da Fortune 500 desapareceu numa geração. Não se trata de empresas lideradas por idiotas; são empresas lideradas por pessoas como você ou eu.

Na prática, a maioria das empresas é prisioneira do passado. Elas sofrem de inércia, o que dificulta para elas mudar de direção quando necessário. Na maioria das empresas, o melhor previsor do orçamento do ano seguinte é o orçamento deste ano; o melhor previsor da estratégia do ano seguinte é a estratégia deste ano. Evidentemente, o orçamento e a estratégia mudarão com o passar do tempo e cada pequena mudança será o resultado de muitas análises. No entanto, apesar de todos os esforços da liderança, o destino da empresa raramente muda.

Isso não é uma recriminação à liderança; é uma reflexão sobre a dificuldade de alcançar a base estável. Se os líderes realmente querem fazer diferença, eles precisam ir além de correr mais rápido. Eles precisam mudar as regras do jogo: comprar uma bicicleta em vez de correr.

Lições para os líderes

Para fazer diferença como líder, você precisa superar o desafio da base declinante. É um desafio difícil que poucos líderes sempre conseguem superar.

Os líderes operam em três níveis.

Manter o desempenho

Trata-se aqui do ruído do dia a dia na vida das empresas. É difícil trabalhar por causa da entropia das organizações: é preciso conter a queda lenta para o caos. Todos os dias trazem novos desafios. A batalha contra a base declinante nunca acaba. O trabalho de supervisão é necessário, mas não suficiente.

Melhorar o desempenho

É aqui que os líderes lançam inúmeras iniciativas, que, no final das contas, são anuladas pela competição. Esse é o trabalho clássico dos gestores: encontrar maneiras de melhorar o que já existe. É trabalho árduo, mas, basicamente, trabalho seguro. Você está lidando com sistemas e métodos existentes.

Mudar o desempenho

Não se trata de melhorar o desempenho, nem de buscar a excelência. Trata-se de ousar repensar o que já se faz e como se faz. Crie novas regras do jogo. Pare de correr cada vez mais rápido e mude a direção ou passe a pedalar. Essa dica pode parecer vibrante e inspiradora, mas a realidade é diferente. Ela é altamente arriscada, porque é preciso mudar a maneira como as coisas são feitas hoje. Por isso é que o trabalho é difícil, porque você encontrará ampla e intensa resistência política a qualquer coisa que envolva mudanças profundas, em vez de meramente melhorar o existente. É a pista de alta velocidade para o sucesso, ou o fracasso.

Se você aspira a liderar, você precisa fazer diferença. Só que fazer diferença mudando o futuro é extremamente difícil. Você precisa mudar os desafios da competição, da entidade organizacional e da base declinante. Quem consegue fazer tudo isso tem a certeza de que é líder.

Conclusão

Os líderes geralmente se sentem confusos a respeito do que faz diferença e se estão fazendo diferença. "Fazer diferença" é muito reivindicado mas pouco realizado, o que o desloca com firmeza do reino da realidade para o reino da fantasia. Os líderes alegam fazer diferença mais do que realmente fazem diferença. Três unicórnios.

MITO 50
O LÍDER ASSUME O CONTROLE

*Só descobrimos o verdadeiro valor dos
encanamentos quando eles dão problema.*

A natureza do mito

Nenhum líder jamais dirá que não está no controle: se você não está no controle, você não está liderando.

O simples fato, porém, de estar num cargo importante não significa que você realmente está no controle. Até primeiros-ministros caem nessa armadilha. O primeiro-ministro inglês John Mayor foi atacado em público, pelos próprios colegas de partido, por "estar no cargo, mas não estar no poder".[110] O ponto é que o primeiro-ministro parecia não ter uma agenda própria e estar à deriva, ao sabor das marés: outros formulavam a agenda dele.

Será que você está no cargo ou no poder?

Por que este mito é importante

Na prática, nenhum líder pode exercer o controle integral de uma grande organização. Ao contrário das divindades, os líderes

---

[110]Norman Lamont, em seu discurso de renúncia, em 9 de junho de 1993.

não são onipresentes, nem oniscientes, nem onipotentes. Os líderes que se consideram detentores desses poderes não merecem que trabalhemos para eles. É difícil saber em tempo real o que está acontecendo em todos os lugares, muito menos fazer alguma coisa a respeito.

Portanto, o desafio para os líderes é saber o que podem e devem controlar diretamente e o que deve ser deixado por conta da máquina organizacional. As organizações geram enorme quantidade de ruído: reuniões, relatório, e-mails, e as análises de tudo isso podem absorver todo o tempo dos líderes, sem que efetivamente contribuam para a realização de qualquer coisa.

MAXIMIZAR O ÍNDICE SINAL/RUÍDO

O livro *Viagem do Beagle*,[111] de Darwin, conta a jornada épica do autor ao redor do mundo, que constituiu a base para o desenvolvimento de suas ideias revolucionárias sobre a origem e a evolução das espécies. Você talvez imagine que seja um conto de investigações científicas intermináveis, com idas e vindas ao longo do percurso. Não foi assim. Na verdade, trata-se do conto de um cavalheiro vitoriano, avançando lentamente em sua volta ao mundo, visitando conhecidos e desfrutando de relativo ócio. Mas foi uma aventura de cinco anos, com um propósito.

Darwin levou outros vinte anos para publicar *A origem das espécies*.[112]

Sob a perspectiva de hoje, ele foi desesperadamente improdutivo. Cinco anos para completar a volta ao mundo, enquanto um executivo produtivo de nossos dias pode fazer uma viagem transatlântica durante a noite, verificar e-mails, ter uma série de reuniões e ainda desfrutar de momentos agradáveis em videoconferências com os filhos. E tudo o que Darwin fez foi produzir um livro em 25 anos.

---

[111]Publicado pela primeira vez em 1839, como *Journals and Remarks*.

[112]DARWIN, Charles. *On the Origin of Species by Means of Natural Selection, or the Preservation of Favoured Races in the Struggle for Life*. Londres: John Murray, 1859.

Nunca confunda atividade com realização. Os líderes eficazes maximizam o índice sinal/ruído. Ruído são as distrações do dia a dia da vida de negócios; sinal é aonde você está indo para fazer diferença.

Lições para os líderes

Os líderes precisam controlar o ruído, mas também precisam maximizar o sinal. Este é sempre um malabarismo difícil.

Maximizar o sinal é ter visão clara e agenda nítida; gerenciar o ruído depende de contar com uma ótima equipe e uma organização forte.

Ter visão clara

Você maximiza o sinal quando vê com clareza o que será diferente ou melhor, em consequência da sua liderança. O que você fará acontecer que não aconteceria sem você?

Ter agenda nítida

A visão diz *o que* alcançar, mas também é preciso ter uma ideia nítida de *como* alcançar. Essa ideia geralmente assume a forma de um conjunto de prioridades, ou campanha, que todos devem compreender. Pode ser algo tão simples quanto:

➤ poremos o cliente em primeiro lugar;

➤ simplificaremos as nossas operações;

➤ seremos os primeiros a chegar ao mercado;

➤ garantiremos qualidade seis sigma.

De cara, isso não parece ser mais do que *slogans*. E se você se limitar a fazer um discurso motivacional sobre os clientes, continuará sendo *slogan*. É preciso, então, levar a ideia até a sua conclusão lógica. Se os clientes são a prioridade, nossos produtos devem ser fáceis de usar, nosso SAC deve ser útil, as trocas e devoluções devem ser simples e rápidas, devemos ouvir o que os clientes querem, e muito mais.

Ao contrário de Charles Darwin, que se deu ao luxo de focar em sua missão científica, os líderes empresariais precisam lidar com o ruído dos negócios. Há batalhas sem fim a serem combatidas todos os dias. Se não forem combatidas, o caos logo se instala. É aqui que os líderes podem se emaranhar no matagal, para logo descobrirem que não estão mais liderando, mas simplesmente sobrevivendo.

Gerencie o ruído: construa a equipe e a máquina organizacional

Para lidar com o ruído, o líder precisa pôr as coisas no lugar: uma grande equipe e uma forte máquina organizacional. A equipe é o seu ativo mais importante: ela pode fornecer o sinal e gerenciar o ruído para você. A equipe, porém, precisa de uma poderosa máquina organizacional eficaz. Os encanamentos da empresa são essenciais: processos decisórios, controles financeiros, sistemas de informações, sistemas operacionais, TI e sistemas de desenvolvimento de pessoal, tudo precisa funcionar. Os encanamentos podem não ser glamorosos, mas são fundamentais: só percebemos o verdadeiro valor dos encanamentos quando eles dão problema.

A equipe forte e a máquina poderosa o dispensam de ser onipresente e onipotente. A equipe e a máquina cuidarão do ruído, permitindo-lhe focar na maximização do sinal. Você só precisa se envolver com o ruído em situações excepcionais. Você nunca alcançará 100% de controle: é impossível e desnecessário. Mas focar no sinal lhe dará condições para controlar o indispensável, o que lhe propiciará fazer diferença e levar as pessoas aonde elas não iriam sozinhas.

Conclusão

Os líderes não podem controlar tudo, mas precisam controlar as coisas certas: eles precisam maximizar o índice sinal/ruído. O que torna este mito letal é que muitas pessoas se emaranham no matagal. Elas acham que, caso se mantenham ocupadas manejando o ruído de cada dia, elas estão no controle e estão liderando. Elas até podem exercer controle, mas não estão indo para lugar nenhum, nem estão liderando. Essas condições, portanto, justificam quatro unicórnios: o controle é um mito perigoso e muito incompreendido. A razão para não conceder cinco unicórnios é que os líderes, acima de tudo, precisam controlar o próprio destino.

MITO 51
OS LÍDERES SÃO MODELOS

Os líderes tendem a subestimar a influência que exercem.

A natureza do mito

Tente este exercício simples. Pense em alguns dos chefes para os quais você já trabalhou. O que que eles realizaram? Como eles eram? Do que você se recorda com mais nitidez?

As chances são de que você se lembre de muito pouco, ou de quase nada, sobre o que eles realizaram ou sobre a diferença que fizeram. Mas você provavelmente se lembrará com nitidez de como eles eram: que roupas usavam, como se apresentavam, de que maneira falavam, qual era o caráter deles.

Agora, pense em como você será lembrado: será que você será lembrado por suas realizações ou por sua aparência? E como você quer ser lembrado?

Na prática, todos os líderes são lembrados principalmente como modelos. Alguns modelos são bons, outros são ruins.

Por que este mito é importante

A ideia de um modelo geralmente é positiva. Modelo é alguém que gostaríamos de imitar, e os líderes devem ser considerados modelos do que se quer ser. Por que trabalharíamos para alguém que desprezamos ou de quem não gostamos? Os líderes, porém, podem ser modelos positivos ou negativos: de uma maneira ou de outra, eles dão o tom para a equipe.

Os líderes tendem a subestimar a influência que exercem em termos de substância, estilo e aprendizado.

Substância

Em termos de substância, os líderes precisam usar as palavras com cuidado. O que você diz será repetido e distorcido para justificar ações que nada têm a ver com você. Um líder sênior ficou chocado ao descobrir que o escritório estava sendo redecorado conforme as suas preferências. O líder não tinha sido consultado, nem havia expressado as suas opiniões; citar o nome dele, porém, revelou-se uma maneira eficaz de um gestor impor a nova decoração. Se alguém quiser que se faça algo na organização, a maneira mais fácil é usar o nome do chefe: ninguém discute com o chefe.

Estilo

Pelo menos em matéria de substância, é possível ver o que está acontecendo e manejar a situação. Muito mais difícil é lidar com questões de estilo e as consequências podem ser muito mais danosas. Se você descobrir que sua equipe é maquiavélica, pouco confiável, competitiva e individualista, você pode culpar a equipe, ou pode olhar-se ao espelho. As equipes imitam os comportamentos do líder, para o bem ou para o mal. Isso significa que é preciso prestar atenção não só ao que você faz, mas também a como você faz.

Aprendizado

Vimos no Mito 35 que os novos líderes aprendem muito com o chefe, tanto boas quanto más lições. Você está constantemente sob as lentes do microscópio, com a equipe de olho em todas as suas ações. É assim que você exerce forte influência como modelo.

Lições para os líderes

Liderança eficaz não é algo que acontece por acaso. Você não pode simplesmente aparecer de manhã no escritório e começar a liderar. A liderança eficaz exige esforço consciente. É óbvio que você precisa fazer esforço consciente e tomar decisões conscientes sobre questões de substância. Como, porém, você será mais lembrado pela maneira de ser do que pelo que faz, também é importante tomar decisões conscientes sobre o próprio comportamento. Suas decisões influenciarão a maneira como a equipe reage e atua.

Gerencie seu humor

Se você entrar no escritório desanimado, seu desânimo logo se espalhará como uma onda de melancolia por todo o ambiente. A equipe o evitará, ciente de que qualquer discussão será pouco produtiva e, talvez, até destrutiva, e essa fuga provavelmente o aborrecerá ainda mais. Os líderes precisam aprender a verdade básica de que podemos escolher como nos sentimos. Somos responsáveis por nossos sentimentos. Se queremos nos sentir desanimados e desconfiados, essa é a nossa escolha. Como humanos, temos dias positivos e dias negativos. Se queremos nos sentir positivos e profissionais, essa também é a nossa escolha. Nos dias positivos, é fácil projetar bom humor. O verdadeiro teste ocorre nos dias negativos. É quando os líderes precisam fazer escolhas conscientes sobre como querem se apresentar para a equipe. Escolha bem.

Gerencie seu estilo

Você é quem é e não adianta tentar ser outrem. O desafio para o líder é tornar-se o melhor de si mesmo. Se você é profundamente analítico e não é muito bom de gente, é assim que você deve ser. Admita essa realidade e, no seu espírito profundamente analítico, descubra o que é preciso fazer para cativar as pessoas: use suas forças para enfrentar suas fraquezas.

Como modelo, tome decisões conscientes sobre como você quer ser visto. Você não receberá nenhum *feedback* direto a esse respeito, mas você receberá *feedback* indireto bastante claro pela maneira como a equipe se comporta: eles seguirão ou rejeitarão a sua liderança. Eles se lembrarão de você pelo que você é. Como você quer ser lembrado?

Encoraje o aprendizado

Como todos o estão observando e estão aprendendo com você, torne esse processo explícito, não implícito. Isso não o obriga a pedir *feedback* às pessoas, porque ninguém dá *feedback* honesto ao chefe, face a face. Mas você pode instilar a disciplina básica dos interrogatórios. Os Red Arrows, a equipe de acrobacias aéreas do Reino Unido, adota essa prática depois de todos os espetáculos e de todos os treinamentos, porque estão em busca da perfeição e porque os erros podem ser fatais. Nos interrogatórios, suspende-se a hierarquia: o foco é puramente no desempenho e em como melhorá-lo. As perguntas WWW – What Went Well (O que deu certo?) e EBI – Even Better If ... (Ainda melhor se) são maneiras positivas e não ameaçadoras de auferir e aferir o aprendizado (ver Mito 31).

Esse aprendizado ajudará a equipe a melhorar com rapidez, e também ajudará você.

Conclusão

Todos os líderes também são modelos, para melhor ou para pior. Isso deveria render zero unicórnios. Este mito, porém, pode ser facilmente mal interpretado, sugerindo que os líderes são apenas modelos positivos, quando muitos são menos do que positivos. Por essa razão, o mito pontua dois unicórnios.

MITO 52
OS LÍDERES SÃO POPULARES

As verdadeiras moedas da liderança
são respeito e confiança.

A natureza do mito

Até os líderes são humanos; embora nem sempre. E é da natureza humana o desejo de ser apreciado. Os líderes gostam de ser apreciados. Essa é uma verdade universal, que se manifesta no abuso da lisonja, séculos afora:

➤ "As pessoas que desejam e almejam altas posições devem ser obsequiosas e lisonjeiras, como exigem os homens ambiciosos e os governantes poderosos." (Ibn Khaldun, 1377).[113]

➤ Maquiavel (1513) escreveu todo um capítulo de conselhos em *O Príncipe*, intitulado "Como as lisonjas devem ser evitadas", observando que "em geral, os homens são ingratos, volúveis, falsos, covardes, cobiçosos, dissimulados, famintos por ganhos e rápidos na fuga ao perigo".[114] Não mudou muito em 500 anos. Ele não disse se achava que as mulheres eram melhores ou piores do que os homens a esse respeito.

---

[113]KHALDUN, Ibn. *The Muqaddimah*. Várias edições. [1377]
[114]MAQUIAVEL, Nicolau. *O Príncipe*. 1532, cap. XVII.

O mito do líder popular é também parte do mito do líder heroico. O líder bem-sucedido é imaginado como Júlio Cesar de volta a Roma, em marcha triunfal em meio à multidão embevecida e empolgada, acompanhado de um séquito de escravos acorrentados e desalentados no fim do cortejo. Os relatórios anuais e as informações trimestrais das empresas reforçam o mito da popularidade. O grande líder é sempre retratado praticando feitos notáveis, como a realeza: inaugurando uma fábrica, proferindo um discurso, distribuindo prêmios, fazendo doações ou conversando com celebridades.

A ideia do líder popular parece ser natural e inofensiva. Mas será que é mesmo?

Por que este mito é importante

Maquiavel foi à raiz do problema quando perguntou se é melhor para o líder ser amado ou temido. Ele concluiu que o amor é fraco porque é passageiro; as pessoas gostam de você enquanto você lhes presta favores:

> Enquanto você é poderoso e lhes faz o bem, as pessoas lhe são totalmente devotadas; elas lhe oferecem sangue, riqueza, filhos e até a vida... mas só quando o perigo está bastante distante; quando o perigo se aproxima, elas se voltam contra você.

Ele recomendou que o Príncipe executasse algumas pessoas para amansar a população. Seja cruel para ser gentil: depois que a população percebe que você fala sério sobre lei e ordem, ela não mais prevaricará. Era o equivalente à empresa hoje que demite alguns empregados e se reorganiza.

A popularidade também é receita para a debilidade em contextos de negócios. Algumas maneiras eficazes de conquistar a popularidade são:

➤ não ser portador de más notícias;

➤ não forçar demais as pessoas, nem exigir que produzam mais;

➤ aceitar o satisfatório, sem exigir o ótimo, e não se queixar;

➤ sempre ajustar a sua agenda às necessidades alheias;

➤ manter doces sobre a mesa para os visitantes (e para si mesmo).

O problema da popularidade é agudo para os líderes em democracias. As eleições são essencialmente leilões em que se fazem diferentes tipos de promessas para diferentes grupos do eleitorado. O lado que oferece mais para mais pessoas ganha, mas depois padece da maldição do vencedor: precisam cumprir promessas impossíveis. Se os políticos forem honestos, eles não fazem promessas, nem são eleitos. Se quiserem ser eleitos, fazem promessas que não podem cumprir e ninguém mais confiará neles. Parte da falta é dos políticos; parte do problema é dos eleitores, ao votarem no impossível.

Lições para os líderes

Maquiavel assumiu que o líder não pode ser ao mesmo tempo amado e temido e, assim, escolheu o medo como a verdadeira moeda da liderança. Alguns chefes ainda seguem essa doutrina. São psicopatas convictos de que jogador de equipe é quem cumpre ordens.

Amor ou medo, porém, é um dilema falso. A liderança conta com moeda mais forte que amor ou medo. As verdadeiras moedas da liderança são respeito e confiança. Em comparação com a lista de táticas populistas acima, veja o que, em vez disso, faria um líder sério:

> **Não ser portador de más notícias**. Seja aberto sobre a situação. Tenha uma conversa honesta, positiva e construtiva sobre as opções para progredir. Trata-se de uma situação delicada, mas, bem conduzida, resultará em confiança e respeito. A alternativa de tentar disfarçar a má notícia até que tudo exploda ou até a avaliação do desempenho anual é receita certa para perder a confiança e o respeito.

> **Não forçar demais as pessoas**. Os líderes eficazes distendem as equipes e exigem resultados, mas também apoiam os esforços da equipe e são flexíveis quanto aos métodos. Distender a equipe ajuda cada membro a crescer e a evoluir.

> **Aceitar o satisfatório**. Os líderes eficazes adotam altos padrões e fomentam altas expectativas. A maioria dos profissionais tem orgulho do que faz e quer trabalhar bem. Você conquista mais respeito definindo padrões elevados do que facilitando a vida dos membros da equipe.

> **Sempre ajustar a agenda às necessidades alheias**. Além de demonstração de fraqueza, gera enorme perda de tempo. Se você não valorizar o seu tempo e a si próprio, muito menos a equipe o fará. Seja claro sobre as suas necessidades

e interesses. Otimize o uso do tempo para si mesmo e para a equipe.

➤ **Manter doces sobre a mesa não passa de suborno**. Como líder, você dispõe de arma muito mais poderosa: reconhecimento. Oferecer *feedback* específico e positivo é recurso poderoso: todos gostam de elogios. O reconhecimento em público pelo chefe é o tipo de estímulo turbinado.

Conquistar esse tipo de respeito exige alta dose de honestidade. Baixa dose de honestidade é a dos políticos: eles se beneficiam da presunção de inocência até sentença em contrário nos tribunais. Na vida cotidiana, porém, não se presume a inocência dos líderes até condenação judicial. Alta dose de honestidade não admite "cinquenta tons" de verdade, nem omissão de informações vitais. O mandamento para os líderes é "dizer a verdade, toda a verdade e nada mais que a verdade". O desafio para os líderes é dizer a verdade de maneira positiva e construtiva.

O respeito é mais duradouro do que a produtividade, e lhe prestará bons serviços em tempos de vacas magras e de vacas gordas. É o caminho para o desempenho excelente, muito além do desempenho satisfatório. Você não precisa ser temido nem amado: você precisa ser respeitado e acreditado.

Conclusão

Este mito é difuso e letal para a eficácia dos líderes. Ele merece cinco unicórnios. Alguns líderes, porém, podem ser populares e eficazes, e, ainda por cima, excepcionais. Em reconhecimento das exceções, este mito ficará com apenas quatro unicórnios.

MITO 53

OS LÍDERES MERECEM RECOMPENSAS EXCEPCIONAIS

Os altos executivos mostram que são ótimos para ganhar dinheiro, mas não demonstram correlação entre as rendas que auferem e os resultados que entregam.

A natureza do mito

Quase 250 anos atrás, Adam Smith alertou para os perigos das empresas de capital aberto em comparação com as empresas de capital fechado. Os proprietários cuidam de seus negócios com todo o zelo e diligência; os gestores de negócios alheios não são tão cuidadosos:

> Não se pode esperar dos diretores dessas empresas [...] como gestores do dinheiro de outras pessoas, não do próprio, que cuidem desses recursos de terceiros com a mesma vigilância atenta com que os sócios de uma sociedade de capital fechado frequentemente supervisionam os próprios negócios. Negligência e prodigalidade, portanto, tendem sempre a prevalecer, com maior ou menor intensidade, na gestão dos negócios dessas empresas.[115]

Nos últimos 50 anos, essa "negligência e prodigalidade" tem sido em benefício dos altos executivos de grandes empresas. Se esses altos executivos estão efetivamente exercendo a liderança ou sendo

---

[115]SMITH, Adam. *Wealth of Nations.* Londres: W. Strahan and T. Cadell, 1776.

bem-sucedidos é outra questão. Para nossos propósitos aqui, definiremos o CEO como líder da empresa.

A remuneração mediana dos CEOs das empresas do S&P 500 equivale hoje a 300 vezes a remuneração mediana dos empregados.[116] Em 1965, o CEO recebia 20 vezes a remuneração mediana dos empregados. Ocorreu uma explosão da remuneração no topo. A remuneração média dos CEOs das maiores empresas hoje é da ordem de US$ 16,4 milhões por ano.

Várias são as razões alegadas para essa remuneração desmesurada:

1. **É árduo no topo.** Já vimos (Mito 48) que é mais árduo no meio do que no topo.

2. **Os CEOs têm pouca segurança no emprego.** A duração mediana do mandato dos CEOs de empresas do S&P 500 é hoje de 6,6 anos, um ano a mais do que em 2005. A segurança no emprego dos CEOs está aumentando e é melhor do que a do pessoal em geral, cujo tempo de emprego mediano é de 4,2 anos. Apenas 16% dos CEOs que mudam de empresa são demitidos.[117]

3. **Se não pagarmos alta remuneração, perderemos altos talentos.** Não há evidências de altos CEOs mudando de empresa por maiores salários.

4. **O CEO faz toda a diferença.** A remuneração, por certo, faz diferença na direção errada. As pesquisas mostram que, em 1.500 grandes empresas, a maior remuneração dos executivos correlacionou-se com o pior desempenho ao longo de três anos.[118] Embora a remuneração geralmente se associe ao desempenho, não há evidências de que o aumento da remuneração impulsione a melhoria do desempenho.

5. **São os níveis de mercado.** O mercado, porém, falha no topo: todo Conselho de Administração quer CEO, acima da

---

[116]MISHEL; DAVIS, 2015.

[117]TONELLO, Matteo. New Statistics and Cases of CEO Succession in the S&P 500. *Harvard Law School,* 23 abr. 2015. <https://goo.gl/EYnJpw>.

[118]COOPER, Michael; GULEN, Huseyin; RAU, P. Raghavendra. Performance for Pay? The Relation Between CEO Incentive Compensation and Future Stock Price Performance. *SSRN,* 19 mar. 2010. <https://papers.ssrn.com/sol3/papers.cfm?abstract_id=1572085>

média e, portanto, oferece remuneração acima da média, o que significa que a média tende a aumentar sem remorsos. Adam Smith, o sumo sacerdote do capitalismo, previu essa situação (ver acima). O problema piorará muito mais antes de melhorar.

Por que este mito é importante

Talvez não seja o caso de nos preocuparmos com a alta remuneração dos CEOs. Não nos queixamos das altas somas recebidas por alguns esportistas, artistas e empreendedores. No Reino Unido, a remuneração média dos jogadores de futebol da primeira divisão aumentou mais rapidamente que a dos CEOs. Em 2000, eles recebiam a média de £ 10.000 por semana;[119] em 2015, a média semanal tinha aumentado para £ 44.000 por semana.[120] Aí se incluem muitos jogadores confiáveis mas não notáveis; os melhores jogadores recebem em média £ 10 milhões por ano.

O público aceita com mais facilidade a alta remuneração dos astros dos esportes e do cinema, porque o contrato com esses astros é muito transparente; vemos o que eles fazem e podemos deixar de pagar quando deixarmos de gostar do que fazem. No caso dos empreendedores, a transparência também é diferente. Todos vemos que eles criaram e construíram alguma coisa por sua própria iniciativa e que eles merecem as recompensas pelo sucesso.

A remuneração dos CEOs não tem a mesma transparência. Sabemos que eles recebem pagamentos estratosféricos, mas não vemos com clareza o que eles entregam em troca, nem aprovamos com clareza essa remuneração, ao contrário do que acontece com os astros do cinema e dos esportes.

Então, qual é o problema com a remuneração dos CEOs?

➤ Quebra da confiança e do respeito pelos líderes das empresas. Quando o CEO exige que a equipe demonstre paixão e lealdade e, então, enxuga a empresa e demite 20% do pessoal enquanto embolsa milhões a mais em remuneração, surge um

---

[119]HARRIS, Nick. From £ 20 to £ 33,868 Per Week: A Quick History of English Football's Top-Flight Wages. *Sporting Intelligence*, 2011. <https://goo.gl/ns9KZD>
[120]HARRIS, Nick. Mind the gap… *Mail Online*, 2016. <https://goo.gl/7VA8KS>

sério problema de confiança. Parece que o CEO está agindo exclusivamente em proveito próprio.

➤ Os CEOs começam a acreditar que são especiais. Se você é muito bem remunerado e muito bem tratado, tantos privilégios comprovam que você é especial. Daí emerge uma lógica circular: "Sou especial; logo, mereço altas recompensas; logo, sou especial".

Lições para os líderes

Três são as possíveis lições para os líderes:

➤ A lição cínica é simples: torne-se alto executivo e ponha a boca na botija, enquanto ainda tem botija. Se você não mamar, outros mamarão.

➤ Saiba o que você quer na vida e de quanto dinheiro precisa para isso: você realmente necessita de US$ 16 milhões por ano? E o que você fará com tanto dinheiro? Valor pessoal é melhor do que patrimônio líquido.

➤ Se você quiser levar as pessoas aonde elas não iriam sozinhas, é bom que elas confiem em você e que respeitem você. O excesso de ganhos aumenta a distância e corrói a confiança.

Os Conselhos de Administração e os acionistas precisam conter os abusos, ou o governo limitará os excessos, e é improvável que esse aperto seja um abraço caloroso.

Conclusão

Os altos executivos mostram que são ótimos para ganhar dinheiro, mas não demonstram correlação entre as rendas que auferem e os resultados que entregam. Portanto, este mito é verdadeiro. Ele também é tóxico, pela maneira como fomenta a desconfiança e o populismo. Cinco unicórnios.

– PARTE SETE –
CONCLUSÕES

MITO 54

MITOS, MODISMOS E TEORIAS

*Copiar os sintomas sem compreender
as causas é fracasso certo.*

A natureza do mito

Liderança é uma terra de mitos, modismos e teorias, que se enquadram em duas grandes categorias:

➤ *Insights* sobre como os líderes são: quais são as qualidades dos líderes?

➤ *Insights* sobre o que os líderes fazem: quais são as ações dos líderes?

Os mitos podem ser apregoados em um artigo da *Harvard Business Review*, ou por consultores que vendem seus métodos, ou numa palestra inspiradora, mas todos eles fazem uma promessa simples: siga-me e você ficará melhor. Esses mitos podem ser tão poderosos quanto o avanço mais recente da ciência médica ou podem ser tão confiáveis quanto os charlatões do Oeste Selvagem, que vendiam poções mágicas para curar tudo, desde moral declinante, passando por lucros minguantes, até libido cadente.

É fácil zombar de muitos dos mitos, mas agir assim é perder a essência da questão. Duas características desses mitos se destacam:

➤ Eles variam muito: não existe uma única teoria sobre liderança. Não há concordância sobre como são os líderes, sobre o que fazem os líderes e até sobre o que é liderança.

➤ A demanda por mitos sobre liderança é insaciável. É fácil zombar dos mercadores de mitos, mas eles só existem porque os procuramos, porque os pagamos e porque os encorajamos. Os consultores são vítimas fáceis de piadas, mas eles ganharam muito dinheiro e se proliferaram com rapidez nos últimos 30 anos. Então, quem é tolo: o que leva a fama ou quem paga pelas tolices?

Por que este mito é importante

Um livro intitulado *Mitos da Liderança* provavelmente deveria zombar de todos os mitos e modismos sobre liderança. Os mercadores de mitos podem merecer zombarias, mas isso não significa que devemos zombar dos líderes que pagam pelos mitos e que seguem as suas pregações.

Na prática, há boas razões para a existência e a aplicação dos mitos: tanto os mitos quanto os modismos têm valor. Esse não é necessariamente o sermão esperado de um livro com este título.

A ampla variedade de teorias sobre liderança é notícia muito boa para os líderes. Se houvesse uma única fórmula para o exercício da liderança, os líderes logo estariam seguindo o destino dos fãs de beisebol coreanos,[121] dos jóqueis de corrida de camelos,[122] da ordenha automática de vacas,[123] e das garçonetes japonesas[124]: todos poderíamos ser substituídos por robôs. O fato de haver tantas teorias sobre liderança mostra que a liderança continua sendo mais arte do que ciência. Você não precisa seguir com subserviência um conjunto de regras

---

[121]Uma equipe coreana de beisebol em dificuldade tentou resolver o problema de falta de torcida instalando robôs nas arquibancadas. Disponível em: <https://www.youtube.com/watch?v=PHTK63fgl4M>. Acesso em: 2 fev. 2018.

[122]Corridas de camelos estão ressurgindo nos Estados Unidos com robôs, em vez de crianças montando nos camelos como era no passado, mas foi proibido. Disponível em: <https://www.youtube.com/watch?v=pDBGdEZa9eM>. Acesso em: 2 fev. 2018.

[123]HEYDEN, Tom. The Cows That Queue Up To Milk Themselves [As vacas que se enfileiram para ordenhar-se a si próprias]. *BBC*, 7 maio 2015. <http://www.bbc.co.uk/news/magazine-32610257>.

[124]Ver garçonetes japonesas no site: https://www.youtube.com/watch?v=8pYY3LQFAVU.

sobre liderança. Você pode desenvolver seu próprio estilo de liderança; inúmeras são as maneiras de vencer ou de perder, o que torna a liderança uma jornada infindável de desafios e recompensas. Extraia o máximo dessa jornada.

A liderança propicia o surgimento de uma esteira rolante sem fim de novas teorias e de novos modismos, que prometem ajudar os líderes a ser bem-sucedidos. Esses modismos fluem pelas empresas com grande regularidade. Nos últimos 30 anos, alguns dos principais modismos que influenciaram os negócios foram os seguintes:

- reengenharia;
- intenção estratégica e competência central;
- análise e gestão de portfólio;
- gestão do valor para os acionistas;
- estratégia do oceano azul.

Esses modismos deveriam ser tarjados, com uma advertência de saúde pública. Eu devo saber: orientei muitos dos criadores acadêmicos desses mitos a aplicá-los no mercado. Tomando como exemplo os conceitos de intenção estratégica e de competência central, eis por que a advertência é indispensável:

- A teoria é uma ideia que foi submetida a retrofit, para ajustar-se à experiência de empresas bem-sucedidas. Essas empresas, de fato, nunca adotaram conscientemente os conceitos de intenção estratégica e de competência central, e nem se sabe se essas ideias foram de fato os seus indutores de sucesso.

- Prática e teoria são diferentes. Na prática, a teoria se converte em convocação para a ação. É uma maneira de as empresas se distenderem e levarem os executivos a refletir sobre os negócios de maneira inovadora e fora do quadrado.

- A teoria e a prática se degradam rapidamente com o passar do tempo. Depois de se espalhar, a ideia é simplificada para que os consultores juniores sejam capazes de implementá-la. Esse foi o destino da reengenharia, que se reduziu ao mapeamento de processos por analistas em início de carreira, apesar do alto custo para as empresas. Hoje, "intenção estratégica" significa nada mais que um objetivo a ser alcançado, e "competência central" é uma maneira empolada de dizer que nos consideramos bons em alguma coisa.

Esses modismos se alastram como fogo no mato, depois que atingem o ponto da virada. Os modismos esotéricos são de implementação arriscada: se não funcionarem, o executivo patrocinador perdeu tempo, dinheiro e oportunidade. Depois que o modismo é consagrado, a equação do risco se inverte. Se você não implementou a reengenharia, a questão é: por que não? O universo dos negócios está coalhado de histórias de sucesso retumbantes, que podem ou não ser exatas. Você não pode correr o risco de ficar para trás.

A descoberta surpreendente acerca desses modismos é que todos podem ser úteis. Isso é evidente na área de educação. Mais ou menos qualquer iniciativa é capaz de produzir bons resultados: ensinar filosofia às crianças;[125] construir pista de skatismo na escola de uma aldeia remota, na Índia;[126] instalar mesas de pingue-pongue em escolas de áreas degradadas de Londres[127] são iniciativas aparentemente implausíveis. No entanto, todas elas se associaram a sucessos extraordinários, muito comentados. Quando outras escolas copiaram sem maiores cuidados essas intervenções, fracassaram. O mesmo acontece quando os modismos gerenciais são imitados de maneira superficial por outras empresas. As escolas ou empresas seguidoras que acabam fracassando não sabem bem por que a experiência foi eficaz nos casos pioneiros. Se você não sabe como e por que funcionou uma vez, você não saberá como e por que funcionará outra vez. Copiar os sintomas sem compreender as causas é fracasso certo.

A razão de o modismo funcionar tem pouco a ver com o modismo em si. Em vez disso, o modismo ajuda porque:

1. mobiliza a administração para melhorar o jogo;
2. fornece uma plataforma para implementar um programa de mudança mais amplo;

---

[125]PHILOSOPHY for children. Disponível em: <https://educationendowmentfoundation.org.uk/our-ork/projects/philosophy-for-children>. Acesso em: 2 fev. 2018.

[126]CHORGE, Pratik. No School, No Skateboarding: India's First Rural Skate Park. Disponível em: <http://www.hindustantimes.com/static/groundglass/noschool-no--skateboarding>. Acesso em: 2 fev. 2018.

[127]A Morpeth School, no sul de Londres, tinha durante anos um bom programa de pingue-pongue e, em 2011, foi escolhida como centro de treinamento para as equipes do Reino Unido e do Japão que competiriam nas Olimpíadas de Londres, de 2011. Disponível em: <http://www.bbc.co.uk/news/uk-england-london-12848896>. Acesso em: 2 fev. 2018.

3. autoriza a liderança a partir para a ação: a intervenção é, em geral, muito customizada às necessidades de cada situação;

4. oferece *insights* e desafia a administração a pensar de maneira diferente sobre o que fazer e como fazer.

Lições para os líderes

Esses modismos e teorias oferecem uma lição surpreendente para os líderes: todos podem ajudar.

Todas as teorias sobre liderança oferecem algum *insight*. Nenhuma delas propõe uma verdade universal.

Todos os modismos podem ajudar, se você os usar bem. Encare-os como uma convocação para a ação e adapte a implementação às suas circunstâncias e necessidades. Quando possível, compreenda por que o modismo funcionou em outras condições; inspire-se no substrato, não nas manifestações.

Conclusão

Os mitos sobre liderança atendem aos primeiros propósitos dos mitos primordiais: explicar o incompreensível, oferecer conforto e esperança, orientar comportamentos e, vez por outra, até entreter. Isso significa que, por trás das fantasias mais extravagantes, há, em geral, uma pepita de verdade e um fulgor de criatividade a ser captado, desde que o mito não seja interpretado ao pé da letra. E todos os mitos e modismos podem ser usados como convocações para a ação. Por tudo isso, cabe a você escolher a quantidade de unicórnios a ser concedida a este mito, tantos quantos lhe parecerem mais adequados.

MITO 55

OS LÍDERES LEVAM AS PESSOAS AONDE ELAS NÃO IRIAM SOZINHAS

Quem não sabe para onde está indo,
dificilmente chegará aonde quer ir.

A natureza do mito

Este é o mito que constitui a essência deste livro, e é a definição de liderança adotada por Henry Kissinger. Qualquer livro a respeito de mitos sobre liderança não pode evitar a tendência de criar mais mitos sobre liderança. Nada mais justo do que expor e desafiar esses mitos.

Para desafiar o mito, precisa-se de critérios sobre o que seria uma boa definição de liderança. Eis uma sugestão, observando, a propósito, que até esses critérios podem ser mitos. Você decide.

Uma boa definição de liderança terá os seguintes atributos:

1. Diferenciar o que os líderes fazem e o que outros gestores e pessoas fazem na organização: a definição deverá aplicar-se apenas a pessoas consideradas líderes.

2. Ser factível e prática: a definição deve orientar sobre o que os líderes devem e não devem fazer e sobre como os líderes devem agir.

3. Ser universal: deve aplicar-se a todos os líderes, em todas as situações.

Por que este mito é importante

Quem não sabe para onde está indo, dificilmente chegará aonde quer ir. Portanto, é importante saber o que é liderança. Muitos livros sobre liderança nem mesmo definem liderança, o que significa que não podem dizer o que querem. Os livros que tentam fornecer uma definição propõem definições diferentes.

Três dos principais autores sobre liderança tentaram oferecer definições de liderança. Ei-las:

Peter Drucker: "A única definição de líder é alguém que tem seguidores".[128]

Essa definição falha sob dois aspectos:

➤ Estrelas de cinema, teatro e música, assim como escritores e pensadores como Drucker, têm seguidores: isso não os torna líderes.

➤ Todo chefe tem uma equipe que o segue: só o fato de ser chefe não significa estar liderando os subordinados.

John Kotter: "Os líderes orientam, alinham, motivam e inspiram pessoas".[129]

O texto impressiona, mas não é eficaz. Examine com atenção as características do líder de Kotter:

➤ Os líderes podem alinhar e motivar pessoas, mas será que os gestores também não fazem isso?

➤ Nem todos os líderes são inspiradores, mesmo que sejam altamente eficazes. Você provavelmente já trabalhou para um líder eficaz sem se sentir inspirado o tempo todo.

➤ Que os líderes orientam está perto da verdade, mas, se o novo rumo é idêntico ao do passado, dar essa orientação significa liderar ou seguir?

---

[128]DRUCKER, Peter. Your Leadership Is Unique: Good News: There Is No One "Leadership Personality". *Greek Orthodox Metropolis of Boston*, 1996. <http://boston. goarch.org/assets/files/your%20leadership%20is%20unique.pdf>.

[129]KOTTER, J. P. What Leaders Really Do. *Harvard Business Review*, v. 79, n. 11, p. 85-96, 2001.

Warren Bennis: "Os gestores são pessoas que fazem certo as coisas e os líderes são pessoas que fazem as coisas certas".[130] Esse é um belo aforismo, mas a forma é melhor que o conteúdo. Muitos líderes fazem coisas catastróficas. Lideram pessoas para o deserto, não para a Terra Prometida. Até os líderes bem-sucedidos cometem muitos erros: Churchill, Stalin e Mao Tse-Tung foram líderes que enfrentaram fracassos retumbantes. A característica da maioria dos líderes é errar reiteradamente, fracassar muitas vezes e ser bastante resiliente para se recuperar.

Lições para os líderes

A ideia de que os líderes levam as pessoas aonde elas não iriam sozinhas desencadeia uma saga extraordinária de outros mitos, a serem aceitos ou rejeitados. Se, porém, a ideia central estiver correta, esses mitos podem não ser mitos, mas realidade. Por esse motivo, nós os trataremos como lições de liderança, não como mitos sobre liderança.

Eis as dez principais consequências de acreditar que os líderes levam as pessoas aonde elas não iriam sozinhas:

1. É possível liderar em qualquer nível. Qualquer um pode aprender a liderar, e todos podem aprender a liderar melhor, mesmo que poucos venham a se tornar estrelas em liderança.

2. A pessoa no topo nem sempre está liderando: nunca confunda posição com desempenho.

3. Tampouco encare atividade como realização. Você pode trabalhar muito, mas não significa que você passe no teste de liderança. Os líderes precisam maximizar o índice sinal/ruído. Sinal é como fazer diferença; ruído é como sobreviver no cotidiano da organização, o que pode consumir todo o seu tempo.

4. Os líderes precisam de uma ideia clara de como as coisas serão diferentes em consequência de sua liderança. Você pode chamar isso de missão, visão ou estratégia, se você quiser parecer importante.

5. Os líderes, para serem bem-sucedidos, precisam de mais do que poder formal. Devem ser capazes de influenciar e persuadir as pessoas que eles não controlam. Este requisito se torna cada vez

---

[130] BENNIS, Warren; NANUS Burt. Leaders: *The Strategies for Taking Charge*. Nova York: Harper and Row, 1985. p. 21.

mais importante à medida que as empresas descartam camadas, se horizontalizam e terceirizam: ninguém controla todos os recursos necessários para alcançar o sucesso.

6. Os líderes não precisam ser carismáticos e inspiradores, mas precisam de alguns atributos e competências singulares e de uma ideia clara de como farão diferença.

7. Nenhum líder tem todas as competências necessárias para ser bem-sucedido. Como só é possível ser excelente naquilo de que se gosta, encontre o contexto que você aprecia e onde suas forças florescem.

8. Os líderes precisam formar equipes fortes, que produzam resultados para eles e que compensem suas eventuais deficiências.

9. Os líderes precisam construir uma poderosa máquina operacional, com gestores eficazes: o líder pode liderar a revolução, mas o líder precisa de gestores para gerenciar o mundo, antes, durante e depois da revolução.

10. Os líderes devem continuar a aprender e a crescer, porque o contexto em que trabalham continua mudando: o que funciona numa situação nem sempre funciona na situação seguinte.

No final das contas, a liderança é como a vida: é uma viagem de descoberta. Pode ser desafiadora, mas raramente é enfadonha. É tão boa quanto queiramos torná-la. Portanto, qualquer que seja a sua jornada, aproveite-a.

Conclusão

Como autor deste livro, sustentarei que este mito é verdadeiro; portanto, ele merece zero unicórnios. Vivemos, porém, no mundo da pós-verdade, onde verdade é aquilo em que você quer acreditar. O que significa que você decide se essa definição de líder é mito ou realidade e quantos unicórnios merece.

MITO 56

EU TENHO A RESPOSTA:
MITO OU REALIDADE?

Os líderes precisam construir sua própria fórmula de sucesso.

Natureza do mito

Este livro é sobre mitos, o que envolve o tipo de tentação a que poucos adolescentes são capazes de resistir. A melhor maneira de mostrar que você é inteligente é mostrar que todo o mundo é realmente burro. Atacar os mitos implica que ninguém mais sabe do que está falando. Não faz sentido, porém, atacar os mitos se você não tem alternativas a oferecer. Se você não sabe o que é realidade, como distinguir mitos e verdades?

Em todo este livro, tentei respeitar a maioria dos mitos. As narrativas da mitologia grega não eram tentativas de retratar a realidade; eram histórias que continham ensinamentos para os ouvintes dispostos a aprender. Os mitos sobre liderança também são assim: podemos aprender alguma coisa com todos os mitos, se essa for a nossa escolha. Se optarmos por não aprender nada, essa opção diz alguma coisa sobre o mito e sobre nós.

Ao questionar os mitos, sugeri alternativas sempre que possível. As alternativas podem ser a verdade, ou os mitos podem ser a realidade. Este é o ponto em que reúno todas as alternativas: você decide se ela pertence à terra dos mitos ou à terra da realidade.

Por que este mito é importante

Os líderes precisam construir sua própria fórmula de sucesso. É útil saber quais são as escolhas. Aqui estão algumas das suas escolhas.

Lições para os líderes

Eis sete temas importantes que este livro apresentou como alternativa para os mitos sobre liderança:

1. **O líder é alguém que leva as pessoas aonde elas não iriam sozinhas.** Liderança tem a ver com o que você faz, não com a sua posição. Você pode liderar na base da organização e pode não liderar, mesmo no topo da organização.

2. **Todos podem aprender a liderar e todos podem aprender a liderar melhor.** Liderar é como praticar um esporte ou um instrumento musical: um pouco de prática o tornará melhor do que a maioria das pessoas e você sempre pode progredir, embora só poucas pessoas sejam capazes de se tornar superestrelas. Você não precisa nascer líder.

3. **Liderança é contextual.** Não existe fórmula universal para liderar. Só existe o que funciona para você, no seu contexto. Isso significa que você precisa continuar aprendendo e crescendo, porque o seu contexto continua mudando. Liderança é uma jornada, não é um destino.

4. **Nenhum líder preenche todos os requisitos.** Não existe essa coisa de líder perfeito, e você não precisa ter superpoderes, nem ser carismático. Mas você precisa de alguns atributos singulares a serem desenvolvidos e aplicados em um contexto onde você possa ser bem-sucedido. Aprenda a ser o melhor de si mesmo, em vez de tentar copiar algum ídolo em liderança.

5. **Liderança é esporte de equipe.** Os líderes são bem-sucedidos com outras pessoas. Eles precisam construir uma equipe equilibrada, que compense as suas fraquezas, tenha um conjunto equilibrado de estilos e permita a cada líder focar em uma ou duas coisas em que possam fazer mais diferença. Tudo o mais deve ser delegado à equipe. Liderança não tem a ver com herói solitário, nem com Grande Homem.

6. **Os líderes precisam de visão, mas não precisam ser visionários.** Visão é apenas uma história sobre como fazer diferença. É uma história com três partes: isto é onde você está, isto é aonde você vai, e isto é como chegar lá. Para torná-la motivadora, personalize a sua história para cada membro da equipe com a parte quatro: "e esta é a sua função vital para ajudar a equipe a chegar lá".

7. **A liderança está ficando mais desafiadora.** As competências centrais necessárias nos líderes estão aumentando. No século XIX, os líderes precisavam de QI: os chefes tinham cérebro; os trabalhadores, mãos. Os trabalhadores educados do século XX podiam fazer mais; no entanto, também exigiam mais: os líderes necessitavam de QE (inteligência emocional) para lidar com as pessoas. No século XXI, os líderes precisam fazer acontecer por meio de pessoas que não controlam: eles precisam de QP (inteligência política) para influenciar as pessoas, construir redes de confiança e apoio, alinhar agendas e combater nas batalhas certas.

Conclusão

Você decide se esses são mitos ou realidade, e quanto unicórnios conceder. Mas cuidado com o ferrão na cauda. Se são mitos, então, o que é realidade? E talvez esta seja a lição definitiva sobre liderança: você deve criar a sua própria realidade.

AGRADECIMENTOS

Ninguém consegue nada sozinho, e isso, com toda a certeza, aplica-se a escrever um livro. Este livro se baseia em 20 anos de pesquisa e em quase 40 anos de trabalho com equipes e líderes de organizações em todo o mundo. Aprendi bastante com todas essas experiências, e espero que os demais participantes também tenham aprendido alguma coisa comigo. Algumas das empresas a que sou grato estão citadas abaixo, mas agradeço a todas elas.

Accenture, Aegon, AIG, Airbus, ALICO, Allen & Overy, Ambition School Leadership, Amex, ANZ Bank, Apple, Ares & Co, Armstrong Industries, Arrowgrass, AstraZeneca, Aviva, BAML, Bank Indonesia, Barclays, BASF, BNY Mellon, British Council, Canon, Cap Gemini, Citi, CRU, Dentons, Deutsche Bank, Dow, EBRD, EDS, Education Development Trust, Electrolux, EW Payne, Facebook, Financial Times, Fujitsu, Google, The Groove, HCA, HERE, Hiscox Re, Hitachi, House, HSBC, IBM, Ito Chu, JAL, Laird, Mandarin Capital, MetLife, Mitsubishi Chemical, Mitsui OSK Lines, Mitsui Sumitomo Insurance, Modern Tribe, Monsanto, Nationwide, Nokia, Nomura, Nordea, NRI, NTT, Opportunity Network, Pearson, PepsiCo, Philip Morris, Philips, P&G, Premier Foods, Qualcomm, RBS, RELX, Rentokil, Right to Succeed, Rolls Royce, SABIC, San Miguel, SDP, SECOM, Social Media, Spark Inside, Standard Chartered Bank, Start Up, STIR, SWIFT, Symantec, Teach First, Tetrapak, Tokyo Marine, UBS, Unilever, Vastari, Visa, World Bank, World Faith e Zurich Insurance.

Quero agradecer, em especial, à equipe magnífica da Kogan Page, liderada por Helen Kogan. Sempre foi uma alegria trabalhar com eles e esta experiência não fugiu à regra. Inusitadamente, a ideia deste livro foi da Kogan Page, não do autor. Meus agradecimentos à minha editora, Ana Moss, por pensar na ideia e por considerar que eu seria a pessoa capaz de fazer-lhe justiça. Espero ter correspondido às expectativas.

Ao longo de todo este livro e de muitos outros, contei com o apoio mais do que competente de Frances Kelly, minha agente de longa data, por criar condições para que eu me concentre no texto do livro, cuidando das coisas de que não quero cuidar.

Finalmente, meus eternos agradecimentos à minha esposa, Hiromi, que, frequentemente, fica viúva durante os longos períodos em que mergulho absorto no trabalho obsessivo de escrever. A paciência e o apoio dela são decisivos.

Um dos temas deste livro é que nenhum líder é perfeito. A mesma conclusão se aplica a autores e a livros: não existe essa coisa de perfeição. O sucesso é sempre esforço de equipe, mas os erros são, sempre, só do autor.

LEIA TAMBÉM

RECEITA PREVISÍVEL
Aaron Ross & Marylou Tyler
TRADUÇÃO *Celina Pedrina Siqueira Amaral*

Toda empresa precisa vender, isso é inquestionável. No entanto, a maior parte delas permanece refém do acaso, sobrevivendo à base de resultados pífios, insuficientes e imprevisíveis. *Receita Previsível* (*Predictable Revenue*) é uma provocação a empresas, gestores, empreendedores e todos aqueles que lidam com vendas, para que saiam da posição de vítimas passivas da demanda de mercado e passem a protagonistas dos resultados.

Com a revolucionária metodologia *Cold Calling 2.0*, sua empresa nunca mais perderá tempo e dinheiro com processos de prospecção ultrapassados e ineficazes, e você assumirá o controle da receita, tornando-a completamente previsível.

De forma objetiva e com *cases* reais implantados pelos próprios autores – Aaron Ross e Marylou Tyler –, você aprenderá, passo a passo, como colocar em prática o processo de vendas *outbound*, que levou empresas como a Salesforce.com e a HyperQuality a aumentarem em mais de 300% suas receitas e a obterem milhões de dólares em receitas futuras. Sem milagres ou fórmulas mágicas, você será capaz de estruturar uma verdadeira máquina de vendas na sua empresa, sem grandes investimentos em marketing, utilizando apenas método, pessoas e disciplina para obter resultados incríveis.

Considerado a bíblia de vendas do Vale do Silício, *Receita Previsível* é um livro instigante, mas acima de tudo útil, como uma consultoria do mais alto nível.

PETER DRUCKER: MELHORES PRÁTICAS
Como aplicar os métodos de gestão do maior consultor de todos os tempos para alavancar os resultados do seu negócio.

William A. Cohen, PhD
TRADUÇÃO *Afonso Celso da Cunha Serra,*
Celina Pedrina Siqueira Amaral

Mundialmente conhecido como o pai da administração moderna, Peter Drucker (1909-2005) também foi um dos mais renomados e bem-sucedidos consultores de gestão de todos os tempos, tendo atuado em centenas de organizações públicas e privadas de vários países. Em *Peter Drucker: melhores prática*s, William A. Cohen, o primeiro aluno graduado no PhD executivo criado por Drucker, detalha as práticas mais efetivas de gestão adotadas pelo fenômeno da administração que ajudaram empresas como a General Eletric (GE) a chegarem ao topo. Esta obra pode ser considerada uma enciclopédia das práticas de Drucker, além de orientar sobre como e quando aplicá-las. Enquanto consultores de gestão encontrarão um guia completo com as melhores técnicas e metodologias para serem aplicadas em projetos de intervenção organizacional, executivos, gestores e empreendedores poderão ter em mãos uma verdadeira bússola para examinarem seus negócios e organizações, por meio de perspectiva pragmática – que reforça a influência e o impacto do pensamento e das metodologias de Drucker sobre as organizações até os dias atuais.

A BÍBLIA DA CONSULTORIA
Métodos e técnicas para montar e expandir um negócio de consultoria

Alan Weiss, PhD
TRADUÇÃO **Afonso Celso da Cunha Serra**

Se você já atua ou pretende ingressar no mercado de consultoria, precisa ler este livro. Alan Weiss é um dos mais notáveis consultores independentes de todo o mundo. Com cerca de 40 livros publicados e mais de 500 clientes atendidos em 55 países, o autor é referência quando o assunto é consultoria.

Com a consistência de quem pratica o que diz, Alan discorre, ao longo de 15 capítulos, sobre seus métodos e técnicas, indo desde a estratégia e o posicionamento do serviço de consultoria até questões mais operacionais sobre como elaborar propostas ou como lidar com questões administrativas, tecnológicas e de pessoal.

Para aqueles que já estão nesse ramo há algum tempo, Alan dá dicas e orientações valiosas sobre como lidar com clientes, como cobrar honorários mais elevados e como expandir seu negócio por meio de licenciamento, *franchising* e desenvolvimento de processos patenteados que possam se tornar fontes de receita.

Se tornar-se um consultor ainda é apenas uma possibilidade, este livro pode ajudá-lo a tomar a decisão mais acertada, porque expõe de forma verdadeira, clara e objetiva o que constitui a rotina de um profissional da área.

Com uma linguagem didática e bem fundamentada, *A Bíblia da Consultoria* é um guia prático, tanto para prestar o serviço de consultoria em si quanto para gerir um negócio com excelência técnica e resultados financeiros.

TRANSFORMAÇÃO DIGITAL
Repensando o seu negócio para a era digital

David L. Rogers
TRADUÇÃO *Afonso Celso da Cunha Serra,*

Como podemos adaptar nosso negócio à era digital? Essa é a pergunta que vem tirando o sono de muitos CEOs, dirigentes e gestores de empresas diante da quantidade e profundidade das mudanças no ambiente de negócios nos últimos anos. Especialmente para negócios estabelecidos antes da virada do milênio, esse cenário tem se mostrado bastante desafiador. Migramos do mundo analógico para o digital, em que o ritmo é bem mais frenético, e os resultados, incertos. A comunicação entre pessoas e empresas se dava por telefone, correio ou, no máximo, e-mail. Não se podia prever a dimensão que as redes sociais, as mensagens virtuais, o comércio eletrônico e o marketing digital alcançariam. Basta lembrar que algumas empresas gigantes da atualidade, como Amazon, Google, Facebook, YouTube e Netflix, têm pouco mais de 10 anos de existência.

Transformação Digital: repensando o seu negócio para a era digital é um caminho para ajudar empresas de todos os portes e segmentos a refletirem sobre esse universo que se impõe e a encontrarem alternativas estratégicas para se ajustarem aos novos tempos. Com a autoridade de quem vem ajudando empresas como GE, Google, Toyota, Visa, SAP e IBM a fazerem sua transformação digital, e com o conhecimento de quem dirige os programas executivos de Digital Business Strategy e Digital Marketing da renomada Columbia Business School, David L. Rogers propõe uma análise profunda do que denomina "os cinco domínios da transformação digital: clientes, competição, dados, inovação e valor". Com esse *framework,* o autor consegue organizar o raciocínio em torno do tema e pavimentar o acesso à sua implementação. Parafraseando o próprio Rogers, transformação digital não se trata de uma questão de tecnologia, mas sim de estratégia.

CUSTOMER SUCCESS
Como as empresas inovadoras descobriram que a melhor forma de aumentar a receita é garantir o sucesso dos clientes

Dan Steinman, Lincoln Murphy, Nick Mehta
TRADUÇÃO **Afonso Celso da Cunha Serra**

De onde virá a receita do seu negócio no futuro? Sua empresa ainda é daquelas que têm de "matar um leão por dia" para fechar o mês? Já ouviu falar em receita recorrente? Acha que customer success é assunto apenas para empresas de tecnologia ou startups?

Se esses e outros questionamentos já lhe foram feitos, você precisa ler *Customer Success* para descobrir que, mais que um neologismo, trata-se de uma nova estratégia para lidar com os modelos de negócio fundamentados em serviços em vez de produtos, no uso em vez da propriedade. Seja qual for o segmento em que atua, direta ou indiretamente, você será impactado por esse fenômeno.

Customer success tem a ver com a geração de receita por meio da criação de drivers de retenção ativa de clientes, de redução do *churn* e estratégias de *upselling* para maximizar o valor do cliente ao longo do seu ciclo de vida, o *Lifetime value* (LTV). Muito além da satisfação dos clientes, *customer success* é saber que a sobrevivência da sua empresa depende do sucesso do negócio do seu cliente e, a partir daí, adequar estruturas e processos para crescer de forma rentável e contínua.

INTELIGÊNCIA EMOCIONAL EM VENDAS
Como os supervendedores utilizam a inteligência emocional para fechar mais negócios

Jeb Blount
TRADUÇÃO **Afonso Celso da Cunha Serra,**

Os profissionais de vendas estão passando por uma verdadeira prova de fogo. De um lado, compradores com mais poder, informação e acesso a fornecedores prontos para tomar o seu lugar em todo o mundo. De outro, um ambiente tecnológico disruptivo, onde um produto ou serviço pode virar pó da noite para o dia.

O que fazer nessa situação?

Aproximadamente 1% dos profissionais que atuam em vendas estão se dando bem nesse cenário: são os supervendedores. Essa elite de vendas está usando a inteligência emocional para fechar mais negócios.

Nesta obra, Jeb Blount apresenta detalhadamente as técnicas e os comportamentos utilizados por esses vendedores de alta performance, capazes de influenciar compradores e decisores e superar a concorrência. *Inteligência Emocional em Vendas* aborda o hiato do relacionamento humano no processo de vendas atual, um momento em que as organizações estão falhando porque muitos vendedores nunca desenvolveram as habilidades humanas necessárias para envolver os compradores no nível emocional.

Este livro foi composto com tipografia Bembo e impresso
em papel bold 70 g/m² na Assahi.